Christian Pröls

Die Vater-Kind-Beziehung im Kontext von Trennung und Scheidung

Verlag Dr. Köster
Berlin

Wissenschaftliche Schriftenreihe Psychologie
Band 21

D 19

(Dissertation Ludwig-Maximilians-Universität München)

Bibliografische Information der Deutschen Bibliothek

Die Deutsche Bibliothek verzeichnet diese Publikation in der Deutschen Nationalbibliografie; detaillierte bibliografische Daten sind im Internet über http://dnb.ddb.de abrufbar.

1. Auflage November 2011
Copyright 2011 Verlag Dr. Köster
10179 Berlin

Verlag Dr. Köster
Rungestr. 22-24
10179 Berlin

Tel. 030 76 40 32 24
Fax 030 76 40 32 27
info@verlag-koester.de

www.verlag-koester.de

ISBN 978 - 3 - 89574 - 782 - 3

Die Vater-Kind-Beziehung

im Kontext von Trennung und Scheidung

Inaugural-Dissertation

zur Erlangung des Doktorgrades

der Philosophie an der Ludwig-Maximilians-Universität

München

vorgelegt von

Christian Pröls

2010

1. Gutachter: Frau Prof. Dr. Sabine Walper

2. Gutachter: Herr Prof. Dr. Franz Peterander

Tag der mündlichen Prüfung: 24.01.2011

Zusammenfassung

Die vorliegende Arbeit befasst sich mit der Vater-Kind-Beziehung im Kontext von Trennung und Scheidung. Es werden zwei Fragestellungen genauer betrachtet: Die erste Frage befasst sich damit, inwieweit das gegenseitige Wahrnehmen von Müttern und Vätern den Vater-Kind-Kontakt beeinflusst. Dies wurde durch MIMIC Modelle überprüft. Außerdem wird der Frage nachgegangen, ob das Erziehungsverhalten von Vätern aus der Sicht der Jugendlichen einen Einfluss auf deren Selbstwert und Aggressivität hat, wenn man die Einschätzung von Teenagern bezüglich des Erziehungsverhaltens ihrer Mütter berücksichtigt. Diese Thematik wurde längsschnittlich anhand von Latent-Growth-Curve-Models überprüft.

Im theoretischen Teil der Arbeit wird zunächst ein historischer Blick auf die Vaterrolle geworfen. Anschließend wird der Frage nachgegangen, welche Faktoren ihr Engagement beeinflussen, und darauf eingegangen und inwieweit Väter einen Einfluss auf das Leben ihrer Kinder haben, wobei hier besonders auf das Erziehungsverhalten und die Beziehung der Eltern fokussiert wird. Ein weiteres Thema, das behandelt wird, ist Trennung und Scheidung, wobei aktuelle Zahlen, rechtliche Veränderungen und die Theoriebildung dargestellt werden, sowie deren Einfluss auf den Vater-Kind-Kontakt. Außerdem wird auf die Bedeutung der Qualität der Vater-Kind-Beziehung im Kontext von Trennung und Scheidung eingegangen.

Zu den zentralen Ergebnissen dieser Arbeit gehört, dass der Vater-Kind-Kontakt dadurch beeinflusst wird, wie positiv Mütter und Väter sich gegenseitig im Coparenting einschätzen. Zudem wirkte es sich förderlich auf die Kontakte zwischen Vätern und Kindern aus, wenn die Mütter angaben, dass die Väter und ihre Kinder eine nahe Beziehung haben und die Väter die Mütter konstruktiv in Konflikten erlebten. Weiterhin zeigte sich, dass die Veränderungen, die Jugendliche im Erziehungsverhalten der Väter wahrnehmen, einen Einfluss auf den Selbstwert und die Aggressivität der Teenager haben, auch wenn man die Angaben zum Erziehungsverhalten der Mütter zur Kontrolle miteinbezieht. Die Ausgangswerte des Selbstwerts und der Aggressivität der Jugendlichen beeinflussten das Wachstum im väterlichen Erziehungsverhalten. Des weiteren konnte ein tendenzieller Effekt des Ausgangswerts des väterlichen Erziehungsverhaltens auf die Aggressivität der Jugendlichen gefunden werden. Auch das Geschlecht der Teenager hatte einen Einfluss auf deren Selbstwert und Aggressivität. Das Alter der Jugendlichen wirkte sich darauf aus, wie sie das Erziehungsverhalten ihrer Eltern einschätzten.

Inhalt

1 Einleitung

1.1 Hinführung zum Thema

„Vater werden ist nicht schwer, Vater sein dagegen sehr" ist ein bekanntes Zitat von Heinrich Christian Wilhelm Busch. Der Autor schrieb diese Zeilen 1877 im Zuge seiner Knopp-Trilogie, jedoch sind sie auch heute noch aktuell. Im besonderen Maße gilt dieses Sprichwort wohl für Väter nach einer Trennung oder Scheidung. Denn durch diese kann das Konzept, das Männer von Vaterschaft haben erschüttert werden und muss in der Folge neu geschaffen werden. Denn Väter leben nach einer Trennung meist getrennt von ihren Kindern und der Kontakt mit ihnen kann aus unterschiedlichen Gründen nicht immer aufrechterhalten werden (vgl. Amendt 2006). Außerdem ist eine Scheidung oder Trennung für alle Beteiligten, also sowohl für Väter als auch für Mütter und Kinder, nicht einfach und birgt verschiedene Risiken, aber auch Chancen (vgl. Hetherington, Kelly 2002). Welche Auswirkung diese Situation genau hat, ist schwer zu beantworten, weil ein komplexes Gefüge unterschiedlicher Faktoren Einfluss auf den Verlauf einer Trennung oder Scheidung nimmt (vgl. Amato 2000). Auch die Frage, ob bzw. wie sich Väter nach einer Trennung oder Scheidung für ihre Kinder engagieren, lässt sich nicht klar beantworten (vgl. Ihinger-Tallman, Pasley, Buehler 1995). Denn zuerst müsste man definieren, wo väterliches Engagement beginnt und wo es endet. Ist ein Vater, der seinen Kindern ständige Konflikte ersparen möchte und sie deshalb nicht mehr sieht, engagiert oder nicht? Auf diese und ähnlich Fragen wurde bisher noch keine einheitliche Antwort gefunden (vgl. Della Casa, Kaeppler 2009). Aber es wurde auf unterschiedliche Art und Weise versucht väterliches Engagement zu konzeptualisieren.

Dass die Geschichten, die zu einer Trennung bzw. Scheidung gehören sehr individuell sind, haben Amendt (2006) und Hetherington et al. (2002) dargestellt. Aber auch anhand von Gesprächen mit Menschen, die gerade eine Trennung durchmachen, kann man belegen, dass jede Scheidung individuell ist. Während der Erhebung eines Teils der Daten, die in dieser Arbeit verwendet werden, ergaben sich immer wieder solche Gespräche mit Vätern, Müttern und Kindern, die mit einer Scheidung konfrontiert waren. In diesen Unterhaltungen wurde immer wieder deutlich, wie verschieden die Situationen der einzelnen Familien waren und wie unterschiedlich die Trennung von den einzelnen Familienmitgliedern wahrgenommen wurde. Außerdem entwickelte sich die Situation in den Familien und die der einzelnen Familienmitglieder sehr unterschiedlich weiter. Ein Punkt, der in fast allen Gesprächen mit den Vätern und Müttern angesprochen wurde, war die Sorge der Eltern um Ihre Kinder. Diese wiederum hatten zum Großteil den Wunsch mit ihren Vätern und Müttern in Kontakt zu bleiben bzw. dass sich die beiden wieder vertragen. Für die Kinder bleiben also beide Eltern nach der Trennung präsent, auch wenn vielleicht der eine oder die andere am liebsten den Kontakt zu ihrem Ex-Partner oder ihrer Ex-Partnerin abbrechen würde. Die vorliegende Arbeit wird sich nun vor allem auf die Väter konzentrieren, denn die Forschung zum Thema Väter im Kontext von Trennung und Scheidung ist noch nicht sehr differenziert. Auch die erzielten Ergebnisse sind in sich nicht immer konsistent (vgl. Della Casa, Kaeppler, 2009). Daher soll diese Forschungsarbeit dazu beitragen, die Befundlage zu erweitern.

Dass weitere Befunde zu dieser Thematik hilfreich sein können, wird aus der Diskussion über den Umgang mit der Rolle von Vätern und den Umgang mit Trennung und Scheidung auf politischer, wie gesellschaftlicher Ebene ersichtlich. So wurde 2008 das Unterhaltsrecht verändert und der Anspruch der Kinder auf Unterhalt höchste Priorität eingeräumt (vgl. Bundesministerium der Justiz, 2008). Außerdem trat zum 01.09.2009 ein neues Gesetz über das Verfahren in Familiensachen und in den Angelegenheiten der freiwilligen Gerichtsbarkeit (FamFG) in Kraft (vgl. Coester-Waltjen, 2009). Zudem urteilte das Bundesverfassungsgericht 2010, dass unverheiratete Männer, die Väter werden ein grundsätzliches Recht haben ein gemeinsames oder alleiniges Sorgerecht für ihre Kinder einzuklagen (vgl. tagesschau.de 2010).

Die vorliegende Arbeit befasst sich mit zwei Fragestellungen und soll, wie bereits erwähnt wurde, dazu dienen, die Befundlage zum Thema Vaterschaft und Vater-Kind-Beziehung zu erweitern.

Die erste Frage, der in dieser Arbeit nachgegangen wird, beschäftigt sich damit, wie sich die Wahrnehmung des jeweils anderen Elternteils von Vätern und Müttern auf die Kontakte zwischen Vätern und ihren Kindern auswirkt. Die zweite Fragegestellung, auf die in dieser Arbeit eingegangen wird, beschäftigt sich mit der Auswirkung des Erziehungsverhaltens geschiedener Väter aus der Sicht der Jugendlichen und deren Auswirkung auf den Selbstwert und die Aggressivität der Teenager. Auf den genauen Aufbau der Arbeit wird im anschließenden Punkt genauer eingegangen.

1.2 Aufbau der Arbeit

Zu Beginn dieser Arbeit soll auf die zentralen Fragestellungen eingegangen werden. Diese teilen sich in zwei Unterfragestellungen auf. Die erste Frage, der nachgegangen wird ist, ob die Art und Weise wie die beiden Elternteile einander wahrnehmen, einen Einfluss auf den Kontakt zwischen Vätern und ihren Kindern hat. Es wird also überprüft, ob bzw. inwieweit die Einschätzung des anderen Elternteils relevant für die Vater-Kind-Beziehung ist. Dabei werden verschiedene Hypothesen überprüft, die sich aus der Forschungsliteratur ergeben. Die zweite Fragestellung, die aufgeworfen wird, ist, ob die Art und Weise, wie Jugendliche ihre Väter in der Erziehung wahrnehmen, einen Einfluss auf deren Selbstwert und Aggressivität hat. Um sich diesen Fragestellungen theoretisch zu nähern, wurde die Arbeit folgendermaßen aufgebaut:

Zunächst wird in Punkt zwei auf den Wandel der Vaterschaft im Laufe der Geschichte eingegangen. Anschließend wird anhand verschiedener Vater-Typen aufgezeigt, wie Vaterschaft gegenwärtig gelebt wird, woraufhin ein kurzer Überblick über die Forschung zum Thema Väter/Vaterschaft gegeben wird. Abschließend wird noch auf die Handlungsweisen von Vätern bzw. die Vater-Kind-Beziehung als Teil eines Systems eingegangen. Denn Väter sind nicht losgelöst von anderen Familienmitgliedern und der Lebenswelt ihrer Familien zu betrachten.

In Punkt drei wird nach dem allgemeinen Überblick, der in Punkt zwei gegeben wurde, konkreter der Frage nachgegangen, wie man den Einfluss bzw. das Engagement von Vätern konzeptualisieren bzw. wie man den abstrakten Begriff des väterlichen Engagements greifbarer machen kann. Ferner wird auch das Erziehungsverhalten und die Zusammenarbeit der Eltern in der Erziehung in einem speziellen und für die Fragestellung dieser Arbeit zentralen Teil des väterlichen Engagements dargestellt. Abschließend wird in diesem Kapitel noch auf Studien eingegangen, die das Erziehungsverhalten von Müttern und Vätern vergleichen, um durch diese Gegenüberstellung ein genaueres Bild von Vätern in der Erziehung und ihrem Einfluss auf ihre Kinder zu zeichnen.

Punkt vier dieser Arbeit beschäftigt sich genauer mit der Beziehung von Vätern und ihren Kindern im Kontext von Trennung und Scheidung. Dabei wird zuerst ein Überblick über die Statistiken zu Trennungen und Scheidungen in Deutschland gegeben, um aufzuzeigen, dass es sich um ein signifikantes Phänomen handelt. Anschließend wird auf die Entwicklungen in der Gesetzgebung zu Ehescheidungen eingegangen, da sich diese auf den Einfluss und die Rolle des Vaters nach einer Trennung oder Scheidung auswirken. Hierauf werden diverse Theorien zum Verlauf von Trennungen bzw. Scheidungen dargelegt. Anschließend werden verschiedene Faktoren erörtert, die den Kontakt zwischen Vätern und ihren Kindern beeinflussen, da diese wichtig für die erste Fragestellung dieser Arbeit sind, die sich damit beschäftigt, welchen Einfluss das gegenseitige Wahrnehmen der beiden Elternteile auf die Vater-Kind-Beziehung hat. Nachdem so veranschaulicht werden soll, was die Quantität der Vater-Kind-Beziehung beeinflusst, wird abschließend noch dargelegt werden, welche Bedeutung der Qualität dieser Beziehung zukommt, wobei noch einmal auf das Erziehungsverhalten der Väter eingegangen wird. Zudem soll hier auch verdeutlicht werden, worauf die zweite Fragestellung abzielt, nämlich wie das Erziehungsverhalten der Väter aus der Sicht der Jugendlichen einen Einfluss auf deren Selbstwert und Aggressivität hat.

Im anschließenden fünften Punkt wird die Fragestellung, die sich mit dem Einfluss der Wahrnehmung des anderen Elternteils auf die Vater-Kind-Kontakte beschäftigt, beantwortet. Hierzu werden methodische Überlegungen, Hypothesen, Stichprobe, Untersuchungsinstrumente und die Ergebnisse der Untersuchung präsentiert und abschließend diskutiert.

Ob es einen Einfluss auf Aggressivität und Selbstwert der Jugendlichen hat, wie diese die Erziehung ihres Vaters wahrnehmen, ist die Frage, der im sechsten Kapitel nachgegangen wird. Auch in diesem Punkt werden wieder methodische Überlegungen, Hypothesen, Untersuchungsinstrumente und die Ergebnisse der Untersuchung dargestellt und abschließend besprochen. Eine abschließende Diskussion stellt schließlich das Ende der Arbeit dar.

2 Vaterschaft

Dieses Kapitel dient dazu, einen Überblick über den weiten Begriff „Vaterschaft" zu geben. Zunächst erfolgt ein geschichtlicher Rückblick. Dieser soll zeigen, wie Vaterschaft in verschiedenen Epochen gelebt wurde und welche Entwicklungen zum heutigen Bild eines Vaters geführt haben. Anschließend werden verschiedene Vater-Typen, die die aktuelle Forschung identifiziert hat, aufgezeigt, um so ein genaueres Bild davon zu geben, wie Vaterschaft gegenwärtig gelebt wird. Nach diesem historischer Überblick wird anschließend auf die Entwicklung und den aktuellen Stand der Forschung zum Thema „Väter" eingegangen. Dies geschieht anhand eines Überblicks, über theoretische Blickwinkel und Themen, die in der Vaterforschung eine Rolle spielen. Da in den bisher erwähnten Punkten in diesem Kapitel deutlich wird, dass Väter und Vaterschaft nicht für sich, sondern im Kontext betrachtet werden müssen, wird in diesem Punkt abschließend ein systemisch-ökologischer Blick auf Vaterschaft bzw. die Vater-Kind Perspektive gegeben.

2.1 Vaterschaft – ein Überblick über Geschichte und Väterforschung

2.1.1 Vaterschaft im Wandel der Zeit

Antike und Mittelalter

Nach Walter (2002, S. 79ff) beschreiben Weber und Durkheimer die Familie vor der Neuzeit als eine von der heute gängigen Form abweichende Einheit, in der auch Nicht-Blutsverwandte zugelassen werden. Dies geschieht durch Rituale, so kann beispielsweise jemand Fremdes als Sohn aufgenommen werden. Dabei verändert sich die Familie über die Zeit so, dass eine Differenzierung (Konzept von Durkheim) bzw. eine Rationalisierung vorliegt. Unter Differenzierung ist zu verstehen, dass sich aus einem Gebilde mehrere funktionale Gebilde herauskristallisiert haben. Es trennten sich also wirtschaftliche und soziale Funktionen von den verwandtschaftlichen. Mit Rationalisierung ist gemeint, dass die sich stark personengebundenen Funktionen mehr und mehr institutionalisiert haben. Im Laufe dieses Prozesses hat sich die Position des Vaters verändert, denn er war zunächst Hausherr und hatte als solcher die Macht im Hause inne (vgl. Walter 2002, S.83ff). Die Familie umfasste dabei alles, was ein freier Bürger besaß (vgl. Drinck 2005, S. 10). Der Vater fungierte als das Oberhaupt der Familie und besaß die Macht. Er war zudem für die Weitergabe der Sitten verpflichtet (vgl. Drinck 2005, S. 10). Dem Vater wurde außerdem auch das Recht über Leben und Tod zugeschrieben (vgl. Walter 2002, S. 87), wobei der genaue Umfang dieses Rechts nicht abschließend geklärt ist (vgl. Drinck 2005, S. 10). Es wurde jedoch später im Zuge der Christianisierung aufgehoben (vgl. Walter 2002, S. 83ff). Auch die weiteren, sehr umfassenden Rechte des Hausherren in der römischen Gesellschaft, wurde im Laufe der Geschichte auf Grund verschiedener politischer und ethischer Veränderungen geringer.

Über die Rolle des Vaters im Mittelalter lässt sich nur wenig sagen, da es kaum verlässliche Quellen gibt. Aus den Schriften des Augustinus lässt sich entnehmen, dass den Vätern des Weiteren eine sakrale Würde zugesprochen wurde (vgl. Drinck 2005, S. 11) und so als „Stellvertreter Gottes vor seinen Kindern" (Drinck 2005, S. 11) verstanden wurde.

Veränderungen in der Neuzeit

Dass sich die Strukturen verändert haben, kann man auch daran erkennen, dass im 18. Jahrhundert das Wort Familie mehr und mehr Gebrauch findet, zuvor waren andere Begriffe wie *Haus, Geschlecht* oder *Sippe* verwendet worden. Zur Familie werden dabei nicht nur Personen gezählt, die miteinander verwandt sind, sondern auch solche, die mit in der Hausgemeinschaft leben. War man in eine solche Gemeinschaft eingebunden, war man besser ins soziale Leben integriert und hatte auch mehr Rechtsschutz (vgl. Drinck 2005, S. 12). Die Art des Zusammenlebens unterschied sich hierbei zwischen Handwerkern, Bauern und Kaufleuten, je nachdem wie der Alltag aussah. In Handwerkshaushalten waren die Väter beispielsweise arbeitsbedingt nicht oft zu Hause, dies führte dazu, dass die Mütter eine andere Rolle im Haus übernahmen (vgl. Drinck 2005, S. 2005, S. 12ff).

Einen Einfluss auf die Rolle des Vaters hatten zudem verschiedene gesellschaftliche Entwicklungen. Durch die zunehmende Verstaatlichung der Erziehung, die ab dem 16. Jahrhundert begann, gingen schrittweise mehr Sozialisationsfunktionen, die zuvor der Vater zu überwachen hatte, auf staatliche Einrichtungen über. Mit der damit einhergehenden Erhöhung des Bildungsniveaus wurde des Weiteren das Verhalten der Eltern mehr und mehr hinterfragt. Außerdem änderte sich die Gerichtsbarkeit, so dass verschiedene Rechte bzw. Pflichten des Vaters auf die staatlichen Gerichte übergingen. Dass die Arbeitsbereiche der Männer in der Oberschicht mehr und mehr außerhalb des Hauses lagen, veränderte das familiäre Zusammenleben dahingehend, dass es intimer wurde und mehr vom öffentlichen Leben abgegrenzt war. Die Tatsache, dass die Väter durch diese Prozesse weniger Pflichten hatten, grenzte deren Macht nicht nur ein, sondern stellte gleichzeitig eine Entlastung dar (vgl. Drinck 2005, S. 12ff). Denn wie Matzner (2004, S. 136) schreibt, musste sich der Vater den Status des *pater familiaris,* also des Familienoberhaupts, auch verdienen, indem er allen Pflichten, die mit diesem Status verbunden waren erfüllte. Gleichzeitig wurden so aber auch die Weichen für die Emanzipation der Frau gestellt (vgl. Drinck 2005, S. 13ff). Denn wie Fthenakis (1999, S. 18ff) anmerkt, konnte sich das Patriarchat bereits in verschiedenen Gegenden nicht mehr halten. Grund hierfür waren verschiedene demographische Komponenten und ein Wandel in der wirtschaftlichen Struktur, weil Menschen bzw. Kinder immer leichter eine Arbeit außerhalb des Hauses finden konnten und sich so die soziale Struktur änderte.

Das 18. und 19. Jahrhundert

Im 18. Jahrhundert richteten sich viele philosophische Schriften an den Vater oder wurden von Vätern für Väter geschrieben (vgl. Matzner 2004, S. 136). Die Aufteilung der Arbeit zwischen den Familienmitgliedern unterschied sich hierbei von der heutigen. Zudem wurde der Vater-Sohn-Beziehung eine besondere Rolle zugeschrieben (vgl. Fthenakis 1999, S. 18). Diese Beziehung scheint zu dieser Zeit auch intensiver gewesen zu sein als die Mutter-Kind-Beziehung, was auch an der hohen Sterblichkeit der Mütter liegen könnte (vgl. Drinck 2005, S. 14ff). Die Hausväter waren daher auch mit der Betreuung kranker Kinder beschäftigt (vgl. Matzner 2004, S. 137ff).

Wie bereits angedeutet, veränderte sich das Konzept von Vaterschaft im späten 18. Jahrhundert, denn die Intimität spielte zunehmend eine wichtigere Rolle, was auch daran lag, dass Eltern immer häufiger nur mit ihren Kindern zusammen lebten und weniger in Großfamilien. Im Rahmen dieses Prozesses war die Selbstkontrolle nicht mehr so bedeutend, dafür rückte die Emotionalität mehr in den Fokus, was dazu führte, dass Werte wie Zuneigung und Gefühl in der Ehe wichtiger wurden (vgl. Fthenakis 1999, S. 19). Im 19. Jahrhundert wurde das Vaterbild durch verschiedene Strömungen geprägt. So schreibt Fthenakis (1999, S. 20), dass der Protestantismus eine bedeutende Rolle spielte. Denn er schrieb eine gewisse Häuslichkeit vor, der Vater sollte über die Moral der Familie wachen. Außerdem nennt Walter (2002, S. 89) die Privatisierung, Autorisierung und Sentimentalisierung als wichtige Bestandteile der Veränderung des familiären Zusammenlebens. Die Privatisierung der Familie ging mit der industriellen Revolution einher. Denn durch diese wurden die Produktionsstätten aus dem Haus ausgelagert. So entstanden Haushalte, in denen die Zwei-Generationen-Familie zur Norm wurde und sich so vom zuvor existierenden Haus, das eine Produktions- und Konsumstätte für Verwandte und nicht miteinander Verwandten darstellte, abgrenzte. Diese Entwicklung galt vor allem für die bürgerlichen Haushalte. In den bäuerlichen Familien blieben die traditionellen Familienformen beispielsweise länger erhalten. Mit Autorisierung ist gemeint, dass durch die Gesetzgebung auch eine Reglementierung des familiären Zusammenlebens vollzogen wurde. Die Sentimentalisierung geht damit einher, dass den Beziehungen innerhalb der Familie eine bedeutsamere emotionale Rolle zugeschrieben wurden. Dies steht in weiten Stücken mit der Privatisierung der Familie in Zusammenhang, da durch diese andere, intimere, emotionale Beziehungen möglich wurden. Ein weiterer Aspekt ist der Wandel der Geschlechterrollen, wobei dem Mann vor allem der aktive, rationale Part zugeschrieben wird und den Frauen der passive, emotionale (vgl. Walter 2002. S. 89ff). Für die Väter bedeutete dies, dass sie ihre Kinder weniger sahen und so auch weniger Zeit mit ihnen verbrachten, was nach Drinck (2005, S. 18) dazu führte, dass die Erziehung, die bis dahin oft gemeinsam ausgeführt wurde, alleine auf die Mütter überging.

Der hier beschriebene Prozess gilt im besonderen Maße für das Bürgertum, denn in Arbeiter- und Bauernfamilien blieben die alten Lebensformen länger erhalten, da in diesen andere Lebensbedingungen als im Bürgertum herrschten. Die Veränderungen, die entstanden, hingen maßgeblich mit der Industrialisierung und Urbanisierung zusammen. Zudem muss man in Betracht ziehen, dass der Erziehung bzw. Bildung in dieser Zeit wiederum vor allem im Bürgertum eine wichtigere Rolle zugeschrieben wurde, da diese für das wirtschaftliche Fortkommen immer essenzieller wurde. Außerdem romantisierte sich der Blick auf die Familie und es entstand auch eine neue Art der Väter, die stolz auf das war, was sie erreicht hatte und bestrebt war, dass die Söhne diesem Vorbild folgen (vgl. Drinck 2005, S. 14ff). Im Laufe der Biedermeierzeit, in der die Institution Familie sehr bedeutsam wurde, avancierte das bürgerliche Familienbild auch für andere Schichten immer mehr zu einem Leitbild (vgl. Drinck 2005, S. 20).

Das 20. Jahrhundert

Zu Beginn des 20. Jahrhunderts wurde der Vater weiterhin als Ernährer gesehen, wohingegen den Müttern die Führung des Haushalts als Tätigkeitsfeld zugeschrieben wurde (vgl. Matzner 2004, S. 144). Zeitgleich wurde die Forderung nach einer aktiveren und partnerschaftlichen Rolle der Väter am Ende des 19. bzw. zu Beginn des 20. Jahrhunderts lauter. Der Hintergrund hierfür war vor allem die Angst, dass der ausschließliche Umgang mit den Müttern die Söhne verweichlichen könnte (vgl. Fthenakis 1999, S. 22). Zudem war die im 19. Jahrhundert entstandene bürgerliche Familie zur gängigsten Familienform in der ersten Hälfte des 20. Jahrhunderts geworden (vgl. Matzner 2004, S. 144). Die Aufgabenverteilung war dabei klar strukturiert. Der Mann war außer Haus tätig, wohingegen die Frau sich um die Familie kümmerte. Die Väter hatten in dieser Periode nicht viel Zeit, um sich mit ihren Kindern zu beschäftigen, weil sie den Großteil des Tages in der Arbeit verbrachten. Außerdem fielen viele Männer den beiden Weltkriegen zum Opfer, so dass die Kinder teilweise ganz ohne Väter aufwuchsen. Das Verhalten der Väter lässt sich schwer festlegen und war wohl sehr unterschiedlich, wobei es aus dem amerikanischen Raum Berichte gibt, die darauf hindeuten, dass der Vater als eine freundliche, warme, aber distanzierte Person gezeichnet wurde (vgl. Matzner 204, S. 144ff). Da in dieser Zeit wenig über Vaterschaft geforscht wurde, kann man nur ein ungenaues Bild des Vaters zeichnen. Es scheint jedoch so zu sein, dass in den Aufgabenbereich der Väter vor allem die Erwerbstätigkeit und die Zucht der Kinder fiel, der Vater also eine autoritäre Person war. Zudem hat es den Anschein, dass es in dieser Zeit viele traumatisierte Väter gab, Alkoholabhängigkeit nicht selten war, Wohnungsknappheit herrschte und die Arbeitslosigkeit hoch war (Friebertshäuser, Matzner, Rothmüller 2007).

In der zweiten Hälfte des 20. Jahrhunderts lässt sich die Diskussion um die Vaterschaft nach Matzner (2004, S. 147) auf drei Gebiete festlegen: (1) die Krise der Vaterschaft, (2) überflüssige Väter und (3) neue Väter. Laut Walter (2002, S. 97ff) verlor das Kind seit Beginn der Neuzeit immer mehr an ökonomischer Bedeutung und gewann dafür an emotionaler Wichtigkeit, was zusammen mit einer geringeren Kindersterblichkeit zu einer deutlich niedrigeren Geburtenrate führte und in der Nachkriegszeit darin gipfelte, dass Familien wegen der Kinder gegründet wurden. Mit dieser Entwicklung rückten die Kinder immer mehr in den Mittelpunkt der Familien, und die Väter, die einst als pater familiaris das Zentrum der Familien waren, immer mehr an den Rand. Vor allem ab Mitte der 60iger Jahre änderten sich auch die Erziehungsziele und –formen. Es wurde weniger auf traditionelle Werte wie Konformität geachtet, hierfür rückten Individualismus und Autonomie mehr in den Fokus. Gleichzeitig änderten sich auch die Erziehungspraktiken, die ab dieser Zeit weniger auf Befehlen beruhten. Stattdessen wurde mehr darauf gesetzt, mit den Kindern zu verhandeln und diese in der Familie aktiv mitwirken zu lassen. Dies bedeutete für die Väter, dass ihre bis dahin klassischen Handlungsdomänen immer mehr verschwanden (vgl. Walter 2002, S. 99). Aus diesen Prozessen ergibt sich, dass eine Diskussion über die vaterlose Gesellschaft entstand (vgl. Walter 2002, S. 100ff, Matzner 2004, S. 146). Im weiteren Verlauf gingen Frauen wieder verstärkt ihren eigenen Berufen nach, wobei dieses stärkere berufliche Engagement nicht nach sich zog, dass sich auch die Väter mehr in die Familienarbeit bzw. den Haushalt einbrachten. Generell kann man die Aufgabenverteilung zwischen Vätern und Müttern so beschreiben, dass die Männer sich eher praktische und güter-bezogene

Leistungen, und Frauen eher emotionale beziehungs-bezogene Leistungen erbrachten (vgl. Walter 2002, S. 100ff). Dies führte nach Walter (2002, S. 101) dazu, dass Vätern aus einer feministischen Perspektive die Flucht aus der Verantwortung vorgeworfen wurde. Außerdem ist zu verzeichnen, dass mehr Väter an Geburtsvorbereitungskursen teilnahmen und sich auch mehr um Kleinkinder kümmerten. Dies spricht dafür, dass sich die Eltern in den Geschlechterollen mehr und mehr annähern (vgl. Matzner 2010, S. 101). Begleitend zu diesen gesellschaftlichen Veränderungen hat sich auch die Rolle der Väter in der Gesetzgebung verändert. Diese werden für den Kontext von Trennung und Scheidung in Punkt 4.1.2 besprochen.

In den 1980iger Jahren begann schließlich eine Diskussion um eine neue Vaterschaft, die auch eine Männerbewegung hervorbrachte. Hierbei näherte sich die Vaterrolle mehr und mehr der Mutter-Rolle an, wobei diese Gleichstellung aus psychoanalytischer Sicht kritisiert wurde, weil die Befürchtung vorherrschte, dass die Sozialisationsrolle des Vaters verloren gehen könnte, deren Besonderheit in einer Mischung aus Fördern und Fordern zum einen und Versagen und Gewähren zum anderen gesehen wurde (vgl. Walter 2002, S. 105ff). Außerdem wurde Väterlichkeit kritisiert, da sie mit autoritärem und missbräuchlichem Verhalten in Zusammenhang gebracht wurde. Dass zudem auch viele Fälle von missbrauchenden Männern bzw. Vätern bekannt wurden, führte zu einer Krise der Vaterschaft und dazu, dass das Alleinerziehen gerühmt wurde (vgl. Walter 2002, S. 107ff).

2.1.2 Aktuelle Lebensmodelle von Vaterschaft

Nachdem zuvor dargestellt wurde, wie Vaterschaft im Laufe der Geschichte gelebt wurde, befasst sich dieser Abschnitt mit der Frage, wie Vaterschaft gegenwärtig gelebt wird. In diesem Zusammenhang erwähnen Rollet und Werneck (2002), dass die Vaterrolle momentan im Umbruch ist und dass Männer diesbezüglich verunsichert sind. Dass die Sichtweise bzw. die Einstellung von Männern einen Einfluss auf ihr Leben als Vater hat, kann man an den Ergebnissen der Studie „Männer im Aufbruch" von Zulehner und Volz (1999) erkennen. In dieser Studie konnten die Autoren anhand der Indikatoren „traditionell" vs. „neu" Männer in die vier Cluster traditionell (hohe Werte bei traditionell), neu (hohe Werte bei neu), pragmatisch (hohe Werte bei beiden Indikatoren) und unsicher (niedrige Werte bei den Indikatoren) unterteilen (Zulehner et al. 1999, S. 34ff). Den unterschiedlichen Gruppen konnten unter anderem verschiedene Persönlichkeitsmerkmale und politische Einstellungen zugeordnet werden (Zulehner et al. 1999, S. 78ff). Auch im Bereich des Familienlebens gab es Unterschiede. Denn die vier Typen hatten jeweils unterschiedliche Vorstellungen hinsichtlich der Partnerschaft bzw. Ehe, aber auch hinsichtlich der Arbeitsverteilung zwischen Mann und Frau und des Umgangs mit den Kindern. Diese lagen zum Beispiel in der Beteiligung bei Pflege und schulischen Aktivitäten der Kinder (Zulehner et al. 1999, S. 104ff). Im Bereich der Männer-Freundschaften gibt es kaum Unterschiede zwischen den vier Männergruppen. Jedoch haben Männer, die weniger traditionell sind, mehr Freundschaften mit Frauen. Neue Männer denken jedoch stärker als alle anderen Typen, dass es wichtig ist, Freundschaften neben dem Ehepartner zu erhalten. Am geringsten ist diese Einstellung bei pragmatischen und unsicheren Männern. Die Einschätzung, wer in einer Partnerschaft die stärkere Rolle hat, ist zwischen den verschiedenen Männer-Typen ebenfalls unterschiedlich. Traditionelle Männer schätzen mit 52% am häufigsten ein, dass der Mann die stärkere Rolle in der Beziehung hat, pragmatische und unsichere Männer liegen mit 31% und 29% ungefähr gleich auf und neue Männer teilen diese Einschätzung mit 21% Zustimmung am wenigsten. Die Frage, ob die Frau die stärkere Person in einer Partnerschaft ist, antworteten traditionelle (17%), pragmatische (19%) und neue Männer (18%) in etwa gleich oft. Am wenigsten stimmten hier die unsicheren Männer mit 13% zu. Hinsichtlich der Freiheiten in einer Beziehung war es allen Männertypen am wichtigsten mit Freunden ausgehen zu können.

Ein weiteres Bild, das sich abzeichnet, ist, dass Frauen eher die Familie gestalten und Männer sie eher erhalten. Auffällig ist in diesem Bereich jedoch, dass zwischen neuen und traditionellen Männern in den Bereichen „Existenz sichern", „Entscheidungen treffen", und „für die Zukunft planen" größere Diskrepanzen vorherrschen. Denn diesen Bereichen ordnen sich die traditionellen Männer deutlich häufiger zu, als die neuen. Die pragmatischen und unsicheren Männer hingegen liegen in allen Punkten zwischen den beiden anderen Männertypen und weisen keine deutlichen Unterschiede auf. Bei den Punkten „Streitausgleich", „Spannungen besprechen", „Partnerschaft besprechen", „gemütlich", „gemeinsam unternehmen" liegen dann wiederum alle Männertypen in ihrer Einschätzung nah beisammen und ordnen diese Bereiche eher ihren Frauen zu. Es ist also so, dass die neuen Männer zwar nicht mehr in einem so starken Maße alleine familienerhaltend tätig sind, dass sie aber auf der anderen Seite dafür kaum familiengestaltende Tätigkeiten übernehmen (vgl. Zulehner et al. 1999, S. 127ff). Dafür engagieren sich die neuen Männer deutlich mehr in der Pflege und in schulischen Belangen ihrer Kinder als die traditionellen Männer. Die pragmatischen und die unsicheren Männer liegen von der Einstellung her auch hier wieder nah zusammen und nähern sich eher den neuen als den traditionellen Männern an. Dahingegen bleiben die pragmatischen Männer am häufigsten bei ihren Kindern zu Hause, wenn diese krank sind, wohingegen dies am seltensten die traditionellen Männer tun. Was den Kinderwunsch angeht, ist dieser bei den neuen Männern am stärksten ausgeprägt (32%), gefolgt von den pragmatischen (28%) und den unsicheren Männern (24%). Die traditionellen Männer haben den geringsten Kinderwunsch (14%). Bei der Aussage, dass der Erziehungsurlaub Männer bereichern kann, kommt es ebenfalls zu sehr unterschiedlichen Einschätzungen. Die traditionellen Männer stimmen diesem am wenigsten zu, die neuen am häufigsten. Auch bei den pragmatischen Männern ist die Einschätzung zu dieser Aussage eher hoch, wohingegen die unsicheren Männer eher in der Mitte zwischen den traditionellen und den neuen Männern liegen. Neue Männer übernehmen auch am ehesten Hausarbeiten, wohingegen traditionelle Männer dies wiederum am seltensten machen und die pragmatischen und unsicheren Männer nah beieinander in der Mitte liegen.

Aus diesen Daten lässt sich erkennen, dass sich die Einstellung bzw. die Gruppenzugehörigkeit der Männer auf die den Umgang mit ihrer Familie und ihren Kindern auswirkt. Ähnliches ist auch bei Matzner (2004) erkennbar, der eine qualitative Studie durchführte, in der 24 Männer befragt wurden. Aus dieser Untersuchung resultiert eine Typologie von subjektiven Vaterschaftskonzepten, in den Kategorien traditioneller Ernährer, moderner Ernährer, ganzheitlicher Vater, familienzentrierter Vater, die alle unterschiedliche Erziehungsstile, -ziele und andere Einstellungen haben (vgl. Matzner 2004, S. 339ff). Matzner (2004, S. 439) gibt in einem Modell vereinfacht gesprochen an, dass das subjektive Vaterschaftskonzept sich auf die Praxis der Vaterschaft bzw. die väterliche Beteiligung auswirkt, wobei verschiedene Determinanten sowie die Persönlichkeit des Vaters ebenso eine Wirkung haben. Die Charakterisierung der verschiedenen Vätertypen soll nun tabellarisch vorgestellt werden.

Tabelle 1: Subjektive Vaterschaftskonzepte der Vätertypen nach Matzner 2004

	Traditioneller Ernährer	Moderner Ernährer	Ganzheitlicher Vater	Familienzentrierte Vater
Bedeutung der Vaterschaft	Vaterschaft als Selbstverständlichkeit, Reproduktionsfunktion	Vaterschaft als Selbstverständlichkeit, Reproduktionsfunktion	Bewusste Vaterschaft; Planung und Vorbereitung der Vaterschaft	Häufig bewusste Vaterschaft; Planung und Vorbereitung der Vaterschaft
Kinderwunsch	Hoch	Mittel	Hoch	Zumeist hoch
Value of children	Mehr funktional als emotional	Emotional und funktional	Emotional	Emotional
Reflexivität der Vaterschaft	Gering	Gering bis mittel	Hoch	Zumeist hoch
Vaterfunktionen	Ernähren, schützen, Grenzen setzen/ Orientierung geben; schulische und berufliche Entwicklung fördern	Ernähren, schützen, Grenzen setzen/ Orientierung geben; schulische und berufliche Entwicklung fördern Präsenz in der Familie; Schaffen einer guten Vater-Kind-Beziehung	Aktive Vaterschaft im Alltag der Familie und Kinder (Präsenz, Verantwortung und Engagement in der Familie); keine spezifisch väterlichen Funktionen (Variante 1); zusätzliche Wahrnehmung spezifisch väterlicher und damit männlicher Funktionen (Variante 2)	Zumeist aktive Vaterschaft im Alltag der Familie und Kinder (Präsenz, Verantwortung und Engagement in der Familie)
Die Identität wird vor allem bestimmt durch	Beruf	Beruf und Familienzugehörigkeit	Familienzugehörigkeit, Beruf, private Interessen	Familienzugehörigkeit
Elternschafts- und Mutterschaftskonzept, Arbeitsteilung der Eltern	Komplementäre Elternschaft; der Vater ist der Ernährer, die Mutter soll sich auf die Kinder den Haushalt und das Familienleben konzentrieren	Komplementäre Elternschaft; der Vater ist der Ernährer, die Mutter soll sich vorrangig um die Kinder kümmern; der Vater ist zu Hause der „Assistent" der Mutter	Geteilte Elternschaft im Alltag; keine spezifischen Zuschreibungen an Mütter; Ernährerfunktion kann sowohl von der Mutter als auch vom Vater übernommen werden	Häufig geteilte Elternschaft im Alltag; keine spezifischen Zuschreibungen an Mütter; Ernährerfunktion kann sowohl vom Vater als auch von der Mutter übernommen werden
Familienkonzept	Die Gemeinschaft ist wichtiger als das Individuum ; Familie als lebenslange Solidargemeinschaft („Familienverbund"); Elternzentriertheit des Familienalltags	Gemeinschaft und Autonomie/Offenheit; Kind- und Elternzentriertheit des Familienalltags, Spannungsausgleich	Gemeinschaft und Autonomie/Offenheit; Kind- und Elternzentriertheit des Familienalltags	Gemeinschaft und Autonomie/Offenheit; Kinderzentriertheit des Familienalltags
Kinderkonzept	Kinder als zu erziehende, junge Menschen	Kinder als zu erziehende, junge Menschen und autonome Persönlichkeiten	Kinder als autonome Persönlichkeiten und als zu erziehende, junge Menschen	Kinder als autonome Persönlichkeiten
Erziehungskonzept/ Erziehungsstil	Vor allem intentionale Erziehung; Befehlshaushalt	Intentionale und extensionale Erziehung; autoritativ-autoritär, „milde Strenge"	Vor allem extensionale Erziehung; autoritativ-kommunikativ	Vor allem extensionale Erziehung, kommunikativ

13

Erziehungsziele	Pflicht- und Akzeptanzwerte, Leistungsorientierung, soziale Platzierung	Pflicht-Akzeptanzwerte; Leistungsorientierung; soziale Platzierung	Soziale und ethische Handlungsfähigkeit; Leistungsorientierung; soziale Platzierung	Soziale und ethische Handlungsfähigkeit; gewisse Leistungsorientierung
Beziehungskonzept	Im Alltag eher hierarchisch und distanziert	Mehr Nähe als Distanz	Nähe	Nähe
Allgemeine Einstellungen und Werte	Materielle und Pflicht-Akzeptanzwerte stehen im Vordergrund; sichern, bewahren	Pflicht-Akzeptanzwerte und Selbstentfaltungswerte aufbauen und erweitern	Selbstentfaltungswerte und Pflicht- und Akzeptanzwerte; Offenheit; Aufgeschlossenheit für Neues; Offenhalten der Lebens- und Arbeitsbedingungen	Häufig überwiegen Selbstentfaltungswerte; manchmal hedonistische Werte

(Matzner 2004, S. 350, 380, 423, 434)

Tabelle 2: Praxis der Vaterschaft: Nichtalltäglichkeit der Vaterschaft nach Matzner 2004

	Traditionelle Ernährer	**Moderne Ernährer**	**Ganzheitliche Väter**	**Familienzentrierte Väter**
Lebensrelevanzen	Der Beruf ist deutlich wichtiger als die Familie	Der Beruf ist wichtiger als die Familie	„erfolgreich": Familie und Beruf bzw. private Interessen sind gleich wichtig „weniger erfolgreich": Familie und Beruf bzw. private Interessen sind gleich wichtig	Familien- und Kinderzentriert; geringe berufliche Ambitionen; wenn ein Beruf ausgeübt wird, dient er nur zum Geldverdienen
Verantwortung in der Familie	Insgesamt gering; Einhalten der Familienordnung; Schutz der Familie	Gering	„erfolgreich": Zumeist hoch und umfassend „weniger erfolgreich": eher gering; weniger als gewünscht	Hoch und umfassend
Präsenz/Verfügbarkeit in der Familie im Alltag	Gering	Während der Schwangerschaft und der ersten Zeit nach der Geburt relativ hoch, danach relativ gering	„erfolgreich": Eher hoch „weniger erfolgreich": eher gering; weniger als gewünscht	Hoch
Engagement in der Familie im Alltag	Insgesamt gering; Konzentration auf „männliche" Tätigkeiten (spielen, Hausaufgaben überwachen, Reparaturen, Ausübung der väterlichen Autorität)	Insgesamt gering; Spielen mit Kindern am Abend, Wochenende und Urlaub; „Assistent" der Mutter; nur wenn er als „Mann" gefragt ist oder wenn die Mutter stark überlastet ist, „springt" er als „Vertreter" ein	„erfolgreich": Hoch, viele Tätigkeiten werden wahrgenommen; einzelne Domänen von Vater und Mutter sind möglich „weniger erfolgreich": eher gering; weniger als gewünscht	Hoch und umfassend; viele Tätigkeiten werden wahrgenommen; einzelne Domänen von Vater und Mutter können trotzdem existieren

			„erfolgreich": Je mach Familie und Situation sehr unterschiedlich und flexibel: Er arbeitet Vollzeit/ Teilzeit; er nimmt Erziehungs-urlaub; sie und er wechseln sich mit dem Erziehungsurlaub ab; sog. „Babywoche": Er und sie wechseln sich mit der Kinderbe-treuung und der Erwerbstätigkeit ab „weniger erfolgreich": Nach der Geburt des ersten Kindes arbeitet der Vater weiterhin Vollzeit; die Mutter arbeitet Teilzeit oder gar nicht; Retraditio-nalisierungseffekt	
Art der Arbeitsteilung zwischen Vater und Mutter	Der Vater geht seinem Beruf nach und ist damit der Ernährer seiner Familie; die Mutter übernimmt die Betreuung und Erziehung der Kinder, die Hausarbeit sowie die Gestaltung des Familienlebens	Der Vater geht seinem Beruf nach und ist damit der Ernährer seiner Familie; die Mutter übernimmt die Betreuung und Erziehung der Kinder, die Hausarbeit sowie die Gestaltung des Familienlebens weitgehend alleine verantwortlich; ab und zu unterstützt sie der Vater		Unterschiedlich flexibel je nach Familie, wobei das Hausmann-Modell am häufigsten vorkommt
Erzieherisches Handeln	Der Großteil der Erziehung wird an die Mutter „delegiert", vor allem intentionale Erziehung; autoritär; Befehlshaushalt; Pflicht- und Akzeptanzwerte; Leistungsorientierung fordern; kontrollieren	Der Großteil der Erziehung wird an die Mutter „delegiert", vor allem intentionale und extensionale Erziehung; autoritativ-autoritär, „milde Strenge"; Mischung aus Verhalten und Disziplin, eher Pflicht- und Akzeptanzwerte, Leistungsorientierung fordern und unterstützen	„erfolgreich": Der Vater erzieht sein Kind im Alltag; vor allem extensionale Erziehung; autoritativ-kommunikativ; Verhandlungshaushalt ethische und soziale Werte; Leistungsorientierung; unterstützen, verstehen „weniger erfolgreich": Den Hauptteil der Erziehung leistet die Mutter; intentional und extensioanle Erziehung; autoritativ-kommunikativ; Verhandlungshaushalt; ethische und soziale Werte; Leistungsorientierung; unterstützen, verstehen	Der Vater erzieht sein Kind im Alltag; vor allem extensionale Erziehung; kommunikativ; ethische und soziale Werte; unterstützen, verstehen
Vater-Kind-Beziehung	Bestimmendes Elternverhalten; Vater als Spielkamerad und Respektsperson; virtuelle Präsenz als strafende Autorität; Beziehung im Alltag eher distanziert, wenig gezeigte Liebe in Form von Körperkontakt	Bestimmendes Elternverhalten überwiegt; Vater als Spielkamerad; Vater wird nur manchmal zur Vertrauensperson	„erfolgreich": Verstehendes Eltern-verhalten; Vater als Vertrauensperson; Nähe, gezeigte Liebe, Körperkontakt „weniger erfolgreich": verstehendes Eltern-verhalten; Vater wird nicht immer zur Vertrauensperson; Nähe, gezeigte Liebe; Körperkontakt	Verstehendes Elternverhalten; Vater als Vertrauensperson; Nähe; gezeigte Liebe; Körperkontakt

(Matzner 2004, S. 351, 381, 324, 435)

Auch Rollet et al. (2002) haben sich mit Vätertypen beschäftigt. Sie unterteilten die Väter durch eine Clusteranalyse in „neue", „familienorientierte" und „eigenständige" Väter. Diese beobachteten sie ab dem dritten Monat nach der Geburt über zwei weitere Erhebungszeitpunkte. Die neuen Väter hatten kurz nach der Geburt das meiste Wissen über Kinderpflege und waren auch in ihrer Beziehung am glücklichsten. Für die familienorientierten Väter hingegen waren die Kinder sehr wertvoll, was dazu führte, dass sie sich auch um ein berufliches Fortkommen bemühten, um den Unterhalt ihrer Familie bestreiten zu können. Die eigenständigen Väter dagegen hatten weniger Interesse an ihren Kindern und auch weniger Kontakt zu ihrer Familie. Im Folgenden wird die prozentuale Verteilung der einzelnen Vätergruppen über die drei Messzeitpunkte dargestellt. Im Folgenden wird in einem Überblick dargestellt, wie sich die Forschung, die sich mit Vaterschaft und Vätern beschäftigt, entwickelt hat.

Tabelle 3: Verteilung der Vätertypen über die Messzeitpunkte nach Rollet et al. (2002)

	Neue Väter	Familienorientierte Väter	Eigenständige Väter
T1	12,7%	31,7%	55,6%
T2	7,1%	29,4%	63,5%
T3	8,7%	25,4%	65,9%

2.1.3 Väterforschung – ein Überblick

Nachdem nun ein geschichtlicher Überblick über die Rolle des Vaters gegeben und aufgezeigt wurde, wie Vaterschaft heute gelebt wird, wird nun ein kurzer Überblick über die Forschung zum Thema Vaterschaft gegeben. Hierbei erwähnt Cyprian (2007), dass Vaterschaft generell mehr in der Diskussion steht, weil sie an mehr Bedingungen geknüpft ist, als Mutterschaft. In Deutschland wird Vaterschaft in größerem Rahmen seit Mitte der 1970iger Jahre erforscht (vgl. Cyprian 2007). Dabei kann man die Forschung nach Seiffge-Krenke (2009, S. 195ff) in drei Phasen unterteilen. Während der ersten Phase wurden Väter vor allem als periphere Figuren betrachtet. Hier steht der Vater als Ernährer im Vordergrund, der wenig Zeit mit seiner Familie verbringt. Die zweite Phase ist davon geprägt, dass Väter und Mütter verglichen werden. So wurde in Studien beispielsweise versucht nachzuweisen, dass Männer, die gerade Väter wurden, ähnliche Symptome wie werdende Mütter aufweisen und auch so im vergleichbaren Rahmen geschont werden müssen (vgl. Seiffge-Krenke 2009, S. 196). Daher fasst Seiffge-Krenke (2009, S. 196) auch zusammen, dass die ersten beiden

Phasen der Vater-Forschung aus einer Defizitperspektive erfolgten. In der dritten Phase hingegen wurde vor allem durch Beobachtungsstudien erkannt, dass Väter generell anders mit ihren Kindern umgehen als Mütter, Väter beispielsweise dadurch, dass Väter schon früher auf die Geschlechtsunterschiede ihrer Kinder eingehen und körperlicher im Umgang mit diesen sind (vgl. Seiffge-Krenke 2009, S. 196 ff). Hierbei führt Seiffge-Krenke (2009, S. 195) auch an, dass man in der psychologischen Forschung relativ viel über Väter in pathologischen Familien und relativ wenig über Väter in normalen Familien weiß. Es wäre jedoch falsch die Erforschung der Vaterschaft auf die Psychologie zu reduzieren, da diese aus sehr vielen theoretischen Blickwinkeln untersucht wurde. So kann man hierbei unter anderem theoretische und methodische Blickwinkel nennen: sozial-konstruktivistisch, sozio-biologisch, evolutionstheoretisch, psychoanalytisch, entwicklungspsychologisch, bindungstheoretisch, phänomenologisch, systemtheoretisch, historisch, ökologisch, kulturvergleichend sowie aus der Perspektive des symbolischen Interaktionismus. Auch Generativität spielte eine Rolle in diesen Betrachtungsweisen (vgl. Marsiglio, Amato, Day, Lamb 2000, Cyprian 2007, Walter 2002b, Lamb, Pleck, Charnov und Levine 1987, Seiffge-Krenke 2009). Allerdings merkt Cyprian (2007) an, dass es kein System in der deutschsprachigen Väter-Forschung gibt und kritisiert, dass diese oft „nur" ein Nebenprodukt aus anderen Studien ist, aus Einzelstudien besteht und dass es nur wenige Erweiterungs- oder Überprüfungsstudien gibt. Auch die angewandten Methoden und Forschungsdesigns unterscheiden sich im Laufe der Zeit. So gehen Roggman, Fitzgerald, Bradley Raikes (2002) darauf ein, dass mit Analyse-Methoden, wie den Strukturgleichungsmodellen, Cluster-Analysen und vielen anderen, die Möglichkeiten zur Datenanalyse gewachsen sind. Zudem gibt es verschiedene Forschungsdesigns und Erhebungsmethoden innerhalb der Erforschung von Vätern. Denn es finden sich unter anderem Studien, in denen mit Fragebögen, Beobachtung, Zeitbudgets und Tagebüchern gearbeitet wurde. Die Untersuchungen wurden sowohl quer- als auch längsschnittlich durchgeführt, wobei Roggman et al. (2002) den Vorteil von längsschnittlicher Forschung darin sehen, dass man mit Hilfe dieser nicht nur herausfinden kann, was zu einem Zeitpunkt bedeutsam ist, sondern auch Veränderungen feststellen kann und beispielsweise auch den Einfluss, den Väter auf ihre Kinder über die Zeit haben, untersuchen kann. Auch Cyprian (2007) spricht an, dass es gut wäre, mehr längsschnittliche Ergebnisse darüber zu haben, um beispielsweise so mehr über die Gestaltung des Übergangs zur Vaterschaft zu erfahren. Auch im Bezug auf die Erhebungsinstrumente geben Roggman et al. (2002) an, dass für die Väter-Forschung oft Instrumente aus Untersuchungen zur Mutter-Kind-Beziehung übernommen und modifiziert wurden. Sie kritisieren dieses Vorgehen, da diese veränderten Maße nicht zwingend die Erfahrung der Väter abbilden und erfassen. Außerdem könnte es sein, dass verschiedene Instrumente auch verschiedene Typen von Vätern ansprechen. Zudem müssen kulturelle Unterschiede ebenfalls in die Überlegungen zur Auswahl der Untersuchungsinstrumente miteinbezogen werden (vgl. Roggman et al. 2002). Schließlich sprechen sich Roggman et al. (2002) auch dafür aus, Informationen über Väter von verschiedenen Quellen zu erfragen und beispielsweise nicht nur auf Aussagen von Müttern über Väter oder Selbstaussagen von Vätern zu vertrauen, da sich diese nicht zwingend decken müssen. Auch die Themen, über die geforscht wird, sind breit gefächert (vgl. Walter 2002b, Cyprian 2007). So wird, um ein paar Beispiele zu nennen, auf den Übergang zur Elternschaft eingegangen (vgl. u.a. Nickl 2002), den Kinderwunsch von Männern (vgl. u.a. Zerle, Kronk 2008), Väter aus verschiedenen Kulturen (vgl. Townsend 2002), und auch auf Väter im Kontext von Trennung und Scheidung (vgl. u.a. Amato und Gilbreth 1999). Ein Problem, das Cyprian (2007) anspricht, ist die Schwierigkeit Vaterschaft inmitten der aktuellen politischen Diskussion neutral zu betrachten, da Ergebnisse je nach Perspektive sehr unterschiedlich interpretiert werden. Außerdem geht die Autorin darauf ein, dass oft die Veränderung bzw. die ausbleibende Veränderung von Vätern diskutiert wird, jedoch beispielsweise nicht über die Strukturen in der Wirtschaft, die nicht immer familienfreundlich sind und so Veränderungen erschwert werden und dass es schwierig ist, die ganze Komplexität der Vaterrolle abzubilden. Roggman et al. (2002) sprechen an, dass es für weitere Forschung sinnvoll ist, eine systemtheoretische Perspektive einzunehmen, da darin andere Strömungen mitaufgenommen werden können. Außerdem beziehen sie sich auf Lamb (1997), der meinte, man solle nicht nur Väter untersuchen, sondern ebenfalls, wie diese andere beeinflussen. Auch Cyprian (2007) und Doherty, Kouneski und Erickson (1998) sprechen an, dass Vaterschaft kontext-gebunden ist und somit nicht isoliert betrachtet werden sollte. Es erscheint vielmehr sinnvoll zu sein auch die sozialen Lebenswelten der Väter zu berücksichtigen.

2.2 Vaterschaft aus systemisch-ökologischer Sicht

2.2.1 Familie aus systemisch-ökologischer Sicht

Im Lauf der Zeit hat sich bei der Erforschung von Familienbeziehungen ein Wandel dahingehend ergeben, dass nicht mehr „die Dyade Mutter-Kind im Mittelpunkt des Interesses" (Petzold und Nickel 1989, S. 245) steht, sondern dass sich ein Trend hin zu einer systemischen und ökologischen Sichtweise von Familie bzw. von Familienbeziehungen ergeben hat (vgl. u.a. Petzold, Nickel 1989, Cox, Paley 2003). Denn es hat sich gezeigt, dass Probleme in der Eltern-Kind-Beziehung oftmals auf Stress in der Paarbeziehung der Eltern zurückzuführen waren, was wiederum dazu führte, dass Vätern und der Beziehung der Eltern wieder mehr an Bedeutung beigemessen wurde (vgl. Cox et al. 2003). Außerdem hatten die ökologische Theorie von Bronfenbrenner (1981) und ein Perspektivenwechsel in der Entwicklungspsychologie –nämlich dass nicht mehr ausschließlich die Kindheit und Jugend thematisiert wurde - einen Einfluss auf die Sichtweise von Familien bzw. gesellschaftlichen Einflüssen auf die Familie (vgl. Petzold et al. 1989). Sieht man die Familie nun als System, lässt sich feststellen, dass sie aus komplexeren Strukturen besteht. Denn „Betrachtet man die Familie als System von Personen, die über das Vehikel der Kommunikation miteinander in Beziehung stehen, so lassen sich – je nach Perspektive – unterschiedliche Supra- und Subsysteme unterscheiden" (Schneewind 1999, S. 90). Zu den Suprasystemen zählt Schneewind (1999, S. 90) unter anderem die Nachbarschaft oder die Kirchengemeinde, die sich noch einmal genauer nach Bronfenbrenner (1981, S. 38f) in Mikro-, Meso-, Exo- und Markosystem unterscheiden lassen. Die Familie, die man im Sinne Bronfenbrenners (1981) als Mikrosystem ansehen kann, ist wiederum in verschiedene Subsysteme, wie das Paar-, das Eltern- oder das Geschwistersubsystem unterteilt (vgl. Minuchin 1977). Das System Familie lässt sich in Dyaden, Triaden, usw. unterteilen. Dabei gilt: Je mehr Mitglieder ein Familiensystem hat, desto mehr Unterteilungen in Dyaden, Triaden, usw. sind möglich. So untergliedert sich eine Familie, die aus Vater, Mutter und einem Kind besteht, in eine Triade und drei Dyaden. In einer Familie mit Vater, Mutter und drei Kindern summiert es sich hingegen schon auf 10 Dyaden und 10 Triaden (vgl. Petzold et al. 1989). In diesem Zusammenhang konnten Forscher auch aufzeigen, dass Familienmitglieder sich in unterschiedlichen Konstellationen verschieden verhalten (vgl. Cox et al 2003). Diese Unterteilung ist sinnvoll, da unterschiedliche Einheiten notwenig und nützlich sind, um Familien zu analysieren (vgl. Parke, 2004). Kleve (2010) weist jedoch darauf hin, dass der

Begriff „systemisch" oft ungenau verwendet wird und dass Systemtheorie nach Luhmann (1984, S. 15) eher einen Sammelbegriff darstellt. Daher sollen im Folgenden in Anlehnung an Schneewind (1999, S. 90ff) zwölf „Kernaspekte der Systemtheorie" (Schneewind 1999, S. 90) kurz vorgestellt werden.

Zu diesen Kernaspekten zählen (1) die Ganzheitlichkeit, worunter zu verstehen ist, dass die Familie als eine Einheit angesehen wird, die durch Kommunikation und Interaktion miteinander verbunden ist. Daher werden im Sinne dieses Prinzips beispielsweise Probleme, die in einer Familie auftreten, nicht nur individuell bei einem Familienmitglied verortet, sondern in Kontext der Familie gesehen. Ferner liegt in Familien (2) eine Zielorientierung vor. Hierunter ist zu verstehen, dass Familien implizite oder explizite Ziele haben, die ihnen Kontinuität, Sinn und Zusammenhalt geben sollen. Äqui- und Mulitifinalität (3) ist ein weiterer Kernaspekt. Mit Äquifinalität ist gemeint, dass Ziele, wie der Familienzusammenhalt, unterschiedlich erreicht werden können. Mulitfinalität hingegen meint, dass eine Begebenheit verschieden wirken kann. Dass die Beziehungen innerhalb einer Familie bestimmten Regelhaftigkeiten (4) unterworfen sind, ist ein weiteres Prinzip der Systemtheorie. Unter zirkulärer Kausalität (5) ist zu verstehen, dass Interaktionen in Familien nicht linear verlaufen, sondern vielmehr zirkulär. Dies bedeutet, dass sich die Interaktionspartner gegenseitig beeinflussen, wobei dieser Prozess über eine bestimmte Zeit hinweg konstant bleibt. Verhält sich ein Familienmitglied abweichend zu einer bestimmten Ausgangslage und beeinflusst dieses Verhalten die anderen Familienmitglieder dahingehend, dass sie selbst wieder das Verhalten anderer Familienmitglieder beeinflusst, so spricht man von Rückkopplung (6). Diese kann man in positive oder abweichungs-verstärkende Rückkopplung unterscheiden, worunter man Verhaltensweisen zählt, die auf Veränderung abzielen, und in negative oder abweichung-dämpfende Rückkopplung, die darauf abzielt, das System zu stabilisieren bzw. zu einem alten, vorhergehenden Zustand zurückzukehren. Mit dem Kernaspekt der Homöostase (7) ist gemeint, dass versucht wird, das Kräftegleichgewicht im System aufrecht zu erhalten. Der Wandel erster und zweiter Ordnung (8) ist ein weiterer dieser Aspekte. Wobei unter dem Wandel erster Ordnung zu verstehen ist, dass versucht wird, beispielsweise ein Problem durch immer mehr oder immer heftigere gleiche Interventionen, wie immer heftigere Strafen, zu lösen. Der Wandel zweiter Ordnung hingegen zielt darauf ab das System an sich zu ändern. Grenzen (9) sind ebenfalls ein Merkmal von System und bestehen sowohl zwischen verschiedenen Systemen als auch zwischen Subsystemen. Familiensysteme lassen sich außerdem durch den Grad an Offenheit bzw. Geschlossenheit (10), den sie aufweisen, charakterisieren. Mitglieder eines offenen Familiensystems beispielsweise mehr Besuch und ermöglichen eher Übernachtungen. Dass Familien fähig sind, sich an Veränderungen, die innerhalb oder außerhalb des Familiensystems geschehen, anzupassen, bezeichnet man als Selbstorganisation (11). Unter dem internen Arbeitsmodell (12) ist zu verstehen, dass alle Familienmitglieder ein subjektives Wissen über ihre individuelle Familienrealität haben, also wissen, wie ihre Familie „funktioniert" (vgl. Schneewind 1999, S. 90ff).

Nachdem nun auf das Familiensystem eingegangen wurde, soll nun die ökologische Theorie von Bronfenbrenner (1981), die die Ökologie der menschlichen Entwicklung beschreibt, genauer dargelegt werden. Dabei stellt er seinen Überlegungen folgende Definition voraus: „Die Ökologie der menschlichen Entwicklung befaßt sich mit der fortschreitenden gegenseitigen Anpassung zwischen dem aktiven, sich entwickelnden Menschen und den wechselseitigen Eigenschaften seiner unmittelbaren Lebensbereiche. Dieser Prozeß wird fortlaufend von den Beziehungen dieser Lebensbereiche untereinander und von den größeren Kontexten beeinflusst, in die sie eingebettet sind." (Bronfenbrenner 1981, S. 37). Hierbei wird die Umwelt in verschiedene Strukturen aufgeteilt. Die kleinste dieser Strukturen wird als Mikrosystem bezeichnet. Dieses ist „ein Muster von Tätigkeit und Aktivitäten, Rollen und zwischenmenschlichen Beziehungen, die die in Entwicklung begriffene Person in einem gegebenen Lebensbereich mit ihm eigentümlichen physischen und materiellen Merkmalen erlebt" (Bronfenbrenner 1981, S. 38). Als nächste Struktur folgt das Mesosystem, das aus mehreren Mikrosystemen besteht, die miteinander in Wechselbeziehungen stehen (vgl. Bronfenbrenner 1981, S. 41). Als Beispiel für ein Mesosystem von einem Kind nennt Bronfenbrenner (1981, S. 41) die Beziehungen zwischen der Schule, Freundschaften und dem Elternhaus. Die nächsthöhere Struktur bildet das Exosystem. Hiermit sind Lebensbereiche gemeint, an denen eine Person nicht selbst beteiligt ist, die aber dennoch einen Einfluss auf Lebensbereiche dieser Person haben können, zum Beispiel die Arbeitswelt der Eltern (vgl. Bronfenbrenner 1981, S. 42). Das Makrosystem ist die nächste Struktur und „bezieht sich auf die grundsätzliche formale und inhaltliche Ähnlichkeit der Systeme niedrigerer Ordnung (Mikro-, Makro- und Exo-), die in einer Subkultur oder der ganzen Kultur bestehen oder bestehen könnten, einschließlich der ihnen zugrunde liegenden Weltanschauungen und Ideologien" (Bronfenbrenner 1981, S. 42). Als Beispiel hierfür gibt Bronfenbrenner (1981, S. 42) an, dass ein Spielplatz, ein Café oder ein Postamt in Frankreich jeweils ähnlich aussieht und ähnlich funktioniert (vgl. Bronfenbrenner 1981, S. 42), dies aber beispielsweise in den Vereinigten Staaten anderes sein kann. Im Rahmen von Entwicklungsveränderungen kann es nun zu ökologischen Übergängen kommen. Dies geschieht, „wenn eine Person ihre Position in der ökologisch verstandenen Umwelt durch einen Wechsel ihrer Rolle, ihres Lebensbereichs oder beider verändert" (Bronfenbrenner 1981, S. 43). Beispiele hierfür wären, dass der Eintritt in die Schule ein Exo- zu seinem Mesosystem machen oder die Geburt eines Geschwisters das Mikrosystem verändern kann(vgl. Bronfenbrenner 1981, S. 42). Petzold und Nickel (1989) fügten diese Ansätze zu einem systemisch-ökologischen Strukturmodell der Familie zusammen (vgl. Abbildung 1).

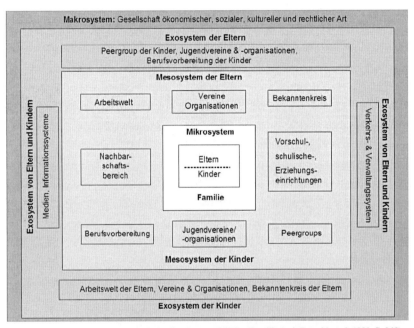

Abbildung 1: Das systemisch-ökologische Strukturmodell der Familie (vgl. Petzold et al. 1989, S. 248)

In einer Studie von Cowan und Cowan (1987) zeigte sich, dass dieses Modell auch auf Väter angewandt werden kann. Denn in ihrer Studie zum Übergang in die Elternschaft haben die Autoren den Grad des Engagements von Vätern untersucht und diesen in die fünf Bereiche *individuelle Eigenschaften jedes Familienmitglieds (1), Elternbeziehung (2), Eltern-Kind-Beziehungen (3), Beziehungen zwischen der Kernfamilie und der Herkunftsfamilie (4),* und *Balance aus externen Stressoren und Ressourcen (5)* untersucht. Dabei kamen sie zu dem Ergebnis, dass in Bezug auf die Indikatoren für das Engagement des Vaters bei der Kinderbetreuung bzw. seinem Stress oder seiner Zufriedenheit damit jeder Bereich des Familiensystems andere beeinflusst und selbst von den jeweils anderen beeinflusst wird.

Diese Rollenfindung liegt also eine komplexe zirkuläre Kommunikation aller Bereiche des Familiensystems zu Grunde.

2.2.2 Die Vater-Kind-Beziehung aus systemisch-ökologischer Sicht

Doherty, Kouneski und Erickson (1998) haben ein Begriffsmodell für „responsible fathering", also eine verantwortungsvolle Vaterschaft, erstellt. Bei einer Definition von verantwortungsvoller Vaterschaft schließen sie sich Levine und Pitt (1995) an: Ein Mann handelt seinem Kind gegenüber dann verantwortungsvoll, wenn er (a) erst dann Kinder bekommt, wenn er sich emotional und finanziell dazu in der Lage sieht, (b) die Vaterschaft seines Kindes auch anerkennt, (c) sich zusammen mit der Mutter des Kindes aktiv um die emotionale und physische Pflege des Kindes von der Schwangerschaft an kümmert und (d) sich zusammen mit der Mutter von der Schwangerschaft an um die finanzielle Unterstützung des Kindes kümmert. Doherthy et al. (1998) berücksichtigen in dieser Definition gleichermaßen Väter, die bei ihren Kindern wohnen und die getrennt von ihnen leben. Sie sehen genau darin eine Stärke ihres Ansatzes, weil bis zum Zeitpunkt ihrer Veröffentlichung nur wenige theoretische Modelle existierten, die auch getrennt von ihren Kindern lebende Väter eingeschlossen. Im Gegensatz zu Levine et al. (1995) beziehen sie sich allerdings nur auf Männer, die schon Väter sind. Außerdem geben sie an, dass sie eine Wertehaltung bzw. Ethik vertreten. Diese besagt, dass Kinder aktive Väter brauchen und verdienen. Ihrer Meinung nach sind die Bedürfnisse der Kinder der Hauptgrund sich für eine verantwortungsvolle Vaterschaft einzusetzen.

Dem systemisch-ökologischen Modell von verantwortlicher Vaterschaft liegen historische und soziologische Arbeiten zu Grunde, die die Vaterschaft vor allem als eine soziale Konstruktion begreifen. Es wird also davon ausgegangen, dass von jeder Generation je nach Zeit und Lebensumständen ein eigenes Vater-Ideal hervorgebracht wird (vgl. Doherthy et al. 1998). Ferner ist Vaterschaft in einem systemischen Kontext zu betrachten, da es sich nicht um Männer handelt, die sich frei entscheiden, wie sie ihre Vaterrolle ausfüllen. Vaterschaft ist vielmehr als komplexer Prozess zu verstehen, der von verschiedenen Faktoren und Personen im Umfeld eines Vaters beeinflusst wird. Zu diesen Einflüssen gehören unter anderem die Mutter der Kinder, die erweiterte Verwandtschaft, die Gesellschaft bzw. Kultur, aber auch verschiedene Institutionen (vgl. Doherthy et al. 1998). Weiterhin wurden die Forschungsliteratur und bereits bestehende Vaterschaftskonzepte bei der Erstellung des Modells miteinbezogen. Der Anspruch an das Konzept ist, dass es generell auf Vaterschaft anwendbar sein soll. Es schließt also auch Väter ein, die getrennt von ihren Kindern leben und solche, die nicht verheiratet sind. Der Schwerpunkt des Modells liegt dabei auf den Faktoren, die dabei helfen, die Vater-Kind-Beziehung zu schaffen und aufrechtzuerhalten (vgl. Doherthy et al. 1998).

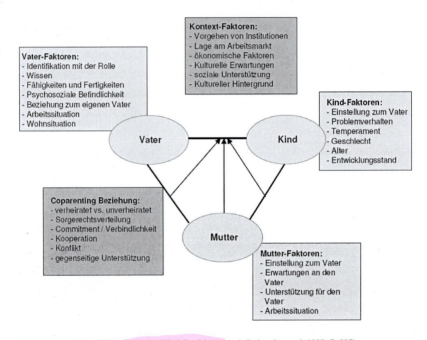

Abbildung 2: Einflüsse auf die Vater-Kind-Beziehung (vgl. Doherthy et al. 1998, S. 285)

Das Zentrum des Modells verantwortlicher Vaterschaft bildet die miteinander interagierende Triade von Vater, Mutter und Kind, wobei jeder Teil dieser Triade für sich Sinn bzw. Bedeutung konstruiert und durch sein Verhalten die anderen Teile der Triade beeinflusst. Ferner haben gesellschaftliche Faktoren einen Einfluss auf die individuellen Personen in dieser Triade und die Beziehungen zwischen ihnen. Der Einfluss der unterschiedlichen Faktoren bezieht sich nicht nur auf die Vater-Kind-Beziehung, sondern auch auf die Mutter-Kind-Beziehung (vgl. Doherthy et al. 1998). Doherthy et al. (1998) war es allerdings wichtig, die Vater-Kind-Beziehung in den Vordergrund zu stellen, da ihrer Meinung nach die Erforschung von Erziehung zu oft aus der Perspektive der Mütter erfolgte. Außerdem kann in dem Modell der indirekte Einfluss des Vaters auf das Kind über die Mutter gezeigt werden. Die Autoren wollten ihr Augenmerk aber explizit auf die Vater-Kind Beziehung richten, weil sich in ihrer Literaturanalyse ergeben hatte, dass diese sensibler für die Einflüsse des anderen Elternteils, der Coparenting-Beziehung und den Kontextfaktoren ist als die Mutter-Kind-Beziehung (vgl. Doherthy et al. 1998). In dem Modell werden unterschiedliche Faktoren aufgezeigt, die als additiv betrachtet werden können. Als Beispiel hierfür nennen Doherthy et al. (1998), dass Väter, die sich wenig mit ihrer Rolle identifizieren und auch von den Müttern nur mit wenigen Erwartungen konfrontiert werden, sich aller Voraussicht nach wenig um ihre Kinder kümmern, egal ob sie nun bei diesen leben oder nicht. Wäre der Fall umgekehrt, also würden sich die Väter sehr stark mit ihrer Rolle identifizieren und hätten ihre Frauen auch die Erwartung, dass sie sich bei der Kindererziehung beteiligen, so wäre es wahrscheinlicher, dass sich die Väter engagieren.

Die Faktoren können aber genauso als interaktiv betrachtet werden. Dies bedeutet, dass ein Vater, der sich mit seiner Rolle identifiziert und ein gutes Gehalt erhält, bei seiner Frau im Ausgleich weniger Erwartungen an ihn auslösen könnte. Ebenso kann eine starke Identifizierung mit der Rolle als Vater zusammen mit einer unterstützenden Haltung der Mütter ein starkes Engagement getrennt lebender Väter bewirken (Doherthy et al. 1998). Auf diese Art und Weise erhoffen sich Doherthy et al. (1998) das Zusammenspiel verschiedener Faktoren erklären zu können, räumen aber gleichzeitig ein, dass manche Faktoren eine größere Wirkung als andere haben können. Das Modell soll dazu dienen verschiedene dynamische Prozesse zu erläutern. Weiterhin weisen die Autoren darauf hin, dass ökologisch-systemische Modelle die Gefahr bergen, dass das Verhalten einzelner an Bedeutung verliert, weil es als vorgegeben oder bestimmt durch Kontextfaktoren betrachtet werden kann. Daher weisen sie speziell darauf hin, dass in ihrem Konzept verantwortungsvoller Vaterschaft die Väter eine Schlüsselrolle innehaben. Dies bedeutet, dass sie eine Vateridentität und Erziehungsfähigkeiten entwickeln sollen, sich mit ihrer Beziehung zu ihren eigenen Vätern auseinandersetzten und kooperativ mit den Müttern ihrer Kinder umgehen sollen. Denn Vaterschaft wird als eine soziale Konstruktion angesehen, die sich fortlaufend ändert. Bei der Entwicklung der Kinder spielen die Väter eine wichtige Rolle (vgl. Doherthy et al. 1998).

Das Fazit, das Doherthy et al. (1998) aus ihrer Arbeit ziehen, ist, dass Vaterschaft in einer einzigartigen Art und Weise abhängig von Rahmenfaktoren ist, egal ob diese interpersonal oder umweltbedingt sind. Außerdem sehen sie eine hohe Ehequalität als das am besten geeignete Fundament für verantwortungsvolle Vaterschaft und sehen den Vorteil ihres Modells vor allem darin, dass es viele Möglichkeiten aufzeigt, wie die Qualität von Vater-Kind-Beziehungen erhöht werden kann.

Kritik am Modell:

Walker und McGraw (2000) kritisieren das Modell und die Annahmen von Doherthy et al. (1998). Zunächst gehen sie auf die Annahme ein, dass Kinder Väter brauchen, die sich um ihre Bedürfnisse kümmern. Diesem Punkt stimmen sie nicht zu, da sie der Ansicht sind, dass in der Literatur eine breite Spanne von Fällen, bei denen die Bedürfnisse von Kindern erfüllt werden, dokumentiert ist. Die Spanne reicht von Kindern deren Väter kein Engagement zeigen, bis hin zu allein erziehenden Vätern. Ferner kritisieren sie, dass in dem Modell nur auf verheiratete Väter eingegangen wurde und Stief-, homosexuelle Väter sowie andere Vatersurrogate ausgeschlossen wurden, da diese ebenfalls als verantwortungsvolle Väter in Erscheinung treten (vgl. Walker et al. 2000, S. 563ff).

2.3 Beziehungen zwischen Eltern und ihren Kindern

Nachdem in dieser Arbeit bisher der Frage nachgegangen wurde, in welchem Kontext Vaterschaft und die Beziehung zwischen Vätern und ihren Kindern betrachtet werden, sollen nun soziale Beziehungen definiert und ihre Funktionen erörtert werden. Hofer (2002, S. 7) legt dabei folgende Definition vor: „Unter dem Begriff der sozialen Beziehung kann man das Verhalten und Erleben verstehen, dass zwischen zwei (oder mehreren) Personen stattfindet". Interaktionen, gegenseitige Erwartungen und Gefühle sowie ein Minimum an Dauerhaftigkeit bezeichnet er dabei als bedeutsame Eigenschaften von sozialen Beziehungen, denen er außerdem noch zwei Seiten zuschreibt. Diese sind auf einer subjektiven Ebene kognitive Schemata und auf einer objektiven soziale Interaktionen (vgl. Hofer 2002, S. 7ff). Nach Hofer (2002, S.8) kann man die Beziehungschemata in fünf verschiedene Arten von Familienkognitionen und -gefühlen unterscheiden. Hierzu zählen unter anderem (1) beschreibende Kognitionen. Diese umfassen die Ideen darüber, wie eine typische Interaktion mit einem anderen Familienmitglied abläuft. (2) Analytische Kognitionen beschrieben, wie ein Familienmitglied über Ursachen denkt. Mit (3) evaluativen Kognitionen sind Vorstellungen davon, wie die Familie sein sollte, gemeint und umfassen somit auch Werte und Ziele in der Erziehung. Unter (4) Wirksamkeitskognitionen sind Verhaltensstrategien zu verstehen, mit denen man glaubt, seinen Willen bei anderen Familienmitgliedern durchsetzten zu können. Zu diesen kann man unter anderem Erziehungspraktiken von Eltern oder Versuche von Kindern diese zu manipulieren verstehen. (5) Gefühle gegenüber Bezugspersonen sind ein weiterer Teil des Bezugschemas einer Person (vgl. Hofer 2002, S. 8).

Um soziale Interaktion genauer zu definieren, bezieht sich Hofer (2002, S. 7) auf Perrez, Huber und Geißler (2001). Ihnen zu Folge findet eine soziale Interaktion statt, wenn sich „zwei Menschen in ihrem Handeln aufeinander beziehen, gleichgültig, ob sie dabei eine Wirkung erzielen" (Perrez et al. 2001, S.359, nach Hofer 2002, S.7). Diese Interaktionen können dabei verbal oder nonverbal ablaufen. Zwischen Menschen besteht dann ein charakteristisches Interaktionsmuster, wenn sich Interaktionsepisoden, bestehend aus Verhaltensketten, wiederholt zwischen Personen abspielen (vgl. Hofer 2002, S.7ff). Zwischen Beziehungsschemata und der sozialen Interaktion besteht nun ein reziproker Zusammenhang. Denn Beziehungsschemata resultieren aus vergangenen und erinnerten Interaktionen mit anderen Menschen (vgl. Hofer 2002, S.8ff). Soziale Interaktionen werden oft dazu verwendet, Erwartungen zu prüfen, d.h. Interaktionen werden oft so geführt, dass bestehende Erwartungen hinsichtlich des Verlaufs dieser Interaktionen auch erfüllt werden. Es handelt sich in diesem Fall also um self-fullfiling prophecies (vgl. Hofer 2002 S.8ff, Snyder, Stukas 1999). Snyder et al. (1999) schließen an die Überlegung, dass durch Erwartungen Schemata bestätigt werden, die Hypothese an, dass die Bestätigung erwarteter Interaktionsprozesse zu Rechtfertigungen weiterer Handlungen führen. Außerdem verweist Hofer (2002, S.8) bei seiner Beschreibung von Familienbeziehungen auf den Ansatz von Snyder et al. (1999). Letzterem zu Folge stellen folgende Aspekte drei Ursachen für die Gestaltung von Beziehungen dar: (1) die Ziele, die jemand in der Interaktion mit einer anderen Person erreichen will, (2) die Persönlichkeit der Interagierenden sowie (3) deren soziale Rollen (vgl. Snyder et al., Hofer 2002, S. 8ff).

Außerdem nennt Hofer (2002, S. 9) drei Dimensionen zur näheren Beschreibung von Familienbeziehungen. Diese sind (1) Reziprozität bzw. Komplementarität, wobei unter Reziprozität zu verstehen ist, dass sich die Interagierenden gleich verhalten, also zum Beispiel Meinungen austauschen, wohingegen Komplementarität Situationen beschreibt, bei der die Interaktionspartner unterschiedliche Verhaltensweisen zeigen, die sich aufeinander beziehen, wie dies in einer Frage-Antwort-Situation der Fall ist. Die nächste Dimension ist die Kohäsion, sie beschreibt wie stark die emotionale Bindung zwischen den Familienmitgliedern ist, wobei die Spannweite von „verstrickt", bei einer sehr starken Bindung, bis „losgelöst", bei einer schwachen Bindung geben kann. Das dritte Kriterium stellt die Adaptivität einer Familie dar. Sie beschreibt, inwieweit es einer Familie möglich ist, ihre Machtstruktur, ihre Rollenbeziehungen und ihre Regeln zu verändern, wenn dies durch Veränderungen in ihrer Umwelt nötig ist (vgl. Hofer 2002, S. 9ff).

Schließlich beschreibt Hofer (2002) weitere drei Funktionen naher sozialer Beziehungen, wobei er sich an Hartup (1986) orientiert. Hiernach ist eine dieser Funktionen von (Familien-) Beziehungen, dass Bedürfnisse nach Geselligkeit, Akzeptanz, Intimität, sexuellen Kontakten und Geborgenheit nachgegangen werden kann, wobei sich diese Bedürfnisse je nach Alter und Person unterscheiden. Eine weitere Funktion ist die der Beratung. Hierbei ist jedoch nicht nur die Beratung in einer Krise gemeint, sondern auch, dass eine Familie Kindern vielfältige Informationen durch die einzelnen Familienmitglieder zur Verfügung stellt. Die dritte Funktion ist die der Persönlichkeitsentwicklung von Familienmitgliedern (vgl. Hofer 2002). Abschließend soll noch darauf hingewiesen werden, dass diese Beziehungen ständigen Veränderungen ausgesetzt sind (vgl. Hofer 2002).

Wie gestaltet sich nun die Beziehung zwischen Kindern und ihren Vätern? Herlth (2002) weist auf den bedeutsamen Einfluss der Veraltensweisen von Vätern bzw. von Eltern auf deren Kinder hin. Als Maß für diese Konsequenzen der elterlichen Verhaltensweisen nennt er auf Seiten der Eltern deren Erziehungsverhalten und hier insbesondere die Unterstützung als einen geeigneten Indikator. Auf Seiten der Kinder nennt er deren Selbstkonzept und Selbstwertgefühl, da letzteres „mittlerweile als eine Schlüsselvariable der Persönlichkeits-entwicklung überhaupt betrachtet werden kann" (Herlth, 2002, S. 590). Auch Herlth (2002) betrachtet die Beziehung zwischen Vätern und Kindern nicht isoliert, sondern berücksichtigt ebenfalls familiäre Einflüsse auf die Qualität der Vater-Kind-Beziehung. Um im Weiteren zu zeigen, wodurch die Vater-Kind-Beziehung geprägt wird, soll nun zunächst auf Brazelton und Greenspan (2002) eingegangen werden. Diese beschreiben Grundbedürfnisse von Kindern, die erfüllt werden müssen, damit sie eine gute und gesunde Entwicklung nehmen können. Grundbedürfnisse sind beispielsweise die Bedürfnisse nach beständigen, liebevollen Beziehungen, nach körperlicher Unversehrtheit, Sicherheit und Regulation, nach Erfahrungen, die zum einen individuell zu dem Kind passen und zum anderen entwicklungsgerecht sind. Außerdem stellen auch die Bedürfnisse nach Struktur und Grenzen sowie nach stabilen unterstützenden Gemeinschaften und nach kultureller Kontinuität Grundbedürfnisse dar.

2.4 Zusammenfassung

In diesem Kapitel, das einen allgemeinen Blick auf die Vaterschaft warf, wurde diese zunächst aus einer historischen Perspektive betrachtet. Hierbei wurde deutlich, dass Vaterschaft je nach Epoche, Lebensbedingungen und sozialer Schicht bzw. Stand unterschiedlich gelebt wurde. Verschieden Faktoren, wie die Lage des Arbeitsplatzes, aber auch die momentanen Konstruktionen von Geschlechterrollen oder die Gesetzgebung nehmen Einfluss auf die Vaterschaft. Zudem wurde gezeigt, dass das Bild der Familie, das im 20. Jahrhundert vorherrschte und bis heute weitläufig verbreitet ist, auf das Familienleben im Bürgertum des 19. Jahrhunderts zurückgeht. Ferner wurde aufgezeigt, dass Vaterschaft von Männern sehr unterschiedlich gelebt wird und somit auch kein klares Rollenbild vorliegt. Anschließend wurde ein Überblick über verschiedene Vater-Typen gegeben. Dabei wurde deutlich, dass die Vaterrolle sehr unterschiedlich ausgefüllt wird. Das Spektrum reicht von Vätern, die sich als hauptsächlich als Ernährer der Familie verstehen, bis zu solchen, für die die Familie deutlich im Mittelpunkt steht. Es ist als schwierig geworden vom „dem" Vater oder „der" Vaterschaft zu sprechen. Diesen Punkt hält Cyprian (2007) auch wichtig für die Forschung zum Thema Vaterschaft. Dieser Aspekt wurde in den letzten Jahren immer intensiver betrachtet und behandelt hierbei ein weites Feld, das unter anderem Themen wie den Übergang zur Vaterschaft oder die Bedeutung des Vaters für die Kinder umfasst. Außerdem wurde das Thema aus vielen unterschiedlichen Blickwinkeln betrachtet, wobei in dieser Arbeit eine systemisch-ökologische Sichtweise vertieft ausgeführt wurde. Der Vater wird hier als eine Person betrachtet, die durch seine Lebenswelt und andere Menschen, vor allem seine Familie, beeinflusst wird, selbst aber auch eine Wirkung auf die Welt und die Menschen, die ihn umgeben hat.

Nachdem mit den hier zusammengefassten Ausführungen dieses Kapitels ein erster Überblick über das Thema Vaterschaft geschaffen wurde, soll im weiteren Verlauf die Rolle der Väter für ihre Kinder thematisiert werden.

3 Der Beitrag von Vätern zum Leben ihrer Kinder

Im Folgenden wird auf den Einfluss von Vätern auf das Leben ihrer Kinder eingegangen. Zunächst liegt der Fokus hierbei auf der Frage, was unter dem Engagement von Vätern zu verstehen ist bzw. wie man diesen breiten Begriff konkreter und somit greifbarer machen kann. Hierzu wird auf verschiedene Ansätze zurückgegriffen, wobei hierbei nicht alle vorhandenen Konzepte präsentiert werden sollen. Als erstes wird auf den Ansatz von Lamb et al. (1987) eingegangen und in der Folge Konzepte von Palkovitz (1997) und Marsiglio et al. (2007) dargestellt, die auf Lamb et al. (1987) aufbauen. Anschließend werden die Herangehensweise von Amato (1998) und das Konzept der generativen Vaterschaft (vgl. Dollahite et al. 1998) dargelegt. Nach der Darstellung dieser allgemeinen Konzepte wird auf das Thema Erziehung als spezieller Teil des väterlichen Engagements eingegangen. Dabei richtet sich der Fokus zuerst auf die Erziehungsstilforschung und die Frage, welche Erziehungsweisen förderlich für Kinder sind. Anschließend wird auf die Bedeutung der Elternbeziehung eingegangen, da es sich, wie in Kapitel zwei dargelegt wurde, empfiehlt, Väter nicht einzeln zu untersuchen, sondern im Kontext ihres Familiensystems. Daher wird auch auf weitere Einflüsse auf das Erziehungsverhalten eingegangen. Im Anschluss an diesen Punkt werden mütterliche und väterliche Erziehungsweisen gegenübergestellt, um so zu verdeutlichen, durch welche Faktoren das Verhalten von Vätern ihren Kindern gegenüber gekennzeichnet ist. Die Themen werden hierbei allgemein besprochen und nicht speziell für den Kontext von Trennung und Scheidung, weil sich manche Ergebnisse bzw. Ansätze nicht ausschließlich dieser Situation zuschreiben lassen. Zuerst soll aber auf die Konzeptentwürfe von Vaterschaft eingegangen werden.

3.1 Konzeptentwürfe von väterlichem Engagement

Der Frage, wie das Engagement von Vätern gemessen und konzeptualisiert werden kann soll im Folgenden Kapitel nachgegangen werden.

3.1.1 Das Konzept des väterlichen Engagements nach Lamb, Pleck, Charnov und Levine (1987)

Lamb, Pleck, Charnov und Levine (1987, S. 111ff) betrachten die Einbindung von Vätern und ihre Verhaltensweisen aus einer biosozialen Perspektive und beziehen sich in ihrem Aufsatz auf Männer aus der westlich-industrialisierten Welt. Sie nehmen den Standpunkt ein, dass man Geschlechterunterschiede nicht als rein biologisch determiniert oder durch die Umwelt entstanden betrachten, sondern die beiden Komponenten viel mehr als komplementär verstehen sollte. Um den Grad des väterlichen Engagements[1] besser betrachten zu können, unterteilen es Lamb et al. (1987) in die drei Komponenten *Interaktion*, *Verfügbarkeit* und *Verantwortlichkeit*. Unter *Interaktion* verstehen sie den direkten Kontakt des Vaters mit dem Kind, wie er bei gemeinsamen Unternehmungen und Aktivitäten oder bei der Versorgung und Betreuung des Nachwuchses entsteht. Mit *Verfügbarkeit* ist die Zeit, in der Väter für ihre Kinder potentiell verfügbar sind, gemeint, also Zeiträume, in denen die Möglichkeit besteht, dass Kinder direkten Kontakt zu ihren Vätern aufnehmen können, wenn sie dies wollen. *Verantwortlichkeit* steht für das Ausmaß, in dem sich Väter darum kümmern, dass dem Kind verschiedene Ressourcen zur Verfügung stehen und sich vergewissern, dass ihre Kinder gut versorgt sind (vgl. Lamb et al. 1987).

Weiterhin beschreiben Lamb et al. (1987, S. 130 ff) vier Einflussgrößen auf den Grad der väterlichen Einbindung. Sie gehen davon aus, dass sich die Rolle der Väter im 20. Jahrhundert zusammen mit den Lebensumständen veränderte und sich so neue Möglichkeiten bei der Kindererziehung mitzuwirken ergeben haben. Dass Väter diese Gelegenheiten teilweise nutzen und sich stärker in die Erziehung ihrer Kinder einbringen, führt Lamb et al. (1987, S. 131) zum Schluss, dass es für dieses Verhalten keine determinierten oder physiologischen Hindernisse gibt. Persönlichkeitsmerkmale, Umwelt- und Kontextfaktoren hingegen hätten einen Einfluss auf das Ausmaß des väterlichen Engagements. Um diese Faktoren messbar zu machen, wurden sie von den Autoren in die vier Kategorien Motivation,

---

[1] Der im englischen Begriff verwendete „involvement" wird in dieser Arbeit mit Engagement übersetzt

Fähigkeiten und Fertigkeiten, Unterstützung und institutionelle bzw. arbeitsplatzbedingte Hindernisse unterteilt.

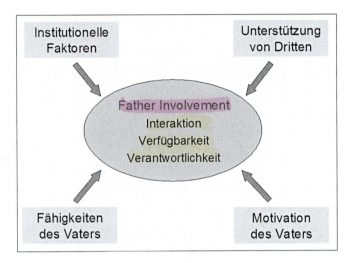

Abbildung 3: Väterliches Engagement nach Lamb et al. (1987)[2]

Motivation

Lamb et al. (1987, S. 130ff) gehen davon aus, dass Väter unterschiedlich stark motiviert sind, sich in die Kindererziehung einzubringen. Sie geben jedoch an, dass eine von ihnen durchgeführte Literaturanalyse zeigt, dass viele Väter gerne weniger arbeiten und im Gegenzug dazu gerne mehr Zeit mit ihren Familien verbringen würden. Außerdem erwähnen sie, dass Väter, die stark in die Erziehung ihrer Kinder stark involviert sind, eine androgynere Geschlechterrolle haben, als solche, die dies nicht tun. Dabei lässt sich nachträglich nicht klären, ob dieses Involviertsein Ursprung oder Folge des erhöhten väterlichen Engagements ist, und so sind nur schwer Rückschlüsse auf die Motivation der Väter sich einzubringen möglich. Haben Väter jedoch das Gefühl, dass sich ihre eigenen Väter für sie engagiert haben, so ist es wahrscheinlich, dass sie sich ihren Kindern gegenüber genauso verhalten. Es kann aber auch der Fall sein, dass sich Väter besonders dann für ihre Kinder engagieren, wenn sich ihre eigenen Väter kaum um sie gekümmert haben und sie sich bewusst anders verhalten. Außerdem beteiligen sich Väter, die schon vor der Geburt ihrer Kinder im Haushalt

---

[2] eigene Darstellung

geholfen haben, später auch mehr bei der Erziehung ihrer Kinder (vgl. Lamb et al. 198
132).

Fähigkeiten und Fertigkeiten

Lamb et al. (1987, S. 132) sind der Meinung, dass Männer und Frauen ihre Kinder gleich gut versorgen können. Ferner nehmen sie auch an, dass Väter sich oft in einem weniger hohem Maße in die Kindererziehung einbringen, weil sie denken, dass sie weniger Fähigkeiten und Fertigkeiten im Umgang mit ihren Kindern haben als Mütter. Als Grund für diese Einschätzung oder die tatsächlich geringeren Fähigkeiten und Fertigkeiten nennen sie, dass Männer oft weniger Möglichkeiten haben, diese zu entwickeln, da sie beispielsweise babysitten, sich um jüngere Geschwister kümmern oder Elternkurse besuchen.

Unterstützung

Ein hohes elterliches Engagement lässt sich nur dann aufrechterhalten, wenn dieses Verhalten von wichtigen Anderen wie Freunden, Verwandten oder Arbeitskollegen anerkannt wird. In Survey-Studien zeigte sich allerdings, dass viele Mütter sich gar nicht mehr Beteiligung seitens ihrer Männer bei der Kindererziehung wünschen. Auch in Interviewstudien gab die Hälfte der Väter an, nicht das Gefühl zu haben, dass sich ihre Frauen mehr Engagement von ihnen wünschen. Ferner zeigte sich in anderen Studien, dass sich Männer, die sich in ihrer Familie engagieren, regelmäßig mit Anfeindungen von Kollegen und Verwandten konfrontiert fühlen (vgl. Lamb et al. 1987, S. 132, ff).

Institutionelle Faktoren

Als vierte Kategorie nennen Lamb et al. (1987, S. 133) institutionelle Faktoren. Hierunter verstehen sie beispielsweise, dass Arbeitgeber Väter davon abhalten, sich in einem solchen Maß in ihren Familien zu engagieren, wie sie es gerne tun würden. Das familiäre Engagement kann sich nämlich unter Umständen negativ auf deren Leistung, Karriere bzw. Arbeitsrollen auswirken. Hierbei betrifft diese Einschränkung hauptsächlich Väter, die sich auch in ihren Familien einbringen wollen, also diejenigen, die die ersten vier Kategorien erfüllen und motiviert sind, die Fähigkeiten und Fertigkeiten haben und genügend Unterstützung erfahren (vgl. Lamb et al. 1987, S. 133ff).

3.1.2 Eine Erweiterung des väterlichen Engagements nach Palkovitz (1997)

Palkovitz (1997) baut auf den Arbeiten von Hawkins et al. (1997, vgl. Punkt 3.1.5) und Dollahite et al. (1998, vgl. 2.2.2) auf und versucht ein neues, erweitertes Konzept von „father involvement" zu erstellen. Seiner Meinung nach benötigt man einen breiteren Ansatz, um dieses Engagement der Väter zu messen und auch passende Instrumente hierfür zu entwickeln und festzulegen. Dabei setzt er voraus, dass optimales Engagement dann auftritt, wenn Mütter und Väter ihre Stärken und Schwächen, die Bedürfnisse für Entwicklung in der Familie und welche Ressourcen, die sie einzeln bzw. gemeinsam in die Familie einbringen, einschätzen können. Das breitere Konzept von Engagement, dass Palkovitz (1997) anstrebt, soll zeigen, wie andere Familienmitglieder in optimaler Weise unterstützt, erzogen und zu Reife gebracht werden können. Außerdem hält er sein Konzept für übereinstimmend mit dem Konzept der generativen Vaterschaft (vgl. Punkt 3.1.5). Er bezieht sich aber auch auf das Konzept von Lamb et al (1987, vgl. Punkt 3.1.1), kritisiert allerdings, dass die Definitionen in diesem Ansatz in einigen Punkten vage sind und es keine zusammenfassende Betrachtung des väterlichen Engagements gibt. Er fügt aber auch an, dass es in der Forschung häufig Anwendung fand.

Palkovitz (1997) kritisiert auch sechs Punkte, die immer wieder im Zusammenhang mit „father involvement" genannt werden. Zuerst wendet er sich gegen die Annahme, dass mehr Engagement seitens der Väter besser für die Entwicklung von Kindern ist. Daher geht er in seinem weiterentwickelten Verständnis von Engagement davon aus, dass ein angemessenes Engagement besser ist. Nach Palkovitz (1997) kann es sich negativ auf die Entwicklung von Kindern auswirken, wenn Väter bzw. Eltern sich zu viel einbringen, wenn beispielsweise ein Substanzmissbrauch ihrerseits vorliegt. Angemessenes Engagement seitens der Eltern kann daher einen unterschiedlichen Umfang aufweisen, sollte aber förderlicher für die Entwicklung der Kinder sein. Weiterhin zweifelt Palkovitz (1997) die These an, dass mehr Engagement auch Nähe benötigt. Auch Tätigkeiten, denen ohne physische Nähe zu Familienmitgliedern nachgegangen werden, können ausdrücken, ob jemand involviert ist oder nicht. Als Beispiel fügt er unter anderem an, dass man sich tagsüber Gedanken über die Familie machen oder Gefühle für sie haben kann, auch wenn sie gerade nicht anwesend ist. Ein weiteres Beispiel hierfür wäre außerdem, dass der Vater Vorbereitungen für etwas trifft oder Haushaltsaufgaben übernimmt.

Auch der Annahme, dass man Engagement immer beobachten oder messen kann stimmt Palkovitz (1997) nicht zu. Er ist der Meinung, dass man nicht jede Art von kognitivem oder emotionalem Engagement messen bzw. beobachten kann, Im Gegenteil planen Eltern etwas oder sind sie ängstlich, wenn ihr Kind beginnt Auto zu fahren, so sorgen sie sich dennoch um das Kind vor allem wenn beobachtbares Verhalten wie Fahrdienste wegfällt. Weiterhin kritisiert Palkovitz (1997), dass das Maß an Engagement oft als statisch betrachtet wird und daher aus den Ergebnissen einer Messung an einem Zeitpunkt abgeleitet wird, wie sehr eine Person gerade involviert ist und/oder zukünftig sein wird. Denn die Perspektive berücksichtigt nicht, dass Phasen auftreten können, in denen die zeitlichen Ressourcen der Eltern aus verschiedenen Gründen knapp bemessen sind. Es kann aber auch an der Entwicklung von Kindern liegen, dass man weniger Zeit miteinander verbringt, beispielsweise wenn sie älter und unabhängiger werden.

Aufbauend auf dieser Kritik schlägt Palkovitz (1997) vor, das Engagement in die drei Bereiche „emotional", „kognitiv" und „Verhalten" zu unterteilen, die nicht strikt voneinander getrennt sind. Sie beeinflussen sich ständig gegenseitig. Meist wird nach Palkovitz (1997) in Studien nur die Verhaltens-Ebene erforscht, auch wenn dazu parallel nahezu ständig auch die emotionale und kognitive Ebene betroffen sind. Dies veranlasst ihn dazu, mehr Forschung auf diesen Ebenen zu fordern. Als Beispiel für das Zusammenspiel der drei Ebenen nennt er das Zuhören. Dieses Verhalten lässt sich beobachten, löst gleichzeitig aber auch Prozesse auf der emotionalen- und kognitiven Ebene aus.

Da sich Engagement auf viele unterschiedliche Arten zeigen kann, schlägt Palkovitz (1997) vor, es anhand von sieben *Kontinua* zu messen, die von keinem bis zu hohem Engagement reichen und gleichzeitig auftreten. Zu diesen gehören die *Angemessenheit* (1) und die *Messbarkeit* (2) von Engagement. Ein weiteres *Kontinua* ist der *Grad an Engagement* (3), das in verschiedenen Bereichen variieren kann. So kann es sein, dass sich ein Vater, der mehr mit seinen Kindern spielt, als pflegerische Arbeiten zu übernehmen, auch verschiedene Dinge, die mit dem Wohlergehen der Kinder zu tun haben, plant. Die *Zeit* (4), die für bestimmte Funktionen oder Aufgaben *aufgebracht* wird, kann in hohem Maße variieren. Es kann jedoch sein, dass die Bereiche, für die weniger Zeit aufgebracht wird, für die Eltern *bedeutsamer bzw. ausgeprägter* (5) erscheinen, weil diese ihnen möglicherweise besonders aversiv oder angenehm vorkommen. Ein weiteres Kontinua besteht in *proximalen* oder *distalen Engagement* (6), wobei man unter proximalem Engagement zum Beispiel einen direkten Kontakt von Angesicht zu Angesicht verstehen würde und unter distalem Engagement ein Telefonat oder einen Brief. Außerdem kann man sich *direkt* oder *indirekt* (7) involvieren. Indirektes Engagement kann aus Überstunden bestehen, die jemand leistet, um seiner Familie bestimmte Dinge bieten zu können, aber es zeigt sich auch darin, dass sich jemand, der süchtig war, in Behandlung begibt, um anschließend wieder Kontakt zu seinen Kindern aufnehmen zu können (vgl. Palkovitz 1997).

Palkovitz (1997)ist der Meinung, dass es Faktoren gibt, die sich auf das Engagement von Vätern auswirken. So kann man davon ausgehen, dass das Maß an Engagement *zeitlich schwankt*. Es gibt aber auch Umstände im *allgemeinen Kontext* eines Vaters, die sich auf sein Engagement auswirken, dazu gehören unter anderem der Entwicklungsstand von Eltern und Kindern, Überlegungen zum Lebensverlauf, individuelle Stärken und Schwächen, andere laufende Verpflichtungen wie bezahlte oder unbezahlte Arbeit, sowie andere Einflüsse aus dem Makrosystem. Eine wichtige Rolle spielt aber auch der *spezifische Kontext* einer Person, ob sie also die Verantwortung mit jemand teilen kann, oder ob sie sie alleine tragen muss. Das *Setting* ist eine weitere Einflussgröße, denn Eltern können sich je nach Situation anderes verhalten. Schließlich kommen auch *interindividuelle Unterschiede* zum Tragen. So wird die Vaterrolle von jedem Vater anderes interpretiert und unter guter Vaterschaft kann verstanden werden, dass man ein guter Versorger ist oder dass man möglichst viel Zeit mit seiner Familie verbringt. Es können aber auch Verhaltensweisen, die bei einem Kind förderlich sind, bei einem anderen abträglich sein. Man kann also sagen, dass Väter sich ihrer Sensibilität für zwischenmenschliche Signale, ihrer Einschätzung davon, was benötigt wird, ihrer Geschichte und hinsichtlich akkumulierter Effekte unterscheiden (vgl. Palkovitz 1997). Abschließend wird das Konzept mit seinen unterschiedlichen Teilen (Arten, Bereiche und Kontinua von Engagement und die Einflussfaktoren) graphisch dargestellt und darauf hingewiesen, dass Palkovitz (1997) dieses nicht als komplett betrachtete, sondern als einen Entwurf, der eventuell noch ausgebaut werden muss.

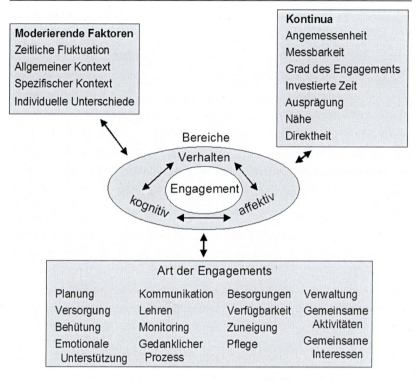

Abbildung 4: **Väterliches Engagement nach Palkovitz (1997, S. 216)**

3.1.3 Väterliches Engagement nach Marsiglio, Day und Lamb (2000)

Marsiglio, Day und Lamb (2000) haben Involvement aus einem weiteren Blickwinkel betrachtet, nachdem sie auf die Komplexität der Thematik und die daraus folgende Schwierigkeit ein sauber und klar strukturiertes Modell zu erstellen hingewiesen haben. Dabei benennen sie vier hauptsächliche Zugänge zu elterlichem Engagement. Erstens: Die *Pflege und Fürsorge,* wozu sie auch Spielen und Erholung zählen. Bezüglich dieses Feldes herrscht nach Marsiglio et al. (2000) keine Einigkeit darüber, welchen Stellenwert dieses im Gegensatz zu anderen Beiträgen eines Vaters hat, obwohl es als erwünschenswert gilt. Aus Sicht der Kinder werden der gegenseitige Austausch und die Erholung mit dem Vater sehr geschätzt. Für Väter, die nicht bei ihren Kindern wohnen, ist es allerdings schwierig, sich in diesem Bereich zu engagieren. Zweitens: Die *moralische* und *ethische* Anleitung. Dieser Teil kommt fast in jeder Religion, aber auch indirekt zu tragen, indem sich Kinder mit ihren

Vätern identifizieren und ihn nachahmen. Moralische Anleitung und Erziehung können Väter, die bei ihren Kindern leben, im Gegensatz zu jenen, die getrennt von ihnen leben, fast immer gewährleisten (vgl. Marsiglio et al. 2000). Drittens: Die *emotionale, psychosoziale und praktische Unterstützung ihrer Partnerinnen* ist ein weiterer Zugang zur Vaterschaft. Durch diese Unterstützung werden Erwartungen aus dem Umfeld, die für verschiedene Formen des Zusammenlebens unterschiedlich sein können, erfüllt. Außerdem kann die Unterstützung der Partnerin dazu beitragen, dass es weniger Konflikte innerhalb der Partnerschaft gibt und sich so indirekt auf das Wohlergehen der Kinder auswirken (Marsiglio 2000). Viertens: Die *ökonomische Unterstützung*. Dieser Punkt wird nach Marsiglio et al. (2000) von verschiedenen Akteuren immer wieder als der wichtigste Punkt von elterlichem Engagement betrachtet. Zusätzlich zu diesen vier Zugängen betrachten Marsiglio et al. (2000) ähnlich wie Palkovitz et al. (1997) verschiedene Kontinua des Engagements (vgl. 3.1.2).

Motivation

Marsiglio et al. (2000) betrachten die Motivation als einen wichtigen Baustein in einem Konzept für Engagement. Dabei sind die motivierenden Faktoren mit verschiedenen Kategorien von Vaterschaft, der sozialen Vaterschaft und der Art und Weise, wie man sich involviert, verknüpft. Hierbei kritisieren sie, dass bisher kaum erforscht wurde, was Väter motiviert, sich zu engagieren.

Als einen der Antriebe für soziale Vaterschaft nennen Marsiglio et al. (2000) unter anderem den Wunsch nach der Erfahrung für jemanden zu sorgen und ihn großziehen zu wollen, sich Absichern zu wollen, dass man im Alter nicht alleine und finanziell abhängig ist, die Möglichkeit die Bindung zu seiner Partnerin zu verstärken, sich stärker mit seiner erweiterten Verwandtschaft und mit Freunden verbinden zu wollen. Als Motivation verantwortliche Vaterschaft zu leben nennen die Autoren eine wirkliche Liebe zu den Kindern, soziale, religiöse oder familiäre Anreize oder Druck von diesen Seiten, wie erwachsene Männer zu handeln. Ebenso zählen dazu Erfahrungen in der frühen Kindheit, besonderes mit den eigenen Eltern, der Eindruck, wie sehr die Kinder das eigene Engagement und die eigenen finanziellen Ressourcen benötigen.

Ferner nennen Marsiglio et al (2000) sozio-biologische Gründe. Sie nehmen an, dass sowohl Frauen als Männer ihre Gene so breit wie möglich verteilen wollen. Für Männer allerdings ist es im Gegensatz zu Frauen möglich gleichzeitig mehrere Kinder zu zeugen. Jedoch können sie sich andererseits aber nie ganz sicher sein, ob die Kinder wirklich von ihnen gezeugt wurden. Daraus kann man verschiedene Hypothesen ableiten. Zu einem, dass sich Männer weniger um ihren Nachwuchs kümmern, weil sie ein höheres Risiko einer Fehlinvestition eingehen, indem sie sich für die Kinder eines anderen einbringen. Zum anderen kann man auch annehmen: Je mehr Väter sich für ihre Frau und ihre Kinder engagieren, desto sicherer sind sie sich bei der Vaterschaft. Also könnte der Grad, in dem sie ihren Kindern ökonomische und finanzielle Unterstützung bieten, davon abhängen, ob spätere Kinder der Partnerin vom selben Vater sind.

Als weitere Motivation geben Marsiglio et al (2000) an, dass manche Männer Erfüllung darin finden, die nächste Generation zu formen, was manche Forscher als Teil einer gesunden Entwicklung im Erwachsen-Alter betrachten (vgl. Punkt 3.1.5, wobei es den Anschein hat, dass Männer im Vergleich zu Frauen weniger bereit sind, sich um Kinder zu kümmern, die nicht ihre eigenen sind.

Als weiterer Antrieb sich für seine Kinder zu engagieren kann man das Verhalten des eigenen Vaters nennen. Denn nach Marsiglio et al (2000) hat sich herausgestellt, dass Väter, deren Väter sich engagiert hatten, sich auch mehr um ihre Kinder kümmern bzw. dass manche Väter, die sich einbringen, dies gerade deshalb machen, weil sie sich anders als ihre Väter verhalten wollen. Außerdem übernehmen Eltern das Verhalten von anderen Eltern, die sie in bestimmten Situationen bzw. Kontexten beobachten, übernehmen (vgl. Marsiglio et al. 2000). In manchen (Sub-) Kulturen verleiht Vaterschaft auch einen bestimmten Status und kann genau aus diesem Grund angestrebt werden bzw. kann es sich positiv für den Status auswirken, wenn es den Kindern gut geht.

Als einen letzten Motivationsfaktor nennen Marsiglio et al. (2000) die Identität, die Eltern in Bezug auf ihre Elternrolle haben. Diese Herangehensweise hat den Vorteil, dass sie auch den zwischenmenschlichen und sozialen Kontext einschließen. Denn so können Männer ihre Gefühle, Gedanken und Einstellung zur Elternschaft und für den Umgang mit ihren Kindern entwickeln, indem sie die Bedeutsamkeit der Identitäten reflektieren, die zu bestimmten sozialen Rollen gehören.

Familienprozesse

Familienprozesse sind ein weiterer Einflussfaktor für das Engagement des Vaters, den Marsiglio et al. (2000) nennen. Denn dadurch, dass Familienstrukturen komplexer und fließender geworden sind, muss jede Familie und jedes Familienmitglied für sich selbst bestimmen, was Vaterschaft bzw. die Rechte, Pflichten, Privilegien und Verantwortlichkeiten der Eltern sind. Die Autoren beziehen sich in ihrem Artikel auf drei bestimmte Familienprozesse: die Distanzregulation, elterliche Unterstützung und die Flexibilität.

Die Distanzregulation lässt sich dabei in zwei hauptsächliche Dimensionen unterteilen: Zum einen die Toleranz der Eltern für Individualität bzw. der Grad an Abgesondertheit, den ein Familienmitglied in einem System erleben darf. Zum anderen die Toleranz der Eltern im Bereich Intimität bzw. das Maß an Toleranz, das ein Familiensystem an emotionaler Verbundenheit in Bezug auf die Familie zulässt. Aus diesen beiden Kategorien lassen sich nun verschiedene Familiensysteme typisieren. Die Forschung betrachtet die Systeme als ausdifferenziert, sie lassen sowohl Individualität von der Familie als auch Intimität in der Familie zu. Väter verwalten die Distanzregulation dabei in den Bereichen des Familiensystems, die mit den Kategorien von Vaterschaft zu tun haben. Wie sich dieses nun darstellt, hängt davon ab, wie ein Vater physische und emotionale Nähe zu seinen Kindern lebt. So kann es beispielsweise sein, dass Väter, die kaum zu Hause sind, auch wenig Einfluss darauf haben, wie sich das Familienklima in Bezug auf Individualität und Intimität entwickelt (vgl. Marsiglio et al. 2000).

Die Unterstützung der Kinder von Seiten der Eltern ist ein weiterer wichtiger Familienprozess und wird hier als physische Zuneigung, Akzeptanz, generelle Unterstützung oder Gemeinschaft konzeptualisiert. Sie schafft Nähe bzw. eine Identifikation der Kinder mit ihren Eltern und führt dazu, dass die Kinder die Werte und Erwartungen der Eltern akzeptieren. Dies ist jedoch für Väter, die nicht mit ihren Kindern zusammenleben, um einiges schwieriger und benötigt manchmal neue, innovative Strukturen (vgl. Marsiglio et al. 2000).

Als letzten Familienprozess stellen Marsiglio et al. (2000) noch die Flexibilität vor. Hier geht es darum, inwieweit eine Familie fähig ist, die Machtstrukturen, Beziehungsregeln und Rollen in Bezug auf entwicklungsbezogene oder situative Stressoren zu verändern. Hierbei wird davon ausgegangen, dass Familien mit einem hohen Maß an Flexibilität gesünder reagieren können und responsiver auf die Bedürfnisse ihrer Mitglieder eingehen können. Flexibel zu sein ist für Väter, die sich für ihre Kinder engagieren wollen, essentiell. Denn nur so können sie die beispielsweise den Übergang zur Elternschaft oder Veränderungen nach einer Scheidung gut bewältigen. Daher sollte die Erforschung von väterlichem Engagement zukünftig auch Familienprozesse beinhalten (vgl. Marsiglio et al. 2000). Im Anschluss an dieses Kapitel wird auf Amato (1998) eingegangen, der einen anderen Zugang wählte, um den Einfluss von Vätern auf das Leben ihrer Kinder zu konzeptionalisieren.

3.1.4 Das Konzept des väterlichen Engagements von Amato (1998)

Amato (1998) stellt die Frage: „what exactly are fathers good for?" (Amato 1998). Denn er gibt an, dass sich Familien im Allgemeinen und die Rolle von Vätern im Speziellen verändert haben. Väter sind nun oft nicht mehr die alleinigen Ernährer ihrer Familien und nehmen aber zum Teil auch nicht die Betreuer-Rolle (caregiver) an. Um seine Frage zu beantworten, erstellt er ein Modell, das zeigen soll, wie die Ressourcen von Eltern die Entwicklung ihrer Kinder beeinflussen. Bei der Erstellung seines Modells baut Amato (1998, S. 243) auf den Überlegungen von Coleman (1988, 1990) auf und teilt die Ressourcen, die Eltern ihren Kindern zur Verfügung stellen können, in Human-, Finanz- und Sozialkapital auf. Außerdem weist er darauf hin, dass er genetische Faktoren, obwohl diese auch von Bedeutung sein können, bei der Erstellung seines Konzepts ausklammert.

Unter Humankapital versteht Amato (1998) allgemein betrachtet numerische und verbale sowie berufsbezogene Fähigkeiten, leistungsbezogene berufliche Gewohnheiten und den passenden Gebrauch von Sprache und Kleidung. Als Schlüsselindikator für das Humankapital gilt die Zeit, die Eltern in Ausbildung bzw. damit sich zu bilden verbracht haben. Eltern mit einem hohen Humankapital können die Entwicklung ihrer Kinder fördern, und zwar durch anregende (Lern-)Umgebungen zu Hause, Bestärkung von beruflichen Vorstellungen und indem sie alltägliches Veralten vorleben (vgl. Amato 1998).

Das Finanzkapital entspricht dem Einkommen der Eltern bzw. Dingen, die Eltern ihren Kindern dadurch bieten können wie eine gute Wohngegend, gesunde Ernährung, Besuch guter Schulen und Universitäten sowie der Zugang zu Ressourcen, die den schulischen Erfolg der Kinder fördern (vgl. Amato 1998, S. 244).

Amato (1998) definiert Sozialkapital in seinem Modell als Beziehungen zur Familie und innerhalb der Gesellschaft, die die soziale und kognitive Entwicklung von Kindern stärken. Er geht dabei besonders auf die Coparenting- und die Eltern-Kind-Beziehung ein. Denn seiner Ansicht nach besteht ein großer Vorteil des Coparenting darin, dass dem Kind dyadische Fähigkeiten wie emotionale Unterstützung, respektvoller Umgang, offene Kommunikation und das Lösen von Meinungsverschiedenheiten durch Diskussionen und Kompromisse vermittelt werden. Erlernen Kinder diese Fähigkeiten anhand des Rollenvorbilds ihrer Eltern, so fällt ihnen später der Umgang mit ihren Peers und in Partnerschaften leichter. Ferner können Kinder den Umgang mit hierarchischen Systemen leichter erlernen, wenn sich ihre Eltern gegenseitig unterstützen und die Kinder sie dadurch als eine Einheit wahrnehmen. Ein weiterer positiver Effekt dieser Elterneinheit ist, dass die

Kinder lernen, Regeln einzuhalten und dass ihre Eltern nicht willkürlich handeln, weil sie sich gleich verhalten. Schließlich kann die gegenseitige elterliche Unterstützung dazu beitragen, dass die Eltern jeweils einen positiveren Erziehungsstil aufweisen (vgl. Amato 1998). Die Eltern-Kind-Beziehung ist ebenfalls eine wichtige Determinante für die Entwicklung der Kinder. Es spielt jedoch nicht die Häufigkeit der Eltern-Kind-Kontakte eine Rolle, sondern konkrete Verhaltensweisen der Eltern (vgl. Amato 1998). Hierbei sind vor allem Unterstützung und Kontrolle wichtig (Baumrind 1968, Maccoby & Martin 1993). Genauer wird auf die Erziehungsstile in Punkt 3.2.1 eingegangen.

Nach Amato (1998) beeinflusst die Qualität des Human-, Finanz- und Sozialkapitals die Entwicklung von Kindern. Alle drei Ressourcen können dabei gleich gut von der Müttern und Vätern gestellt werden. Daher spielt es bei diesem Ansatz auch keine Rolle, ob mögliche Unterschiede im Verhalten von Müttern und Vätern auf biologische, kulturelle oder historische Einflüssen zurückzuführen sind (vgl. Amato 1998). Jedoch gibt Amato (1998) zu bedenken, dass manche Väter ihrer Rolle nicht gerecht werden und sich nicht für das Leben ihrer Kinder interessieren oder sie missbrauchen. Daher sollte stets in Betracht gezogen werden, ob sie eine positive Ressource für ihren Nachwuchs darstellen oder ob sie deren Leben erschweren.

Eine Analyse, inwieweit Väter und Mütter ihre Kinder beeinflussen, eine Literaturanalyse und die Auswertung längsschnittlicher Daten durch Amato (1998, 242ff), belegen das Modell bzw. die vier Hypothesen, anhand derer es überprüft wurde. Diese besagen, dass erstens die Bildung des Vaters, zweites sein Einkommen, drittens die Qualität der Coparenting-Beziehung der Eltern und viertens die Vater-Kind-Beziehung (gemessen am Grad der Unterstützung und Kontrolle der Väter) in einem positiven Zusammenhang mit dem Wohlbefinden der Kinder stehen (vgl. Abbildung 5). Da Amato (1998, S. 241 ff) sein Modell durch diese Analysen belegen konnte, kommt er zu dem Schluss, dass alle Verbindungen zwischen seinen Kategorien gut nachweisbar sind. Im anschließenden Punkt wird als letzter Ansatz zum väterlichen Engagement das Konzept der generativen Vaterschaft präsentiert.

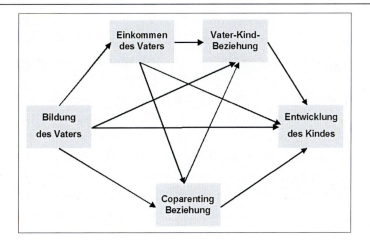

Abbildung 5: Einflüsse des Vaters auf die Entwicklung der Kinder (vgl. Amato 1998, S. 246)

3.1.5 Generative Vaterschaft

Hawkins und Dollahite (1997, S. 3ff) widersprechen in ihrem Buch „Generative Fathering",
der These, dass die soziale Rolle „Vaterschaft" von Männer nur ungenügend ausgefüllt wird.
Denn diese entspringt ihrer Meinung nach einem defizitären Männerbild. Sie wollen
keineswegs die Tatsache leugnen, dass Frauen und Kinder in manchen Familien misshandelt
werden, sondern viel mehr drauf eingehen, dass die Konzepte und Theorien, die Vaterschaft
zum Ende der 1990iger zu fassen versuchten, die Erfahrungen von Vätern und die Bedeutung
des Vaterseins für Männern nicht adäquat beschreiben und kritisieren dies als eine „Role-
Inadequacy Perspective of Fathering" (RIP) (Hawkins et al. 1997a, S. 3ff).
Um diese These zu untermauern, beschreiben Hawkings et al. (1997a, S. 4) drei Bereiche, die
die Defizitperspektive von Vaterschaft erkennbar machen. Der erste Bereich bezieht sich auf
die Abwesenheit der Väter („diminishing culture" of fatherhood), das heißt, dass Väter
immer weniger in ihren Familien präsent sind. Als zweite Dimension wird der „emotional
überforderte Vater" („emotionally challenged" father) genannt. Dieser defizitäre Vatertypus
taucht oft in der klinischen Literatur auf und wird unter anderem als infantil, narzisstisch,
inkompetent und emotional verstrickt beschrieben. Der dritte Bereich beschäftigt sich mit
Vätern, die sich angeblich zu wenig im Haushalt engagieren (Father´s „Underinvolvement" in
Domestic Labor) (vgl. Hawkings et al. 1997a, S. 4). Diverse Studien weisen darauf hin, dass

43

Väter deutlich weniger im Haushalt und bei der Kinderbetreuung involviert sind als Frauen. Allerdings wollen Hawkings et al. (1997a, S.3) nicht den Ergebnissen der Studien, sondern den Interpretationen, die daraus entstanden sind, widersprechen. Denn die Autoren gehen durchaus konform mit den Aussagen, dass Frauen bzw. Mütter mehr Aufgaben im häuslichen Bereich übernehmen, sie stimmen aber den Interpretationen nicht zu, die Väter als „funktional" abwesend beschreiben, da auch diese Väter Zeit mit ihren Kindern verbrächten, wenn auch weniger als die Mütter (vgl. Hawkings et al. 1997a, Dollahite et al. 1998).

Ausgehend von dieser Kritik erstellen Dollahite, Hawkins und Botherson (1997, S. 17) ein strukturelles Gerüst von generativer Vaterschaft, das sie später noch einmal erweitern (Dollahite & Hawkings 1998). Zum einen wollen sie damit für konzeptuelle Klarheit sorgen, zum anderen beabsichtigen sie psychosozialen Praktikern ein Werkzeug an die Hand geben, mit dem gute Vaterschaft besser vermittelt werden kann. Hierzu führen sie den Begriff der *Vaterarbeit* und eine *konzeptionelle Ethik von Vaterschaft* ein. Aus beiden zusammen ergibt sich dann der Rahmen für das Konzept der *generativen Vaterschaft*. Darunter verstehen Dollahite et al. (1998, S. 111) „fathering that meet´s the needs of the children by working to create and maintain a developing ethical relationship with them", also eine Vaterschaft, die die Bedürfnisse der Kinder erfüllt, indem sie darauf hinarbeitet, eine sich weiterentwickelnde ethische Beziehung mit den Kindern aufzubauen und zu erhalten.

Zunächst wird aber näher beschrieben, was unter dem Konstrukt *Vaterarbeit* zu verstehen ist. Es kann synonym zu dem Begriff *generative Arbeit* verwendet werden und beschreibt das Verhalten, das hinter generativer Vaterschaft steht, also Verhaltensweisen, die darauf abzielen, die Bedürfnisse der Kinder zu erfüllen und eine ethische Beziehung zu den Kindern aufzubauen (vgl. Dollahite er al. 1997, S. 21). Der Begriff *Arbeit* wird hierbei von den Autoren bewusst gewählt, da er ihrer Ansicht nach bestimmte Vorteile aufweist. So stellt der Begriff *Vaterarbeit* das Arbeiten an sich zum einen in einen Zusammenhang mit Familie, so dass er nicht mehr ausschließlich in der Berufswelt oder im Haushalt stattfindet. Erwerbsarbeit und Hausarbeit stellen hierbei einen Teil des Konstrukts der *Vaterarbeit* dar, ebenso fröhlich, leichte Momente und manchmal auch harte Arbeit (vgl. Dollahite et al. 1997 S. 21ff, Dollahite et al. 1998). Zum anderen hat das Wort „Arbeit" einen größeren Bezug zum Alltag und zur Lebenswelt vieler Männer. Ein dritter Vorteil aus Sicht der Autoren ist, dass der Begriff *Arbeit* transformative Bilder und Assoziationen hervorruft. Sieht man Vaterschaft hingegen als Rolle, so ist gute Vaterschaft je nach Rollenbeschreibung austauschbar und bezieht sich nicht zwingend auf die Bedürfnisse der Kinder (vgl. Dollahite et al. 1997 S. 22ff, Dollahite et al. 1998).

Neben dem Konstrukt der Vaterarbeit führen Dollahite et al. (1997, S. 18), wie bereits erwähnt, auch eine konzeptionelle Ethik von Vaterschaft als generative Arbeit ein, die sie später noch einmal überarbeitet haben (vgl. Dollahite et al. 1998). Sie zielen damit nicht darauf ab, Realität abzubilden, sondern versuchen die Faktoren aufzuzeigen, die im Bereich der Vaterschaft ihrer Meinung nach möglich und erstrebenswert sind. Dabei sind sie nicht wertneutral sondern versuchen einen ethnisch begründeten, interventionsorientierten Ansatz zu erarbeiten (vgl. Dollahite et al. 1997, S.18). Ausgangspunkt für den generativen Ansatz ist, dass (a) Väter eine ethische Verpflichtung haben, sich um die Bedürfnisse ihrer Kinder zu kümmern, (b) die Bedürfnisse der nächsten Generation wichtiger sind als die der Erwachsenen, sowie (c) Väter eine kontextabhängige Handlungsfähigkeit bzw. Handlungsmacht (agency) haben, das heißt, dass sie innerhalb eines Kontexts von Einschränkungen Entscheidungen bezüglich der nächsten Generation treffen und schließlich, (d) sie sich auch in einer sinnstiftenden Art und Weise um ihre Kinder kümmern können und sollen (Dollahite et al. 1998).

Die konzeptionelle Ethik der Vaterschaft basiert auf den beiden Annahmen, dass Kinder auf der einen Seite Bedürfnisse haben und Väter auf der andren Seite die Fähigkeiten und die ethische Verantwortung haben diese zu erfüllen. Die konzeptionelle Ethik gliedert sich in vier miteinander verbundene Bereiche. Diese sind (a) Herausforderungen des Menschseins, (b) dazugehörende Bedürfnisse der nächsten Generation, (c) die verschiedenen Arten der Vaterarbeit sowie Fähigkeiten, Fertigkeiten und Verantwortlichkeiten der Väter und (d) die erwünschten Auswirkungen von generativer Vaterschaft auf die Kinder und die Väter (vgl. Dollahite et al., 1998). Das Konzept ist dabei so aufgebaut, dass Punkt (a) „Herausforderungen des Menschseins" sieben Herausforderungen zugeteilt werden, die jeweils Entsprechungen in den Kategorien (b) bis (d) haben. Den sieben Herausforderungen kann jeweils eine bestimmte Altersspanne zugeordnet werden. Diese Zuordnung ist allerdings nicht fest in dem Sinne, dass alle Herausforderungen vielmehr über die ganze Lebensspanne auftreten, jedoch nach Dollahite et al. (1998) während einer bestimmten Lebensphase dominieren. Die Zuordnung von

Herausforderung und Alterspanne orientiert sich an dem Identitätsmodell von Erikson (vgl. Tabelle 4), das in dieser Arbeit im Rahmen eines Exkurses kurz vorgestellt werden soll.

Exkurs: Psychosoziale Stadien nach Erikson

Nach Erik Erikson durchläuft jeder Mensch acht verschiedene psychosoziale Stadien, die jeweils mit einem bestimmten Konflikt verbunden sind. Diese Stadien treten in verschiedenen Lebensphasen vertieft auf und müssen während dieser Zeit bewältig werden. Im Folgenden werden diese Stadien, die dazugehörenden Krisen und mögliche Lösungen tabellarisch vorgestellt (vgl. Zimbardo und Gerring 1999, S. 460ff).

Tabelle 4: Psychozoziale Stadien nach Erikson

Ungefähres Alter	Krise	Angemessene Lösung	Unangemessene Lösung
0 – 1,5 Jahre	Vertrauen vs. Misstrauen	Grundlegendes Gefühl der Sicherheit	Unsicherheit Angst
1,5 – 3 Jahre	Autonomie vs. Selbstzweifel	Wahrnehmung des eigenen Selbst als Person, die ihren Körper kontrolliert und Ereignisse verursacht	Gefühl der Unfähigkeit, Ereignisse zu kontrollieren
3 – 6 Jahre	Initiative vs. Schuldbewusstsein	Vertrauen auf eigene Initiative und Kreativität	Mangelndes Selbstwertgefühl
6- Pubertät	Kompetenz vs. Minderwertigkeit	Kompetenz in grundlegenden sozialen und intellektuellen Fertigkeiten	Mangelndes Selbstwertgefühl, Gefühl des Versagens
Adoleszenz	Identität vs. Rollendiffusion	Entspanntes Erleben des eigenen Selbst	Das eigene Selbst wird als bruchstückhaft, schwankend und diffus wahrgenommen
Frühes Erwachsenen-alter	Intimität vs. Isolation	Fähigkeit zur Nähe und zur Bindung an andere	Gefühl der Einsamkeit, Trennung; Leugnung des Bedürfnisses nach Nähe
Mittleres Erwachsenenalter	Generativität vs. Stagnation	Über die eigene Person hinaus Sorge um Familie, Gesellschaft und zukünftige Generationen tragen	Hedonistische Interessen, fehlende Zukunftsperspektive
Seniorenalter	Ich-Integrität vs. Verzweiflung	Gefühl der Ganzheit, grundlegende Zufriedenheit mit dem Leben	Gefühl der Sinnlosigkeit, Enttäuschung

vgl. (Zimbardo, Gerring 1999, S. 460)

Außerdem gehen die Autoren davon aus, dass auch verschiedene Rahmenfaktoren, wie der Erziehungsstil der Eltern, das Temperament oder besondere Lebensereignisse Einfluss darauf haben, wie stark diese Bedürfnisse von Menschen erlebt werden. Ferner postulieren sie, dass sich jeder Mensch diesen Herausforderungen stellen muss und die sich daraus ergebenden Bedürfnisse hat. Unterschiede gibt es jedoch in der Mischung und Zusammensetzung von Herausforderungen und Bedürfnissen (vgl. Dollahite et al., 1998). Für die generative Vaterschaft bedeutet dies nun, dass Väter generell die Bedürfnisse ihrer Kinder erfüllen sollen, dass diese Bedürfnisse jedoch gleichzeitig universell und sehr persönlich sind. Also umfasst die generative Vaterschaft unter anderem Situation, Kontext, Entwicklung, Personen sowie verschiedene Interessen und Fähigkeiten von Vater und Kind (vgl. Dollahite et al., 1998). Im Folgenden sollen nun die sieben Herausforderungen dargestellt werden.

1. Abhängigkeit

Die Dimension *Abhängigkeit* kann in die Bereiche *Verletzlichkeit* und *Unsicherheit* gegliedert werden. Das Alter, in dem diese Abhängigkeit dominiert, ist das Kleinkindalter, über die ganze Lebensspanne tritt sie vor allem in Phasen, die mit Übergängen, Verlust und Schmerz zu tun haben bzw. eine Krise darstellen, auf. Die Bedürfnisse, die sich für Kinder hieraus ergeben, sind *Sicherheit* und *Stabilität*. Ihnen soll der Vater mit *ethischer Arbeit* begegnen. Diese bestehen aus dem Vermögen und der Verantwortung des Vaters, sich dem Kind zu verpflichten. Hiermit ist gemeint, dass er das Wohlbefinden des Kindes sicherstellt und konstant aufrecht erhält, also eine feste Größe im Leben seines Kindes darstellt. Das erhoffte Ergebnis dieser *ethischen* Arbeit sind *engagierte, sich einbringende* Väter und *sichere* Kinder. Hierbei wird die ethische Arbeit zum „sine qua non of generative fathering" (vgl. Dollahite et al. 1998, S. 115). Denn nach Dollahite et al. (1998) ist das frühe Commitment und die Beschäftigung von Vätern mit ihren Kleinkindern ein wichtiger Indikator dafür, wie sich die weitere Beziehung zwischen Vater und Kind gestaltet.

2. Verknappung

Eine weitere Herausforderung ist der Umgang mit der *Verknappung* von verschiedenen Ressourcen. Auch diese umfasst wieder zwei Dimensionen, nämlich *Notwendigkeiten,* damit diesen sind die materiellen Bedürfnisse des Lebens gemeint, und *Bestrebungen,* worunter das Verlangen nach persönlichen Erfolgen bzw. das Setzen und Erreichen von Zielen zu verstehen sind. Das Alter, in dem sich diese Herausforderung besonders stellt, ist die frühe Kindheit (Erikson. Autonomie vs. Selbstzweifel). Auch aus der Verknappung ergibt sich ein

Teil generativer Arbeit, die *Verwaltungsarbeit.* Sie besteht aus der Verantwortung und der Fähigkeit, der sich ihren Kindern Väter *zu widmen,* d.h. ihnen materielle Ressourcen zur Verfügung zu stellen, und darin zu *kreieren,* d.h. den Kindern Möglichkeiten zu bieten etwas zu vollbringen. Die Verwaltungsarbeit soll zu verantwortungsbewussten Vätern und selbstsicheren Kindern führen, die das Gefühl haben, dass ihre Bedürfnisse erfüllt werden und dass sie ihre Ziele erreichen können (vgl. Dollahite et al., 1998).

3. Veränderung

Veränderung ist nach Dollahite et al. (1998) die dritte Herausforderung, der sich Menschen nach Dollahite et al. (1998) stellen müssen. Man unterscheidet zwei Dimensionen: (1) *Entwicklung:* Langsame, normative Veränderungen und (2) *Transformation:* Plötzliche oder dramatische. Diese Herausforderung tritt besonders im Spielalter auf (nach Erikson: initiative vs. guilt). *Aufmerksamkeit* und *Anpassung* sind die Bedürfnisse, die bei Kindern in Phasen der Veränderung besonders stark auftreten und aus denen sich für die Väter ein weiterer Teil generativer Arbeit, die *Entwicklungsarbeit,* ergibt. Sie beinhaltet die Fähigkeit und Verantwortung der Väter, sich um ihre Kinder zu *kümmern,* also auf deren Bedürfnisse und Wünsche zu reagieren und sich *verändern,* d.h. sich an die Bedürfnisse der Kinder anzupassen. Aus diesem Entwicklungsschritt sollen *responsive* Väter und *entschlossene* Kinder hervorgehen, die dazu fähig sind, Aufmerksamkeit zu bekommen und von ihnen gewünschte Veränderungen in ihrem Leben zu erreichen (vgl. Dollahite et al., 1998).

4. Stress

Stress ist eine vierte Herausforderung, die sich in *Anspannung* und *Anforderung* unterteilen lässt und vor allem im Schulalter (nach Erikson: Kompetenz vs. Minderwertigkeit) auftritt. Denn in dieser Lebensphase werden Kinder mit Spannungen und Anforderungen in der Schule, bei Peers und in der Familie konfrontiert. Die Bedürfnisse, die sich aus dem damit verbundenen *Stress* ergeben, sind *Entspannung* und *Talent.* Diesem Stress soll von Vätern mit *Erholungsarbeit* begegnet werden. Dies bedeutet, dass Väter mit ihren Kindern *kooperieren* sollen, indem sie mit ihnen spielen und sich mit ihnen entspannen. Gleichzeitig sollen sie ihren Nachwuchs aber auch *fordern,* um die Fähigkeiten und Fertigkeiten ihrer Kinder allgemein sowie beim Coping zu fördern. Durch diesen Prozess sollen die Väter *verspielt/spielerisch* und die Kinder *fröhlich* werden (vgl. Dollahite et al., 1998).

5. Ratlosigkeit

Die fünfte Herausforderung ist die *Ratlosigkeit*, die sich in *Besorgnis* und *Verwirrung* differenzieren lässt und am stärksten in der Pubertät auftritt (nach Erikson identity vs. confusion). *Unterstützung* und *Leitung* sind die Bedürfnisse, die nach Dollahite et al. (1998) in Zeiten der *Ratlosigkeit* im Vordergrund stehen. Diesen Bedürfnissen sollen die Väter mit *spiritueller Arbeit* begegnen, indem sie *bestätigen,* das heißt ihr Vertrauen in und ihren Glauben an ihre Kinder bestärken und ihren Nachwuchs *beraten* (vgl. Dollahite et al., 1998). „Spirituell" ist in diesem Kontext nicht zwingend mit Religion oder Glauben in Verbindung zu bringen. *Spirituelle Arbeit* soll nach Dollahite et al. (1998) vielmehr zu einer starken, tiefen und fortbestehenden Verbindung zwischen Vater und Kind führen, indem sie diese erziehen und leiten. So sollen Kinder lernen, wie sie sich Sinn und Richtung erschließen können, wenn sie im Leben mit schwierigen Fragen konfrontiert werden und so eine gewisse Ruhe in Bezug auf das Leben und die Zukunft erleben. Die Autoren schließen aber nicht aus, dass Religion bzw. Glaube auf diesem Weg helfen und erhoffen sich, dass die *spirituelle Arbeit* zu *vertrauensvollen* Vätern und *friedvollen* Kindern führt (vgl. Dollahite et al., 1998).

6. Isolation

Isolation ist die sechste Herausforderung und teilt sich in eine soziale Dimension, die *Einsamkeit* und eine intellektuelle Dimension des *Nicht-Verstandenseins* auf. Dieser Herausforderung müssen sich Menschen vor allem während des jungen Erwachsenalters stellen (nach Erikson: Intimität vs. Isolation). Aus der *Isolation* entspringen die Bedürfnisse nach *Intimität* und *Empathie*. Diesen Bedürfnissen sollen Väter mit *Beziehungsarbeit* begegnen. Sie sollen mit ihren Kindern *kommunizieren*, sich mit ihnen über ihre Gedanken und Gefühle austauschen und sie *trösten* bzw. ihnen verständnisvoll begegnen. Dieses Verhalten soll zu *liebenden* Vätern und *sich sorgenden* Kindern führen. Unter *Beziehungsarbeit* ist aber auch die Vernetzung der Kinder mit anderen wichtigen Personen, wie der Mutter, Geschwistern oder Verwandten zu verstehen (vgl. Dollahite et al., 1998).

7. Verbindlichkeit / Bindung

Als siebte Herausforderung nennen Dollahite et al. (1998) die *Verbindlichkeit*. Sie lässt sich in *Komplexität* und *Belastung* unterteilen und tritt am stärksten im mittleren Erwachsenenalter auf (nach Erikson: Generativität vs. Stagnation). Gemeint ist hiermit, dass Väter ihre Kinder ihr ganzes Leben lang begleiten und unterstützen sollen. *Weisheit* und *Unterstützung* sind die Bedürfnisse, die mit der *Verbindlichkeit* verknüpft sind. Väter sollen ihnen mit Mentoring, also *Beratungsarbeit*, begegnen. Sie sollen ihre Kinder also *beraten*, wenn diese sie um Hilfe fragen und sie unterstützen, indem sie gegebenenfalls auch bei Lösungen *mitwirken*. So sollen sowohl die Väter als auch die Kinder *generativ* werden.

3.2 Erziehung

Nachdem dargestellt wurde, auf welche Art und Weise das Engagement des Vaters allgemein konzeptualisiert werden kann, soll im Folgenden auf einen speziellen Teil des väterlichen Engagements, die Erziehung, eingegangen werden. Hierbei wird zunächst auf die Erziehungsstilforschung eingegangen, anschließend auf die Rolle der Elternbeziehung in der Erziehung und weitere Einflussfaktoren auf das Erziehungsverhalten thematisiert werden. Abschließend wird das Erziehungsverhalten von Müttern und Vätern verglichen, um Unterschiede bzw. Spezifika für die einzelnen Elternteile herauszuarbeiten.

3.2.1 Erziehungsstile

Bevor nun auf die Erziehungsstilforschung eingegangen wird, soll zunächst der begriff *Erziehung* definiert werden, da dieser Begriff sehr breit verwendet wird (vgl. Gudjons, 2001). Brezinka (1990, S. 95) definiert Erziehung folgendermaßen: *„Unter Erziehung werden soziale Handlungen verstanden, durch die Menschen versuchen, das Gefüge der psychischen Dispositionen anderer Menschen in irgendeiner Hinsicht dauerhaft zu verbessern oder seine als wertvoll beurteilten Bestandteile zu erhalten oder die Entstehung von Dispositionen, die als schlecht bewertet werden, zu verhüten."* Der Prozess der Erziehung findet in verschiedenen Settings statt und ist in den Alltag integriert. Als Erziehungsstil bezeichnet man, auf welche Art und Weise erzogen wird, dabei handelt es sich um relativ konstante Verhaltensweisen, die über einen bestimmten Zeitraum gezeigt werden sowie die dabei angewandten Methoden. Die Forschung hat ich vor allem mit der Frage auseinandergesetzt hat, welche Erziehungsmethoden entwicklungsfördernd sind und welche nicht (vgl. Tschöpe-Scheffler, 2005). Eine geläufige Kategorisierung von Erziehungsstilen stammt von Diana Baumrind (1966). Sie unterteilte Erziehungsstile in die drei Kategorien autoritär, autoritativ und permissiv. Diese Dreiteilung wurde später von Maccoby und Martin (1983) verfeinert, indem sie den permissiven Stil in die zwei Bereiche permissiv-vernachlässigend und permissiv-nachlässig ausdifferenziert haben. Als autoritär gelten die Eltern, die von ihren Kindern fordern, dass sie folgsam sind und sie mit Strenge erziehen. Manchmal berufen sie sich dabei auch auf höhere Werte wie die Religion. Dabei lassen sie sich nicht auf Diskussionen mit ihrem Nachwuchs ein, sondern erwarten, dass ihre Anforderungen befolgt werden. Sie bestrafen ihre Kinder auch gewaltsam und untergraben so deren Willen. Außerdem kontrollieren autoritäre Eltern ihre Kinder auch in hohem Maße und bewerten sie kritisch bis abwertend (vgl. Baumrind 1966).

Eltern, die ihre Kinder permissiv erziehen, versuchen im Gegensatz zum autoritären Erziehungsstil kaum das Verhalten ihrer Kinder aktiv in eine bestimmt Richtung zu lenken. Sie überlassen ihren Kindern vielmehr weitestgehend die Kontrolle über die eigenen Aktivitäten und lassen ihren Nachwuchs teilweise auch über sich selbst, also die Eltern, verfügen. Es kann durchaus auch sein, dass Eltern, die ihre Kinder permissiv erziehen, auf (Familien-) Regeln hinweisen, sie achten jedoch nicht so sehr darauf, ob ihr Nachwuchs auch den häuslichen Pflichten nachkommt oder allgemeine Regeln einhält. Grenzen versuchen permissive Eltern dadurch zu ziehen, dass sie ihre Kinder manipulieren oder überzeugen diese Grenzen einzuhalten (vgl. Baumrind, 1966). Wie bereits erwähnt, wurde der permissive Erziehungsstil von Maccoby et al. (1983) in die zwei Dimensionen permissiv-vernachlässigend und permissiv-nachgiebig unterteilt. Der Hauptunterschied zwischen diesen beiden Erziehungsstilen besteht darin, dass die permissiv-nachgiebig Eltern ihre Kinder im Gegensatz zu den permissiv-vernachlässigenden Eltern mit mehr Liebe, Zuneigung und Aufmerksamkeit erziehen. Grenzen werden allerdings bei beiden Stilen nicht nachhaltig gezogen (vgl. Maccoby et al. 1983).

Autoritative Eltern wollen ihre Kinder problemorientiert und rational erziehen, indem sie sich mit ihren Kindern besprechen und diesen gegenseitigen Austausch aktiv fördern. Sie behalten dabei die Interessen ihrer Kinder im Auge, indem sie sich auf ihre eigene Einschätzung verlassen und nicht jedem einzelnen Wunsch ihres Nachwuchses nachkommen oder allgemeinen Strömungen folgen. Außerdem fördern autoritative Eltern ihre Kinder, indem sie deren Entwicklung im Auge behalten und erkennen, welche Fähigkeiten ihrer Sprösslinge zu bestimmten Zeitpunkten ihrer Entwicklung haben und darauf eingehen. Stimmen die Ansichten der Eltern und ihrer Kinder einmal nicht überein, erklären autoritativ erziehende Mütter und Väter die Beweggründe für ihr Vorgehen und Denken. Sie leisten also Überzeugungsarbeit, behalten ihre Kinder bezüglich dieser strittigen Punkte jedoch im Auge. Auf diese Weise wird sowohl der individuelle Wille des Kindes, als auch dessen Eingliederung in die Gesellschaft gefördert. Abbildung 6 zeigt die Unterteilung der

Erziehungsstile nach Maccoby et al. (1983) anhand der zwei Dimensionen Wärme und Konsequenz.

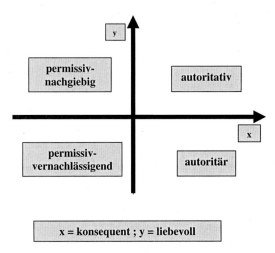

Abbildung 6: Unterteilung der Erziehungsstile nach Maccoby und Martin (1983)

Die Studie von Baumrind (1966) führte zu weiteren Untersuchungen, die die Unterteilung des Erziehungsverhaltens in die drei Dimensionen emotionale Unterstützung (z.B. Feinfühligkeit), Verhaltenskontrolle (z.b. Disziplinierung) und psychische Kontrolle (z.b. Auslösen von Schuldgefühlen) hervorbrachte (vgl. Fuhrer 2009, S. 230, Barber 1996). Vergleicht man die drei Dimensionen miteinander, so stellt sich die Unterstützung als bedeutendster Prädiktor heraus. Die Verhaltenskontrolle kann man wiederum in informierendes und überwachendes Monitoring unterteilen, wobei sich das informierende Monitoring, bei dem die Eltern darüber Bescheid wissen, was ihr Nachwuchs mit wem und an welchem Ort macht, förderlicher auf die Entwicklung von Kindern auswirkt als das überwachende, das die Autonomie der Kinder stärker begrenzt (vgl. Fuhrer 2009, S. 231ff). Hurrelmann (2002, S. 164ff) beschreibt mit dem „magischen Zieldreieck der Erziehung" (Hurrelmann 2002, S. 164) den autoritativ-partizipativen Erziehungsstil, den er ebenfalls in drei Dimensionen unterteilt. Diese Bezeichnung beschreibt den Erziehungsstil treffend, indem sie mit *autoritativ* die maßvolle Anwendung elterlicher Autorität enthält und mit *partizipativ* auch erwähnt, dass „die Bedürfnisse der Kinder im Sinne einer Mitgestaltung der gemeinsamen Beziehung" (Hurrelmann 2002, S. 162) darin enthalten ist. Hurrelmann (2002,

S. 164ff) unterteilt autoritativ-partizipative Erziehung in die drei Bereiche *Anerkennung*, *Anregung* und *Anleitung*. Eltern schenken hierbei ihren Kindern ein gutes Maß an liebevoller Zuwendung, sie erdrücken ihre Kinder also nicht mit ihrer Liebe oder nehmen sich zu stark zurück. Unter *Anregung* ist zu verstehen, dass Väter und Mütter ihre Kinder in ihrer Entwicklung fördern, indem sie sie ihrem Entwicklungsstand entsprechend zu verschiedenen Aktivitäten anregen und ihnen positive Rückmeldungen für positives Verhalten geben. Unter dem letzten Bereich, der *Anleitung*, ist zu verstehen, dass autoritativ-partizipative Eltern über „ein gut dosiertes Ausmaß von Regeln mit klar festgelegten Sanktionen, die bei Regelbruch sofort eingesetzt werden" (Hurrelmann 2002, S. 165) verfügen.

Darling und Steinberg (1993)waren der Meinung, dass man Erziehungsstile am besten als einen Kontext beschreibt, der als Moderator auf bestimmte Einflüsse von elterlichem Verhalten wirkt. Man könne nur dann Fragen über die Sozialisation von Kindern erklären, wenn man den Erziehungsstil von der Erziehungspraxis der Eltern trennt. Sie sehen den Unterschied zwischen der Erziehungspraxis der Eltern und dem Erziehungsstil darin, dass sich der Stil auf das generelle Feld der Eltern-Kind-Interaktion bezieht, wohingegen die Praxis ein bestimmtes Feld, wie die Schule, beschreibt. Erziehungspraxis- und -stil werden in den Überlegungen von Darling et al. (1993) von den Werten und Zielen der Eltern in der Erziehung beeinflusst (Pfeil 1 und 2 in Abbildung 7). Die Erziehungspraxis hat weiterhin einen direkten Einfluss auf die Entwicklung der Kinder (Pfeil 3). Der Erziehungsstil hingegen wirkt sich im Gegensatz zu vielen anderen Modellen nicht direkt auf die Entwicklung der Kinder aus, sondern beeinflusst die Beziehung zwischen Erziehungspraxis und der Entwicklung des Nachwuchses als Moderator (Pfeil 4). Auf die gleiche Art und Weise wirkt die Bereitschaft der Kinder, die direkt vom Erziehungsstil beeinflusst wird (Pfeil 6), sich auch erziehen zu lassen (Pfeil 5) (vgl. Darling et al. 1993).

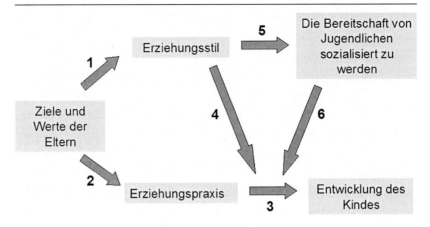

Abbildung 7: Kontextmodell des Erziehungsstils (Darling et al. 1993, S. 493)

Studien zur Erziehung bzw. zum Erziehungsstil:

Die empirische Forschung hat gezeigt, dass der autoritative Erziehungsstil in der westlichen Welt der Förderlichste ist. Denn Kinder die autoritativ erzogen werden, haben bessere kognitive und soziale Kompetenzen und zeigen auch weniger Problemverhalten (vgl. u.a. Zimbardo et al. 1999, S. 695, Fuhrer 2009, S. 233). Im Hinblick auf die Erziehungsstilforschung ist festzustellen, dass autoritative Erziehung in mehreren Gebieten vorteilhaft ist. Dies zeigt sich unter anderem in einer Untersuchung von Gray und Steinberg (1999), die die Auswirkungen der drei Komponenten autoritativer Erziehung, Akzeptanz-Engagement, Strenge-Kontrolle und Bewilligung psychischer Autonomie untersuchten. Als generelles Ergebnis der Studie führten sie an: Falls der Grad, in dem Jugendliche psychische Autonomie, Struktur und Engagement der Eltern ihnen gegenüber wahrgenommen haben, hoch war, dann war auch ihre Entwicklung vorteilhafter. Es wurde aber auch für jede der drei Komponenten eine eigene Wirkrichtung gefunden. Jugendliche, die eine hohe psychische Autonomie angaben, haben sowohl im schulischen, als auch im sozialen Bereich ein besseres Selbstkonzept und sind selbstbewusster als solche, die weniger Freiraum haben, denn sie haben zum einen den größeren Wunsch Dinge zu erreichen und zum anderen auch einen größeren Glauben daran ihre Ziele zu verwirklichen. Darüber hinaus weisen sie ein geringeres internalisierendes Problemverhalten auf. Zeigten die Eltern ein hohes Maß an Verhaltenskontrolle, so entwickelten die Kinder ein hohes Maß an Selbstregulation und Disziplin, was u.a. in einem geringeren externalen Problemverhalten erkennbar wird. Wenn die Jugendlichen ihre Eltern als involviert wahrgenommen haben, dann zeichneten sie durch ihre Selbstauskünfte ein positiveres Bild von sich. Die führt die Autoren der Studie zu dem Ergebnis, dass das elterliche Engagement zu einem globalen Wohlbefinden ihrer Kinder führt, da sie sich zu Hause geliebt fühlen(Gray et al. 1999). Auch verschiedene andere Studien (z.B. Steinberg et al. 1994, Kruse 2001, Baumrind 1967, Baumrind 1971) wiesen immer wieder darauf hin, dass autoritative Erziehung vorteilhaft für die Entwicklung von Kindern ist. In einer einjährigen längsschnittlichen Untersuchung von Steinberg et al. (1994) zeigte sich, dass autoritativ erzogene Kinder im Gegensatz zu andern, wie autoritär erzogenen, weniger delinquent sind, seltener die Schule schwänzen und eine geringere Neigung zu Drogen haben. Weiterhin stellte sich heraus, dass Kinder, die in dieser Studie autoritativ erzogen wurden, mehr Selbstvertrauen hatten und höhere Werte bezüglich ihres schulischen Könnens aufwiesen. Dass sich autoritative Erziehung fördernd auf die Entwicklung der Persönlichkeit, gemessen an den „big five" (Neurotizismus, Gewissenhaftigkeit, Verträglichkeit, Offenheit und Extraversion), auswirkt, konnte Malti (2005) verdeutlichen. Dieser Zusammenhang galt besonders stark für Mädchen. Als Lamborn et al. (1991) in einer Studie replizierten, dass sich Erziehungsstile in die Dimensionen von Baumrind (1966) und Maccoby und Martin (1983) unterteilen lassen, erkannten sie weitere Vorteile autoritativer Erziehung. Denn die Gruppe von Jugendlichen, die ihre Eltern als autoritativ beschrieb, schnitt signifikant besser in den Punkten schulisches Können, Problemverhalten und psychosoziale Fähigkeiten ab als Jugendliche, die bei ihren Eltern einen anderen Erziehungsstil wahrgenommen hatten. In einer längsschnittlichen Studie konnten Franz et al. (1991) belegen, dass die dem fünfjährigen Kind entgegengebrachte Wärme und Güte in der Erziehung, mit einer relativ glücklichen und lange andauernden Ehe sowie mit einem guten sozialem Umfeld 31 Jahre später zusammenhängt. Außerdem konnten Zusammenhänge zwischen der Wärme der väterlichen Erziehung und höheren sozialen Kompetenzen aufgezeigt werden. Hatten die „Kinder" später, also mit 36 Jahren, hohe sozialen Kompetenzen, gaben sie mehr Zufriedenheit in den Bereichen Arbeit, Kindererziehung und Ehe an.

Nachdem in diesem Punkt gezeigt wurde, wie sich Erziehungsstile unterscheiden lassen und welches Erziehungsverhalten sich als besonders förderlich herausgestellt hat, soll nun darauf eingegangen werden, welche Faktoren das Erziehungsverhalten beeinflussen.

3.2.2 Die Rolle der Eltern in der Erziehung

Wie eben dargestellt, spielen die Eltern und ihr Erziehungsstil eine wichtige Rolle bei der Erziehung ihrer Kinder. Im Folgenden wird auf die Triade von Vater, Mutter und Kind eingegangen. Welche Bedeutung hat das Coparenting, also die Elternallianz auf die Erziehung und welche Dynamiken kann es in der Beziehung zwischen Vater, Mutter und Kind geben? Abschließend werden die Auswirkungen von Konflikten der Eltern erläutert.

3.2.2.1 Coparenting

Coparenting, das im deutschen Sprachgebrauch als Elternallianz bezeichnet wird, ist ein komplexes Konstrukt (vgl. Van Egeren, Hawkins, 2004) dessen Erforschung noch in den Kinderschuhen steckt und dessen Konzeptualisierung bzw. Definition von Coparenting sich gegenwärtig noch in einem Prozess befindet (McHale, Kuersten-Hogan, Rao, 2004). Der Nutzen dieses Konzepts liegt nach Feinberg (2003) vor allem darin, dass die Elternrolle von anderen Feldern einer Paarbeziehung getrennt wird. Die Grundlagen dieses Konstrukts gehen zurück auf Salvador Minuchin (1977, S. 64ff), der in seinem strukturellen Ansatz das Familiensystem in Subsysteme unterteilte. Dabei hat er bezüglich der Eltern zwischen dem ehelichen Subsystems und dem elterlichen Subsystem unterteilt. Er spricht dem Elternsubsystem eine exekutive Funktion gegenüber dem Geschwistersubsystem, das die Kinder umfasst, zu. Nach Van Egeren und Hawkins (2004) liegt eine Coparenting-Beziehung vor, wenn von mindestens zwei Menschen durch gegenseitiges Einverständnis oder durch soziale Normen erwartet wird, dass sie Verantwortung für das Wohlergehen eines bestimmten Kindes übernehmen. Durch diese Definition wollen die Autoren ausdrücklich verschiedene Familienformen wie Trennungsfamilien, einschließen. Sie unterteilen Coparenting angelehnt an Van Egeren (2001) und Feinberg (2003) in die vier Dimensionen *Solidarität*, *Unterstützung, Untergraben* und *geteilte Elternschaft*. Der erste Bereich davon ist *Solidarität (1)*. Hiermit ist gemeint, dass die Eltern zusammenwachsen und ein gemeinsames exekutives Subsystem bilden sollen. Eine solidarische Elternallianz erkennt man daran, dass Interaktionen der Eltern mit oder über ihre Kinder von positiven Emotionen geprägt sind. *Unterstützung* (2) ist die zweite Dimension, damit sind Verhaltensweisen gemeint, die den Partner dabei unterstützen, seine Ziele in der Erziehung zu erreichen bzw. seine Bemühungen hierfür noch zu erweitern. Das *Untergraben* (3) stellt die dritte Dimension dar und besteht aus

Verhaltensweisen, die den Partner davon abhalten, seine Erziehungsziele zu Wege zu bringen. Die vierte Dimension ist die *geteilte Elternschaft* (4). Sie beschreibt generell die Arbeitsaufteilung der Eltern bzw. die Einschätzung der Eltern über eine faire Arbeitseinteilung. In der direkten Interaktion mit dem Kind kann die geteilte Elternschaft an der Ausgewogenheit der elterlichen Kontakte und an dem Grad, in dem die Eltern gleichzeitig mit dem Kind beschäftigt sind, gemessen werden. Wie bereits erwähnt, baut dieser viergliedrige Ansatz auf Feinberg (2003) auf. Dieser hat Coparenting in die drei Faktoren (1) Unterstützung vs. Untergraben der Erziehungsabmachung, (2) Aufteilung von Arbeit und (3) gemeinsames Familienmanagement unterteilt und diese Komponenten in einen ökologischen Rahmen eingebettet (vgl. Abbildung 8). Hierbei orientiert er sich unter anderem an Belsky (1984) (vgl. Punkt 3.2.3) und zeigt die Komplexität von Coparenting noch einmal auf.

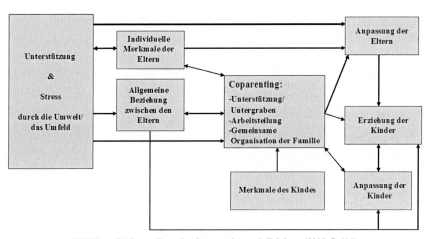

Abbildung 8: Unterteilung des Coparenting nach Feinberg (2003, S. 111)

Van Egeren et al. (2004) kommen aufgrund ihrer Studie zu dem Schluss, dass Interaktionen in Familien wechselseitig verlaufen. Denn verhielt sich ein Partner dem anderen gegenüber respektvoll, so war dessen Verhalten ähnlich. Interagierte ein Elternteil negativ, so tat dies auch der andere. Dieses Fazit wird von anderen Studien gestützt, z.B. in einer Studie von Kolak und Volling (2007). Besaßen vor allem Väter die Fähigkeit, sich positiv ausdrücken zu können, hatte dies einen positiven Einfluss auf das Coparenting. Dies hatte eine fördernde Wirkung auf die Familie, denn es half Paaren dabei mit dem Stress, der mit der Erziehung verbunden ist, besser umzugehen. Scheinbar sind Väter allerdings in der Coparenting-

Beziehung mehr von den Rückmeldungen der Mütter abhängig, als umgekehrt (Dollahite 1998, Van Egeren et al. 2004). Wie aber bereits dargestellt, gibt es auch negatives Interaktionsverhalten in Bezug auf das Coparenting. McHale, Kuersten, Lauretti (1996) bezeichneten solche Verhaltensweisen als *Hostile-Competitive Coparenting*, das man weiter differenzieren und durch verschiedene Handlungen beschreiben kann. Bei *Behaviour Competition* versucht ein Elternteil ein Kind abzulenken, während der andere mit ihm spielt. *Verbal Sparring*, eine andere Facette dieser negativen Handlungsweisen, offenbart sich beispielsweise darin, dass Eltern sarkastische Bemerkungen übereinander machen. Ebenfalls als unvorteilhaft gilt das so genannte *Parent-Centeredness*, das dann auftritt, wenn Eltern sich vor allem auf sich und nicht auf das Kind konzentrieren. Die Elternallianz kann aber auch untergraben werden, wenn die Eltern nicht in direktem Kontakt miteinander stehen. Denn ist ein Elternteil alleine mit seinem Kind, besteht die Möglichkeit die Coparenting-Beziehung zu bekräftigen oder zu schwächen, indem der andere Elternteil in seiner Abwesenheit entweder gestärkt oder geschwächt wird (vgl. McHale 1997, McHale, Khazan, Erera, Rotman, DeCourcey, McConnell 2002).

Eingangs wurde diesbezüglich darauf verwiesen, dass der Vorteil des Konstrukts des Coparenting darin besteht, dass man die Erziehungsaufgaben von anderen Komponenten der Paarbeziehung trennen kann. Es zeigten sich jedoch auch Zusammenhänge zwischen diesen anderen Komponenten und dem Coparenting. Schoppe-Sullivan, Mangelsdorf, Frosch und McHale (2004) konnten in einer längsschnittlichen Analyse zeigen, dass die Güte der Ehestabilität zusammen mit der Güte des Coparenting zu einem ersten Messzeitpunkt die Ehestabilität 2,5 Jahre später voraussagen konnte. Weiterhin konnte nachgewiesen werden, dass das Coparenting die Beziehung zwischen Elternkonflikten und dem Erziehungsverhalten mediiert (vgl. Margolin, Gordis, John, 2001). Das Ergebnis, dass Coparenting-Verhaltensweisen bis zu 2,5 Jahren aufrechterhalten werden (vgl. Schoppe-Sullivan et al. 2004, Fivaz-Depeursinge, Frascarlo, Corboz-Warnery, 1996) zeigt, dass sie relativ stabil sind. Wie bereits beschrieben wurde, kann es zu negativen Dynamiken in der Coparenting-Beziehung kommen. Es besteht aber auch die Möglichkeit, dass sich Konflikte, die sich auf der Paarebene abspielen, über die Coparenting-Beziehung auf das Erziehungsverhalten wirken, dass sie also als Mediator fungiert (vgl. McHale 1995, Katz et al. 1996, Margolin et al. 2001, Floyd, Gilliom, Costigan 1998). Wie Konflikte zwischen Eltern sich auf die Kinder auswirken, soll nun im Folgenden Punkt dargestellt werden.

3.2.2.2 Der Einfluss von Müttern auf die Vater-Kind-Beziehung: Gatekeeping

Die Rolle der Mutter in bzw. für die Vater-Kind-Beziehung wurde schon oft im Rahmen von Studien thematisiert (vgl. u.a. DeLucie 1995, Allen und Hawkins 1999, Seery und Crowley 2000). Dabei wurden der Mutter jeweils unterschiedliche Rollen zugeschrieben, die einen breiten Rahmen umspannen, der von Vater-Kind-Beziehung fördernd bis einschränkend reicht. Im Zuge dieser Diskussion fielen verschiedene Begriffe wie etwa Gatekeeping (vgl. Allen et al. 1999) oder Beziehungsmanagement (Seery et al. 2000), wobei dieser Thematik erst seit kurzer Zeit nachgegangen wird (vgl. Trinder 2008) und in vielen Studien vor allem der Begriff Gatekeeping verwendet wird. Man kann diese Gatekeeping-Funktion der Mutter als einen wichtigen Teil der Coparenting-Beziehung betrachten (vgl. Schoppe-Sullivan, Brown, Cannon, Mangelsdorf, Szewzyk, Sokolowski 2008). Es gibt allerdings keinen einheitlichen Ansatz, diese Mediatoren-Rolle der Mutter zu konzeptualisieren bzw. zu definieren. Im Folgenden sollen jedoch verschiedene Ansätze dargestellt werden, um zu zeigen, wie unterschiedlich die Herangehensweise an das Thema ist. Einer dieser Ansätze stammt von Allen und Hawkins (1999). Sie beziehen sich bei ihrer Konzeptionalisierung auf die soziale Konstruktion von Gender und ordnen dem Gatekeeping drei Dimensionen zu. Die erste davon ist die Ablehnung der Mutter Verantwortung über Familienangelegenheiten abzugeben, indem sie rigide Normen aufstellt. Hierunter verstehen die Autoren vor allem eine Konstellation, bei der Frauen die Manager des Haushalts sind und Männer als Helfer oder Assistenten agieren. Denn so soll verhindert werden, dass Männer mehr Verantwortung übernehmen und es zu einer veränderten Rollenaufteilung kommt. Außerdem kann es sein, dass Frauen Männer von mehr Engagement abhalten, indem sie Standards, beispielsweise bei der Hausarbeit, setzen und Männer kritisieren, wenn sie diese nicht einhalten und so verhindern, dass sie mehr Fähigkeiten in diesem Bereich erlangen (vgl. Allen et al. 1999). Den zweiten Teil in diesem Konzept stellt die externe Validierung der Mutter-Identität dar. Denn nach Allen et al. (1999) spielt es eine wichtige Rolle, wie Mütter mit kulturellen Normen umgehen bzw. welche sie internalisieren. Stellt für eine Frau zum Beispiel ihre Mutterschaft eine herausragende Rolle in ihrer Identität dar, kann sie Versuche eines Vaters mehr Verantwortung bei der Kindererziehung / im Haushalt zu übernehmen oder eine egalitärere Rollenverteilung als Eingriff in ihre Domänen ansehen bzw. zu einer Verwirrung hinsichtlich ihrer Rolle als Mutter / ihrer Mutter-Identität kommen. Daher meint dieser zweite Bereich, dass Frauen mit einer Mutter-Identität, wie sie eben beschrieben wurde, immer wieder danach streben werden, ihre Identität eine gute Mutter zu sein, extern zu validieren. Ob Frauen ein differenziertes Konzept von der Rollenaufteilung innerhalb der Familie haben, ist nach Allen et al. (1999) die dritte Dimension von Gatekeeping. Dies beeinflusst ihrer Meinung nach, in wie weit sich Männer im Haushalt engagieren. Dabei beziehen sie sich auf Greenstein (1996), der belegen konnte, dass traditionelle oder polarisierende Vorstellungen von Frauen bezüglich der Familienarbeit einen größeren Einfluss auf die tatsächlichen Arrangements haben, als die der Männer. Nach Allen et al. (1999) beeinflussen also verschiedene Einstellungen bzw. Überzeugungen von Müttern über Mutterschaft und Vaterschaft, wie die Familienarbeit aufgeteilt wird. Dieser Definitionsansatz ist nach Trinder (2008) die am häufigsten zitierte Definition von Gatekeeping und ist hilfreich, weil sie die Deutung von Überzeugungen, Verhalten und Wirkungen für die Definition von Gatekeeping hervorhebt. Sie hat aber den Nachteil, dass sie sich nur auf die einschränkende Wirkung von Gatekeeping bezieht (vgl. Trinder 2008). Daher bezieht sich Trinder (2008) auf die Systemtheorie und sieht mögliche Wechselbeziehungen sowie reziproke Einflüsse zwischen Vätern und Müttern, sie konzeptualisiert Gatekeeping ohne eine bestimmte Richtung. Mütter können in diesem Ansatz also entweder als *gate opener* oder *gate closer* fungieren. Gate opening beschreibt dabei Überzeugungen und Verhalten, das den Kontakt der Kinder zum Vater fördert, wohingegen gate closing Überzeugungen und Verhalten beschreibt, das den Kontakt der Kinder zum Vater einschränkt. In diesem Zusammenhang spricht Trinder (2008) auch von gate work. Gatekeeping beinhaltet auch in ihrer Konzeptualisierung verschiedene Komponenten und Dimensionen. Dazu zählen die Einstellung der Mütter zu Vätern in der Rolle des Pflegers, aber auch deren Einstellung bezüglich der Kinder. Ferner lassen sie diesen Dimensionen die Motivationen und Ziele der Mütter sowie ihr Verhalten, ihre Strategien und ihre Bereitschaft hinsichtlich der Vater-Kind-Interaktion zählen. Die Verantwortlichkeit der Väter und inwieweit sie bei Entscheidungen miteinbezogen werden sowie die Qualität der Vater-Kind-Beziehung sind weitere Komponenten (vgl. Trinder 2008).

Fagan und Barnett (2003) nähern sich dem Gatekeeping aus einer systemtheoretischen Perspektive und definieren es als den Vorteil und den Versuch von Müttern Väter von der Versorgung und dem Engagement für ihre Kinder abzugrenzen bzw. sie davon auszuschließen zu können. Seery und Crowley (2000) verfolgen einen anderen Ansatz. Im Rahmen einer Studie zu emotionaler Arbeit von Müttern benennen sie Beziehungsmanagement als einen Teil dieser Arbeit. Sie wollen so die beiden Forschungsrichtungen Vater-Kind-Beziehung sowie Frauen und häusliche Arbeit verknüpfen. In ihrer Studie gehen sie insbesondere auf die Bemühungen von Müttern ein, den Kontakt zwischen Vätern und ihren Kindern zu stärken bzw. aufrechtzuerhalten und stellen so ein Konzept vor, dass in Widerspruch zu anderen Konzepten geht, die sich lediglich auf die einschränkende Wirkung von Müttern auf die Vater-Kind-Beziehung konzentrieren (vgl. Seery et al. 2000). Pruett, Williams, Inabella und Little (2003) konzeptualisierten Gatekeeping wiederum mit einem anderen Ansatz. Sie unterteilen das Gatekeeping in drei Dimensionen, von denen sie annehmen, dass sie vor allem bei Paaren, die sich gerade trennen oder schon getrennt oder geschieden sind, eine Rolle spielen. Diese Dimensionen basieren auf der Balance zwischen dem Bild des Vaters als Ex-Partner einerseits und als Elternteil andererseits. Der erste dieser Faktoren ist die Förderung der Vater-Kind-Beziehung, der zweite ein positives Bild vom (Ex-) Partner und der dritte der Einfluss des (Ex-) Partners auf die Beziehung.

Abschließend bleibt also festzuhalten, dass es keine einheitliche Definition bzw. kein einheitliches Konzept oder eine bestimmte Herangehensweise an die Erforschung des Gatekeeping gibt. Vielmehr existieren eine Reihe von Versuchen die Rolle der Mutter als Mediator in der Vater-Kind-Beziehung zu erforschen, wobei jeweils andere theoretische Hintergründe herangezogen wurden. Zu welchen Ergebnissen die Studien bisher geführt haben, soll im Folgenden vorgestellt werden.

Wie sieht die Forschungslage in Bezug auf die Wirkung der Mutter auf die Vater-Kind-Beziehung aus? Es konnte in mehreren Studien nachgewiesen werden, dass Mütter einen Einfluss auf die Beziehung von Vätern und ihre Kindern haben (vgl. u.a. Allen et al. 1999, Seery et al. 2000).Es wurde nachgewiesen, dass Gatekeeping in Scheidungs- bzw. Trennungsfamilien relativ häufig vorkommt, da darin Faktoren auftreten, die dieses Kontakt einschränkende Verhalten fördern (vgl. Fagan et al. 2003). So stellte sich beispielsweise in der quantitativen Studie von Allen et al. (1999) heraus, dass 21% der 622 Mütter in ihrer Studie als Gatekeeper fungierten und hohe Werte in allen drei Gatekeeping-Dimensionen aufwiesen Hieraus schlossen die Autoren der Studie, dass Kontakt hemmendes Gatekeeping als gleichzeitig auf der Einstellungsebene und der Verhaltensebene auftritt. Neben diesem Cluster mit Kontakt einschränkenden Müttern gab es noch ein Cluster mit zusammenarbeitenden Müttern (n=230; 37%) und eine Mittelgruppe (n=264; 42%). Hierbei zeigte sich, dass in der Gatekeeping-Gruppe mehr Familienarbeit von den Müttern als in den anderen beiden Gruppen geleistet wurde und dass die Väter in der Gatekeeping-Gruppe sehr viel eher arbeiteten als ihre Mütter. Als Einschränkung ihrer Ergebnisse geben Allen et al. (1999) an, dass sie die Richtung der Zusammenhänge in ihrer Studie nicht erklären können, dass also nicht klar ist, ob die Einstellung der Mütter der Auslöser von einschränkendem

Gatekeeping ist, oder die Folge davon, dass Väter sich beispielsweise weigern mehr Familienarbeit zu leisten. Auch andere Studien belegen den Zusammenhang von der Einstellung der Mutter und Gatekeeping. Denn Fagan et al. (2003) untersuchten das Gatekeeping von Müttern im Sinne eines Kontakt mindernden Verhaltens ebenfalls in einer quantitativen Studie. Ihre Studie betrachtete sowohl Kernfamilien als auch getrennt lebende Väter. Die Ergebnisse einer Pfadanalyse zeigten, dass das Gatekeeping-Verhalten der Mütter direkt mit dem Engagement der Väter verknüpft war, dabei ließ sich auch ein Zusammenhang zwischen dem Gatekeeping und dem Wohnstatus der Väter feststellen. Wohnten die Väter getrennt von ihren Kindern, so hing dies stärker mit einschränkendem Gatekeeping-Verhalten zusammen. Wie hoch die Mütter die Kompetenzen eines Vaters einschätzen, stand in einem direkten Zusammenhang mit dem Gatekeeping der Mütter und dem väterlichem Engagement. Allerdings nahm der direkte Pfad zwischen den eingeschätzten Kompetenzen des Vaters und dem Engagement um 40% ab, wenn man das Gatekeeping als Mediator miteinbezog (vgl. Fagan et al. 2003). Fagan et al. (2003) ziehen als Fazit aus ihrer Studie, dass Mütter eine wichtige Rolle bei der Entscheidung spielen, wie viel Zeit Väter mit ihren Kind verbringen. Diese Entscheidung hängt davon ab, wie kompetent sie die Väter einschätzen.

Trinder (2008) hingegen konnte in ihrer qualitativen Studie zu Gatekeeping fünf verschiedene Verhaltensweisen feststellen. Diese sind (1) proactive gateopening, (2) contingent gateopening sowie (3) passive gatekeeping, (4) justifyable gatekeeping und (5) proactive gateclosig. Die Kategorien proactive gateopening und passive gatekeeping wurden sowohl von Vätern, als auch von Müttern benannt, die anderen drei Kategorien nur von Vätern oder Müttern. Proactive gateopening von Müttern zielt drauf ab, den Kontakt zwischen Vätern und ihren Kindern aufrechtzuerhalten, wobei den Müttern hierbei wichtig ist, dass die Kontakte ein positives Erlebnis für die Kinder darstellen. Die Mütter benutzen dabei ähnliche Strategien, wie sie bei Seery et al. (2000) berichtet werden. So versuchten diese Frauen beispielsweise ein positives Bild vom Vater zu kreieren oder reagierten flexibel, um den Kontakt zu ermöglichen. Contingent gateopening enthält ähnliche Strategien wie proactive gateopening Mütter, bauen jedoch immer wieder Sicherheitsvorkehrungen für ihre Kinder ein. Mütter in dieser Gruppe wollten oft den Kontakt zum Vater wiederherstellen, jedoch unter den Bedingungen, dass dieser Kontakt von den Kindern immer wieder gewünscht wurde und dass er für die Kinder eben sicher war. Diese Gatework-Strategie wurde nur von Frauen berichtet. Passive Gatekeeping bedeutet, dass die Türe für Väter und Kinder offen ist und dass sie in Kontakt treten können, wenn sie wollen. Dieses Erscheinungsbild von Gatework trat vor allem dann auf, wenn Väter nie regelmäßigen Kontakt gesucht hatten bzw.

wenn der Kontakt unterbrochen oder beendet war oder wenn es einen offenen Konflikt zwischen den Eltern gab, die Väter aktiv den Kontakt suchten und die Mütter die Entscheidung über diesen Kontakt den Vätern und Kindern selbst überließen. Hierbei wünschen sich diese Väter mehr Unterstützung von ihren Frauen (vgl. Trinder 2008). Die beiden Gateclosing-Varianten behandelt Trinder (2008) zusammen und kommt zu dem Ergebnis, dass die Mütter jeweils angaben, dem Kontakt nicht grundsätzlich im Wege zu stehen, aber aus Gründen des Kindeswohls Gateclosing-Verhalten zeigen, wenn der Vater beispielsweise ihrer Meinung nach missbräuchliches Erziehungsverhalten zeigt. Ferner gaben Sie an, dass ihnen auch dazu geraten wurde oder dass sie so handeln, wenn ihre Kinder keinen Kontakt mehr zum Vater haben wollen. Die Väter hingegen gingen eher davon aus, dass die Mütter aus Rachsucht handeln bzw. das alleinige Vorrecht auf die Erziehung haben wollen und sahen keine gerechtfertigten Gründe für das Gatekeeping. Es wurde also in beiden Gruppen mit Gateclosing-Verhalten von Müttern und Väter angegeben, dass das Ziel dieser Strategien ist, den Kontakt zu verringern. In beiden Gruppen fanden sich vor allem Eltern, die u.a. vor Gericht im Streit miteinander lagen. Ein Unterschied zwischen justified und open gateclosing liegt darin, dass die Konflikte in der zweiten Gruppe offen liegen (vgl. Trinder 2008). Neben diesen Gruppen konnte Trinder (2008) auch noch einige Rahmenfaktoren benennen, die einen Einfluss auf das Verhalten der Eltern haben. Hierzu gehört die Beziehung zwischen den ehemaligen Partnern. Konnten Konflikte zwischen ihnen so gelöst werden, dass sie sich nicht auf die Kontakthäufigkeit auswirkten, lag eher Gateopening-Verhalten vor. Auch die Einschätzung der Mütter darüber, wie „gut" ein Mann als Vater ist, hing mit Gateopening zusammen. Je schlechter das Bild voneinander war, desto mehr kamen Gateclosing-Strategien vor. Auch die Einschätzungen zum Kindeswohl spielten eine Rolle. Denn waren Mütter der Überzeugung, dass Väter wichtig für die Entwicklung eines Kindes sind, gehörten sie eher in eine Gateopening-Gruppe, sahen die Standards als unrealistisch an und waren eher beim Gateclosing zu finden. Gruppenübergreifend stellte sich hingegen heraus, dass sich die Mütter als Experten für, das Wohl ihrer Kinder ansahen und somit die Beziehung zwischen Vater und Kind mediierten. Ferner wurde die Mutter-Kind-Beziehung vor allem von Müttern als unzerstörbar angesehen, wohingegen die Vater-Kind-Beziehung nur bedingt so gesehen wurde (vgl. Trinder 2008).

Abschließend kann also festgehalten werden, dass Mütter einen Einfluss auf die Beziehung zwischen Vätern und ihren Kindern haben. Denn es gibt sowohl Hinweise dafür, dass Mütter den Kontakt sowohl fördern (vgl. Seery et al. 2000, Sano, Richards, Zankovic 2008, Trinder 2008) als auch einschränken (vgl. Allen et al. 1999, Fagan 2003, Trinder 2008). Ob Mütter den Kontakt nun fördern oder behindern, hängt von verschiedenen Rahmenfaktoren wie dem Rollenverständnis bzw. der Identität der Mutter (vgl. McBride, Brown, Bost, Shin, Vhaughn, Korth 2005, Allen et al. 1999, Hoffman, Moon 1999), der Wahrnehmung der Kompetenz des Vaters bzw. Vorstellungen über die Rolle des Vaters (vgl. DeLucie 1995, Fagan et al. 2003) und dem Konfliktverhalten der Eltern bzw. der emotionalen Lage zwischen ihnen (vgl. Trinder 2008, Cannon, Schoppe-Sullivan, Mangelsdorf, Brown, Szewczyk Sokolowski 2008) ab. Ferner scheint die Dynamik zwischen Vätern und Müttern in Bezug auf Coparenting reziprok zu sein (vgl. Cannon et al. 2008, Trinder 2008).

3.2.3 Einflüsse auf das Erziehungsverhalten

Um zu beschreiben, welche Faktoren einen Einfluss auf das Erziehungsverhalten von Eltern haben, entwarf Belsky (1984) ein Prozessmodell (vgl. Abbildung 9) für das Erziehungsverhalten von Eltern im Allgemeinen. In dieser Arbeit wird vor allem darauf eingegangen, wie das Erziehungsverhalten von Vätern beeinflusst wird. Im Folgenden sollen nun die verschiedenen Einflussgrößen kurz präsentiert werden.

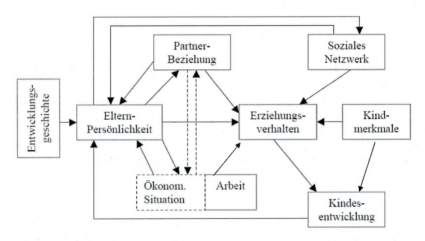

Abbildung 9: Belsky (1984): Einflüsse auf das Erziehungsverhalten (nach Graf 2002, S. 41)

Wie man der Abbildung entnehmen kann, stehen viele Komponenten in gegenseitiger Wechselwirkung. Dabei wird das elterliche Verhalten nach Belsky (1984) zusammenfassend als das Zusammenspiel von drei Hauptkomponenten bezeichnet, unterteilt in die Persönlichkeit sowie das Wohlbefinden der Eltern, der Charakter des Kindes und die Merkmale Stress und Unterstützung.

Holden (1997, S. 50ff) kritisiert, dass das Modell von Belsky (1984) zwar viele Komponenten abdeckt, aber auch Dimensionen fehlen, die in einem größeren Kontext z.B. den kulturellen Hintergrund einbeziehen. Daher schlägt er vor, den ökologischen Ansatz Bronfenbrenners (1981, vgl. Punkt 2.2) auch für den Einfluss auf das Erziehungsverhalten anzuwenden. Zu den Determinanten des Makrosystems zählt er die Kultur sowie die Überzeugungen und Werte, die in ihr vorherrschen, die Überzeugungen der Eltern, das Land, in dem sie leben, das soziale Milieu, der sozioökonomische Status, die Zugehörigkeit zu einer ethnischen Gruppe, einer Religion und die Bildung der Eltern (vgl. Holden 1997, S. 52ff). Die Determinanten des Exosystems stellen die Berufstätigkeit der Eltern sowie deren Stress durch verschiedene Einflüsse, wie Probleme in der Partnerschaft, mit den Kindern oder in der Arbeit und soziale Unterstützung dar. Ferner kann man auch die Umgebung, in der Eltern ihre Kinder erziehen, zu den Einflüssen des Exosystems zählen. Die Determinanten des Mesosystems bestehen aus den stabilen Eigenschaften von Eltern, Kindern und der Familie. Dabei nennt Holden (1997, S. 62ff) vier zentrale und wichtige stabile Eigenschaften von Eltern: Die Erfahrungen, die sie in ihrer Herkunftsfamilie gemacht haben, ihr Geschlecht, ihre Einstellungen und Überzeugungen, und ihre Persönlichkeit. Aber auch für Kinder nennt Holden (1997, S. 67ff) vier stabile Eigenschaften, nämlich deren Alter, Temperament, Geschlecht und die Geburten-Reihenfolge der Geschwister. Auch für die Familie werden stabile Eigenschaften genannt: Erstens die Struktur der Familie, bei der es um die Anzahl der Kinder und der Eltern in der Familie geht und zweitens ist die Art der Beziehung zwischen den Eltern (vgl. Holden 1997, S. 71ff). Schließlich benennt Holden (1997, S. 72ff) Determinanten des Mikrosystems auf die Erziehung. Hierzu kann man den Kontext, in dem Erziehung stattfindet und vorübergehende Eigenschaften von Eltern und Kindern zählen. Den Kontext kann man weiter untergliedern in das Setting, also zu Hause, im Supermarkt oder am Spielplatz, ob dritte Personen zu der Eltern-Kind-Dyade hinzustoßen, denn auch sie können das Elternverhalten beeinflussen, und die Zeit, mit der sowohl die Tageszeit als auch die Jahreszeit gemeint sein können. Die vorübergehenden Eigenschaften von Eltern beinhalten deren Gefühle und Überzeugungen. Mit letzterem ist gemeint in welcher Art und Weise Eltern Informationen bezüglich ihrer Kinder in einer bestimmten Interaktion verarbeiten. Vorübergehende Eigenschaften von Kindern sind deren schnellere Entwicklung als die der Eltern und dass sich ihre emotionale Befindlichkeit auch schneller ändert (vgl. Holden 1997, S. 72ff). Zwischen den

Determinanten auf Makro-, Exo-, Meso- und Mikroebene bestehen Verknüpfungen. So sind die jeweils untergeordneten Ebenen in die darüber liegenden eingebettet und darin präsent. Außerdem können sich die verschiedenen Ebenen auch gegenseitig beeinflussen. Dies kann auf drei verschiedene Arten geschehen. Zum einen können sie additiv sein, zum anderen meditierend und zum dritten moderierend. Der Einfluss ist additiv, wenn die Ebenen aus zwei oder mehreren Einflussfaktoren zusammen zu einem stärkeren werden, wenn sich also beispielsweise die Eigenschaften der Eltern zusammen mit denen der Kindern und anderen Kontextfaktoren auf das Erziehungsverhalten auswirken. Moderierend können die Determinanten aufeinander wirken, wenn ein Faktor Einfluss auf einen anderen hat. Hierbei kann die Beziehung zwischen den Eltern Einfluss auf das Erziehungsverhalten haben, je nach Qualität der Beziehung (vgl. Punkt 3.2.2). Weiterhin können die Determinanten auch moderierend wirken. Dies ist der Fall, wenn ein Faktor durch einen anderen wirkt. Beispielsweise ist es vorstellbar, dass eine ökonomisch angespannte Lage finanziellen Stress auslöst. Denn würde die finanzielle Knappheit den Stress nicht bewirken, hätte sie vermutlich auch keine Wirkung (vgl. Holden 1997, S. 75ff). Schließlich können sich die Determinanten auch durch Interaktion beeinträchtigen. Dies geschieht unter anderem zwischen dem Geschlecht der Eltern und dem der Kinder. Denn Eltern können sich dem Kind gegenüber, je nachdem, welches Geschlecht es hat, unterschiedlich verhalten (vgl. Holden 1997, S. 77). Außerdem verweist Holden (1997, S. 78) noch darauf, dass der Faktor Zeit eine wichtige Rolle bei der Erziehung spielt.

3.2.4 Unterschiede zwischen Vätern und Müttern in Kernfamilien

Wie schon eingangs in Punkt 3.1 erwähnt, ist es schwierig das Engagement von Vätern und Müttern genau zu definieren. Es sollen nun verschiedene Komponenten, die dem elterlichen Engagement nach verschiedenen Konzeptualisierungen zuzurechnen sind, zwischen Vätern und Müttern verglichen werden.

Mütter und Väter unterscheiden sich in der Form, in der sie sich für ihre Kinder engagieren. Parke (2002) weist darauf hin, dass diese Unterschiede sowohl in der Quantität als auch in der Art, in der sie involviert sind, zu finden sind. So verbringen Mütter mehr Zeit mit ihren Kindern als Väter (vgl. u.a. Parke 2002, Seiffge-Krenke 2001). Relativ gesehen verbringen Väter die Zeit mit den Kindern im Spiel, wohingegen Mütter mehr Zeit für die Pflege aufbringen (vgl. Parke 2002, Moon, Hoffman, 2008). Die Zeit, die Väter mit ihren Kindern verbringen, verändert sich auch im Laufe der Zeit. Je jünger die Kinder sind, desto mehr Zeit verbringt ihr Vater mit ihnen (Yeung, Sandberg, Davies-Kean, Hoffert, 2001) Ferner gibt es in Kernfamilien einen Unterschied zwischen Wochenenden und Wochentagen in Bezug auf das Engagement der Väter. In einer repräsentativen Tagebuch-Studie von Yeung et al. (2001) in den USA stellte sich heraus, dass Arbeit und Verdienst zwar einen Einfluss auf das väterliche Engagement während der Arbeitswoche haben, dass dies jedoch nicht in gleicher Weise für die Wochenenden gilt. Die Zeit, die Väter und Mütter jeweils mit ihren Kindern verbrachten, war in etwa gleich lang Yeung et al. (2001) sprachen von einer „neuen Vaterschaft" am Wochenende. Werktags waren die Mütter laut dieser Studie nämlich immer noch die Hauptbetreuungspersonen ihrer Kinder (vgl. Yeung et al. 2001).

Im Folgenden wird auf die Unterschiede zwischen Vätern und Müttern hinsichtlich ihres Engagements eingegangen. Hierbei wird zunächst eine Studie von Walter und Künzler (2002) vorgestellt, die sich auf Angaben aus dem Bundesgebiet bezieht. Insgesamt umfasst die Studie 3001 befragte Personen, die wie bereits erwähnt, aus dem gesamten Bundesgebiet stammen. Die neuen Bundesländer waren jedoch überrepräsentiert. In der Studie zeigte sich, dass Mütter und Väter unterschiedliche Motivationen haben Zeit mit ihren Kindern zu verbringen. Am meisten haben die Höhe der Zeit, die mit Kinderbetreuung verbracht wurde, bei Frauen der Reihenfolge nach folgende Faktoren beeinflusst: das Alter des jüngsten Kindes, der Zeitaufwand für eine Erwerbstätigkeit, Dauer der Ausbildung bzw. Jahre, die im Bildungssystem verbracht wurden und die Gelegenheit einen Garten zu benutzen. Je jünger die Kinder einer Mutter waren, je weniger Zeit sie für Erwerbsarbeit aufbrachte, je besser sie gebildet war und je weniger sie einen Garten nutzen konnte, desto mehr Zeit musste sie zur Kinderbetreuung aufbringen. Für Väter waren andere Prädiktoren ausschlaggebend. Hier war die Zeit, die für Erwerbstätigkeit aufgebracht wurde, der wichtigste Indikator für die Höhe der Zeit, die ein Vater mit seinen Kindern verbrachte. An zweiter Stelle folgte das Alter des jüngsten Kindes. Dies lässt sich so interpretieren, dass Väter, je weniger Zeit sie mit Erwerbsarbeit und je jünger die Kinder sind, auch umso mehr Zeit mit ihnen verbringen. In den Ergebnissen von Flouri (2005) zeigt sich, dass dieses frühe Engagement für die Beziehung zwischen Vätern und ihren Kindern besonders wichtig ist. In ihrer Untersuchung ließ sich die Nähe in der Vater-Kind-Beziehung von Jugendlichen durch den Grad des vorhergegangenen Engagements voraussagen. Dies galt insbesondere für Töchter (vgl. Flouri 2005, S. 181).

Ein weiterer Indikator war die Selbstzuschreibung von Männern hinsichtlich verschiedener Eigenschaften. Männer, die sich als androgyner beschrieben, verbrachten auch mehr Zeit mit ihren Kindern. Hierin kann man einen Hinweis auf die oft genannten „neuen Väter" finden, muss aber in Betracht ziehen, dass zwei andere Indikatoren sich als wichtiger herausstellten, als diese Selbstzuschreibung. Die Anzahl der Kinder hatte ebenfalls Einfluss auf die Höhe der Zeit, die Väter mit der Kinderbetreuung verbrachten. Väter bringen weniger Zeit für die Kinderbetreuung bei einer höheren Anzahl von Kindern im Haushalt auf. In diesen Fällen traten Traditionalisierung der Rollen und ein Rückzug des Vaters auf. Schließlich beeinflusste das Geschlecht der Kinder noch die Höhe der Zeit, die ein Vater mit diesen verbrachte. Väter mit Söhnen brachten mehr Zeit hinsichtlich der Kinderbetreuung auf. Auch die Zustimmung zu einer aktiven Vaterrolle beeinflusste den Zeitaufwand der Väter positiv.

Als ein Fazit ihrer Studie benennen Walter et al. (2002) den Aspekt, dass Mütter den Grundbetrag der Zeit, die für Kinderbetreuung aufgewendet werden muss, erbringen. Väter hingegen sind eher die Ernährer der Familie und bringen sich nur dann stärker in die Kinderbetreuung ein, wenn es ihren Präferenzen entspricht. Die Erwerbstätigkeit von Frauen hat keinen Einfluss auf die Aufgabenverteilung hinsichtlich der Kinder. Das Betreuungsverhalten von Vätern ist also nach Walter et al. (2002, S. 16) „in stärkerem Maße durch ein habituelles (auch durch die geäußerten Geschlechterrollenvorstellungen nicht beeinflusstes) Familienfrau-Ernährer-Schema geprägt".

Ein weiterer Unterschied besteht darin, dass Väter mehr mit ihren Kindern spielen als Mütter (vgl. Seiffge-Krenke 2001). So kommt auch Parke (2002) in einem Literatur-Review zu dem Ergebnis, dass Väter im Spiel eher physisch agieren, wohingegen Mütter eher verbal und mit Spielsachen auf das Kind eingehen. Weiterhin zieht er als Bilanz, dass Mütter mehr organisatorische Aufgaben für die Familie übernehmen und dass sie die Kinder häufiger beaufsichtigen als Väter. Auch in der Bindungsforschung wurde gefunden, dass Väter eher einen spielerischen Umgang mit ihren Kindern haben (vgl. Grossmann, Grossmann, 2005, S. 217ff). Nach Grossmann und Grossmann (2005, S. 217ff) erscheint es sinnvoll, die Bindung von Kindern zu ihren Vätern anders zu erheben als für Mütter. Sie begründen, dass sich Väter auf eine andere Art und Weise mit ihren Kindern beschäftigen, als Mütter. Väter werden von den Autoren als Herausforderer mit großem Einfluss oder als spannender Interaktionspartner beschrieben. Dabei beeinflusst vor allem die Feinfühligkeit des Vaters im Spiel die weitere Entwicklung der Kinder. So konnte gezeigt werden, dass die Spielfeinfühligkeit des Vaters bei Zweijährigen einen Einfluss auf die Bindungssicherheit der „Kinder" mit 22 Jahren und auch Selbstvertrauen von Jugendlichen in neuen Situationen hat (vgl. Grossmann et a. 2005, S. 232ff). Außerdem scheinen Väter mehr auf das Geschlecht ihrer Kinder eingehen, als Mütter. Siegal (1987) konnte in 20 von 39 Studien feststellen, dass Väter Söhne und Töchter unterschiedlich behandeln, wohingegen dieser Effekt für Mütter kaum nachgewiesen werden konnte. Außerdem zeigte sich in dieser Meta-Analyse, dass Väter mit Jungen körperlicher und aktiver agieren als mit Mädchen. Zudem disziplinieren sie Jungen und Mädchen unterschiedlich (vgl. Siegal 1987). Auch Moon und Hoffman (2008) kommen zu dem Schluss, dass Väter Kinder je nach Geschlecht anders behandeln. Ferner nimmt Seiffge-Krenke (2009) Bezug auf die Studie von Russel und Saebel, die ebenfalls in einer Meta-Analyse herausgefunden haben, dass Väter qualitativ anders mit Kindern umgehen, sie stimulieren sie mehr visuell und akustisch. Auch wenn Väter ihre Kinder beispielsweise füttern, tun sie dies auf eine spielerische Art und Weise als Mütter. Das führt Seiffge-Krenke (2009) zu folgendem Schluss: „Während für Mütter „alles Kinder sind" unterscheiden Väter sehr früh zwischen Söhnen und Töchtern" (Seiffge-Krenke 2009, S. 197).

Seiffge-Krenke (2001) kommt auf die unterschiedlichen Rollen von Vätern und Müttern zu sprechen. Hierbei schreibt die Autorin dem Vater aus einer psychoanalytischen Sichtweise vor allem drei wichtige Funktionen bei Kleinkindern zu: Erstens, dass er dem Kind hilft seinen Körper von der Mutter zu separieren, zweitens, dass Väter den Kindern helfen eine gute Kontrolle über den Körper zu gewinnen und diesen autonom zu entwickeln und drittens, dass der Vater in einem engen Zusammenhang mit dem Erwerben einer symbolischen Struktur des Körpers, die auch das Geschlecht des Kindes betont, stehen. Außerdem weist Seiffge-Krenke (2001) auf die spezielle Bedeutung des Vaters für die Autonomiegewinnung von Jugendlichen hin. Speziell in der Adoleszenz fördern die Väter die Unabhängigkeit ihrer Kinder, wohingegen Mütter sie oft noch länger als weniger selbstständig betrachten. Dabei scheint der Vater gerade dadurch ein gutes Modell zu sein, dass er nicht so präsent ist wie die Mutter, weil er auf diese Art und Weise „distant ist, aber verbunden bleibt" (Seiffge-Krenke, 2001, S. 394). Als Fazit ihres Literatur-Reviews schreibt Seiffge-Krenke (2001), dass Mütter Jugendlichen gegenüber liebevoller sind, sie besser verstehen und kennen als Väter. Dafür haben die Mütter auch mehr Konflikte mit Jugendlichen als Väter (vgl. Seiffge-Krenke 2004, S. 209). Somit gibt es klar unterschiedliche Rollen zwischen Vätern und Müttern in Bezug auf Jugendliche, denn „Die Mütter sozialisieren in Richtung expressive Funktion („**face to face**"), die Väter in Richtung instrumentelle Funktion („**side by side**")" (Seiffge-Krenke 2004, S. 209).

Phares und Compas (1992) untersuchten schließlich in einem Review über 577 Studien den Einfluss von Vätern auf die Psychopathologie ihrer Kinder. Das erste Ergebnis war, dass Väter in Studien viel seltener vorkamen als Mütter, deren einzelnen Einfluss immerhin 277 der 577 Untersuchungen erforschten. Zudem zeigte sich in ihrer Untersuchung, dass Väter eher das externalisierende Problemverhalten von Kindern beeinflussen als das internalisierende. Psychische Probleme des Vaters hatten einen ähnlichen Einfluss, wie Probleme der Mutter. Psychopathologische Auffälligkeiten der Väter konnten zwar Probleme bei Kindern nach sich ziehen, dies war allerdings nicht immer der Fall, so dass hier keine eindeutige Befundlage vorliegt.

Erziehungsverhalten:

Auch die Unterschiede im Erziehungsverhalten von Vätern und Müttern wurden untersucht. Dabei wird zum einen der Frage nachgegangen, wie ähnlich oder unterschiedlich das Erziehungsverhalten der Eltern von den Kindern wahrgenommen wird. Zum anderen wie sich das Erziehungsverhalten in seiner Wirkung unterscheidet.

Zur ersten Frage kann man verschiedene Studien finden. In einer Studie von Simons und Conger (2007) wird angesprochen, dass es 16 verschiedene Kombinationen von Vätern und Müttern geben kann, zieht man die Unterteilung der Erziehungsstile von Maccoby und Martin (1983) heran. In dieser Studie, die einerseits aus einer Beobachtungsanalyse und andererseits aus einer Befragung von Kindern bestand, wurde angenommen, dass die am häufigsten auftretenden Kombinationen zwei autoritative, zwei unengagierte und zwei nachgiebige Elternteile sind. Diese Erwartung wurde auch teilweise bestätigt. In der Fragebogenuntersuchung waren diese drei Typen tatsächlich diejenigen, die am häufigsten gefunden wurden. In der Beobachtungsstudie jedoch zählten die beiden nachgiebigen Elternteile nicht zu den am häufigsten vorkommenden Paarungen. Die Eltern, die ihre Kinder beide autoritativ bzw. unengagiert erzogen, kamen hingegen auch in der Beobachtungsstudie am häufigsten vor. Ein weiteres Ergebnis dieser Untersuchung war, dass Familien mit zwei autoritären Elternteilen so gut wie gar nicht vorkommen. Die Hypothese, dass es Familien gibt, in denen ein Elternteil autoritär und der andere nachgiebig erzieht, konnte nicht bestätigt werden. Außerdem ging diese Untersuchung der Frage nach, welche Kombination an Erziehungsstilen die beste für die Kinder ist. Als Referenzen hierfür diente deren internalisierendes, externalisierendes Problemverhalten und Commitments zur Schule. Bei der Kombination von zwei autoritativen Eltern waren die Depressivität am geringsten und das Schul-Commitment am höchsten. Die geringste Delinquenz trat jedoch dann auf, wenn eine Eltern-Kombination aus einer autoritativen Mutter und einem nachgiebigen Vater zu gegen war, wenn man die Auskünfte der Kinder als Grundlage für die Untersuchung heranzog. Lagen der Studie jedoch die Beobachtungsdaten zu Grunde, so war die Kombination aus einer nachgiebigen Mutter und einem autoritativem Vater am günstigsten. Wenn einer der

Elternteile autoritatives Erziehungsverhalten zeigte, so konnte es das weniger kompetente Erziehungsverhalten des anderen Elternteils kompensieren, es sei denn, es lag eine Kombination aus einem autoritativem Vater und einer unengagierten Mutter vor. In dieser Kombination können die negativen Auswirkungen des mütterlichen Erziehungsverhaltens nicht ausgeglichen werden. Am schlechtesten für die Entwicklung der Kinder war es, wenn beide Eltern unengagiert waren (vgl. Simons et al., 2007).

Eine Studie von McKinney und Renk (2008) zeigte auf, dass Mütter eher autoritativ oder permissiv erzogen und dass Väter hingegen wiederum eher autoritäres Erziehungsverhalten aufweisen als Väter, wobei diese Ergebnisse auf den Angaben von ältern Jugendlichen basieren. Diese Ergebnisse stimmen mit solchen von vorhergegangenen Studien überein (vgl. Conrade & Ho, 2001; Russell, Aloa, Feder, Glover, Miller, Palmer, 1998). Die männlichen Jugendlichen in dieser Studie berichteten eine bessere emotionale Anpassung und dass sie mehr permissive Erziehung erfuhren. Auch Fletcher, Steinberg und Sellers (1999) untersuchten, in wieweit sich Erziehungsunterschiede zwischen Vätern und Müttern auswirken. Jugendliche mit zwei autoritativen Eltern wiesen weniger somatische und psychische Probleme auf, als Jugendliche, die nur einen autoritativen Elternteil haben. Jugendliche mit einem autoritativ und einem anders erziehenden Elternteil hatten zwar bessere schulische Leistungen, aber auch höheren psychologischen Stress als Jugendliche mit gleichem, aber nicht autoritativen Erziehungsstil beider Eltern. Ferner kommen die Autoren zu dem Schluss, dass es besser ist, einen autoritativen Elternteil zu haben als von beiden Eltern mit einem identischen, nicht-autoritativen Erziehungsstil erzogen zu werden, so dass also ein Elternteil den anderen aufwiegen kann, was teilweise zu den Ergebnissen von Simons et al. (2007) passt.

Auf die Frage, in wieweit Väter und Mütter ihre Kinder unterschiedlich erziehen bzw. welchen Einfluss sie auf ihre Kinder haben, wurde beispielsweise in einer Studie von Martin, Ryan und Brooks-Gunn (2010) untersucht. Die Autoren gingen zunächst davon aus, dass das Erziehungsverhalten von Müttern einen größeren Einfluss auf die Entwicklung der Kinder hat, da diese oft die primären Bezugspersonen von Kindern sind. Die Unterstützung der Väter fiel in der Untersuchung nur dann bei Faktoren für die Schulbereitschaft von Kindern ins Gewicht, wenn die Unterstützung der Mütter durchschnittlich oder unterdurchschnittlich war. Durch dieses Ergebnis sehen sich die Autoren in ihrer Annahme bestätigt, dass das Erziehungsverhalten von Vätern vor allem als Puffer für das der Mütter angesehen werden kann. McBride, Dyer, Liu, Brown und Hong (2009) untersuchten den unterschiedlichen Einfluss von Vätern und Müttern auf den schulischen Erfolg ihrer Kinder. Dabei fokussierten sie den frühen Einfluss der Eltern. Sie kamen zum einen zu dem Ergebnis, dass Kinder meistens keine guten Ergebnisse in der Schule vorzuweisen haben, wenn sich ihre Väter in schulischen Angelegenheiten engagieren. Dieses Ergebnis interpretieren, indem sie annehmen, dass sich Väter vor allem dann um schulische Belange ihrer Kinder kümmern, wenn diese nicht gut in der Schule zurechtkommen, dass sie eine additive Rolle spielen. Ein Unterschied zwischen Vätern und Müttern lag auch insofern vor, dass bei Vätern vier von fünf der frühen Erziehungsverhaltensweisen mit späteren Schulengagement verbunden waren, dies war bei Müttern hingegen lediglich bei drei von fünf der Fall. Daraus ziehen McBride et al. (2009) den Schluss, dass sich Väter, die sich früh für ihre Kinder engagieren, später auch eher in schulischen Belangen engagieren.

Verhoeven, Junger, van Aken, Deovic, van Aken (2010) untersuchten, wie sich psychologische Kontrolle, das Schlagen von Kindern und Unterstützung von Vätern und Müttern auf das externalisierende Problemverhalten von Jungen im Kleinkindalter auswirkt. Dabei betrachteten sie zunächst getrennt die Einflüsse von Müttern und Vätern auf dieses Problemverhalten und anschließend kontrollierten sie, wer einen größeren Einfluss darauf hat. Zunächst zeichnete sich ab, dass Unterstützung seitens der Mütter mit geringerem Problemverhalten einherging, wohingegen für psychologische Kontrolle das Gegenteil galt. Schlagen hing besonders stark mit externalisierendem Problemverhalten zusammen, wenn die Mütter ihre Kinder auch viel unterstützten. Für Väter war das getestete Modell nicht signifikant. Es zeigte sich jedoch ein bedeutsamer Zusammenhang zwischen der psychologischen Kontrolle von Vätern und dem Problemverhalten der Jungen. Testete man die Effekte von mütterlichem und väterlichem Erziehungsverhalten zusammen, stellte sich heraus, dass lediglich das mütterliche Erziehungsverhalten einen Einfluss auf das Problemverhalten hatte. Weiterhin fand sich ein Interaktionseffekt, wenn Väter ihre Kinder in hohem Maße unterstützen. Dann war der Zusammenhang zwischen dem Problemverhalten der Kinder und dem unterstützenden Verhalten der Mütter größer als wenn sie dies in geringerem Maße taten. Ein weiteres Ergebnis dieser Studie ist, dass Mütter sich in der Erziehungsdimension „Unterstützung" höher einschätzen als die Väter. Bezüglich der anderen Dimensionen gab es keine Unterschiede. Zu einem ähnlichen Schluss kamen Aunola und Nurmi (2005), die in einer Studie zu dem Ergebnis kamen, dass psychologische Kontrolle von Müttern mit dem Problemverhalten von Kindern zusammenhängt, besonders dann, wenn die Mütter viel Zuneigung zeigten. Sie kamen ebenso zu dem Fazit, dass das Erziehungsverhalten von Vätern in Bezug auf das Problemverhalten von Kindern nur eine geringe Rolle spielt. Mögliche Erklärungen für diesen Effekt sind den Autoren zufolge, dass

Mütter einen wärmeren, responsiveren und von mehr intimen Austausch geprägten Erziehungsstil haben, dass Kinder offener für den Einfluss ihrer Mütter sind. Als weitere Erklärungsmöglichkeit nennen sie, dass die für die Entwicklung wichtigen Verhaltensweisen von Vätern in dieser Studie nicht erfasst wurden. In diesem Zusammenhang soll auch Parke (2002)erwähnt werden, der der Meinung ist, dass das geringere Engagement der Väter nicht auf geringere Kompetenzen schließen lässt. Hinsichtlich der tatsächlichen Kompetenzen stehen Männer Frauen nicht nach. Denn, wie Parke (2002) in seinem Review zusammenfasst, es gibt Hinweise dafür, dass Männer Funktionen, wie das Familienmanagement, Beaufsichtigung aber auch in Punkto Sensibilität dem Kind gegenüber ähnliche Kompetenzen wie Frauen aufweisen, diese jedoch nicht so deutlich zeigen. Daher kann man Väter auf jeden Fall als kompetente Eltern bezeichnen. Auch Marsiglio et al. (2000) fassen zusammen, dass unter Entwicklungspsychologen Einigkeit darüber herrscht, dass Väter einen wichtigen Einfluss auf die Entwicklung ihrer Kinder haben können.

Zudem beeinflussen Konflikte in Familien das Erziehungsverhalten von Müttern und Vätern unterschiedlich. Coiro und Emery (1998) untersuchten in einem Literatur-Review, ob Väter in Kernfamilien von Streitigkeiten in der Ehe mehr betroffen sind als Mütter. Sie fanden lediglich tendenzielle Belege für einen solchen Zusammenhang. Es gibt allerdings Anzeichen dafür, dass das Erziehungsverhalten von Vätern stärker durch solche Konflikte in Mitleidenschaft gezogen wird als das von Müttern. Allerdings entwickelt sich sowohl der Erziehungsstil von Müttern als auch der von Vätern zum negativen, wenn Konflikte zwischen den Eltern vorliegen. Man kann aus diesem Ergebnis jedoch folgern, dass sich das Verhältnis von Vätern zu ihren Kindern schon vor der Trennung verschlechtert.

Fazit: Väter erziehen tendenziell weniger autoritativ als Mütter. Jedoch haben Eltern meist einen ähnlichen Erziehungsstil. Bezüglich der Wirkung der Erziehung konnten Belege dafür gefunden werden, dass Väter einen kompensatorischen Effekt zu der Erziehung der Mütter haben können (vgl. Fletcher et al. 1999, Martin et al. 2010), andererseits gibt es auch Hinweise darauf, dass der Effekt der väterlichen Erziehung (psychologische Kontrolle) verloren geht, wenn man den der Mütter in die Untersuchung aufnimmt (vgl. Verhoeven et al. 2010). Es lässt sich also abschließend nicht einwandfrei erläutern, inwiefern Väter einen eigenständigen Einfluss auf die Erziehung ihrer Kinder haben. Außerdem sollte auch die Frage, inwieweit sich das Erziehungsverhalten von Müttern und Vätern vergleichen lässt, aufgeworfen werden, wenn man beachtet, dass sie auf unterschiedliche Weise mit ihren Kindern umgehen (vgl. Parke 2002, Grossmann et al. 2005) und dieser Umstand in den Untersuchen nicht berücksichtigt wird.

3.3 Zusammenfassung

Dieses Kapitel befasste sich mit dem Engagement von Vätern für ihre Kinder Dabei wurde zunächst aufgezeigt, wie dieses Engagement zu konzeptualisiert werden kann. Anhand der verschiedenen Konzepte wurde aufgezeigt, auf wie unterschiedliche und breite Weise Väter sich engagieren können (vgl. Palkovitz 1997), welche Einfluss-Faktoren bedeutsam sind (vgl. u.a. Lamb et al. 1987, Marsiglio 2000) und welches Kapital Väter für die Entwicklung ihrer Kinder bereitstellen können (vgl. Amato 1998). Zudem wurde auf das Konzept der generativen Vaterschaft eingegangen, das Dollahite et al. (1998) als positives Gegenkonzept zu einer Defizitperspektive auf Vaterschaft entwickelt haben. Anschließend wurde auf das Thema Erziehung eingegangen, dass sich den verschiedenen Konzepten der Vaterschaft in verschiedenen Bereichen zuordnen lässt. Um Beispiele zu nennen, ist das Erziehungsverhalten nach Amato (1998) wie auch das Coparenting dem Sozialkapital der Väter zuzuordnen, nach Lamb et al. (1987) stellt es einen Teil der direkten Interaktion dar, bei dem aber auch die Fähigkeiten und Fertigkeiten der Väter eine Rolle spielen und die Rückmeldung der Mütter von Bedeutung sind. So wurde zunächst auf die Erziehungsstilforschung eingegangen. Hier stellte sich der autoritative Erziehungsstil als am förderlichsten heraus. Nachdem in Kapitel 2 bereits darauf eingegangen wurde, dass Väter vor dem Hintergrund des Familiensystems und ihrer Lebenswelt betrachtet werden sollen, wurde im weiteren Verlauf dieses Kapitels die Bedeutung der Beziehung zwischen den Eltern betrachtet. Es ist bedeutsam für die Entwicklung von Kindern, dass die Eltern als Team zusammenarbeiten. Zudem wurde aufgezeigt, dass den Müttern eine Rolle als Mittlerin in der Vater-Kind-Beziehung zukommt. Diese wurde mit verschiedenen Bergriffen wie Gatekeeping (u.a. Allen et al. 1999), Beziehungsmanagement (vgl. Seery et al. 2000) oder Gatework (vgl. Trinder 2008) beschrieben. Ob Mütter den Kontakt zu den Vätern fördern, ihm neutral gegenüber stehen oder ihn eher behindern, hängt von verschiedenen Faktoren ab, wie den Einstellungen der Mütter gegenüber den Vätern (vgl. Trinder 2008), oder auch davon, ob sie das Kindeswohl als gefährdet ansehen. Schließlich wurde das Erziehungsverhalten von Müttern und Vätern gegenübergestellt. Väter erziehen eher geschlechtsspezifisch erziehen und gestalten den Umgang mit ihren Kindern körperlicher und spielerischer als Mütter (vgl. u.a. Parke 2002, Seiffge-Krenke 2009). Es zeigte sich aber auch, dass der Einfluss des väterlichen Erziehungsverhaltens teilweise verschwindet, wenn man auch den Einfluss der Mütter kontrolliert bzw. dieser Einfluss zu kompensatorisch zur Geltung kommt, wenn das Erziehungsverhalten der Mütter eher durchschnittlich oder unterdurchschnittlich ist (vgl.

Fletcher et al. 1999, Martin et al. 2010, Verhoeven et al. 2010). Das folgende Kapitel befasst sich mit der Vater-Kind-Beziehung im Kontext von Trennung und Scheidung.

4 Vaterschaft und Vater-Kind-Beziehung im Kontext von Trennung und Scheidung

In diesem Kapitel wird auf die Vater-Kind-Beziehung in dem Kontext von Trennung und Scheidung eingegangen. In einem ersten Schritt der Betrachtung der Vater-Kind-Beziehung im Kontext von Trennung und Scheidung wird zunächst ein Überblick über Umfang und die Entwicklung von Trennungen und Scheidungen in Deutschland gegeben, woraufhin auf die Entwicklungen im Familienrecht in Bezug auf Trennung und Scheidung eingegangen wird. Im Anschluss hieran wird die Frage, welche theoretischen Konzeptionen für den Verlauf bzw. die Auswirkung von Trennung und Scheidung existieren, besprochen. Anschließend wird wieder an Punkt 3 angeknüpft, also den Kontakt zwischen Vätern und ihren Kindern bzw. das Engagement der Väter nach einer Trennung oder Scheidung. Auch hier wird wieder auf unterschiedliche Faktoren eingegangen, die Einfluss auf den Kontakt bzw. das Engagement der Väter haben. Abschließend wird auf die Rolle der Qualität der Vater-Kind-Beziehung nach einer Trennung oder Scheidung eingegangen, insbesondere wird das Erziehungsverhalten der Väter nochmals thematisiert.

4.1 Trennung und Scheidung in Deutschland

4.1.1 Trennung und Scheidung in Zahlen

Im Laufe der Zeit hat sich nicht nur die Rolle der Väter in der Familie verändert, sondern auch die Familienstrukturen. Vor allem die Anzahl der Scheidungen hat sich im Laufe der Jahre erhöht. Denn betrachtet man die Scheidungsstatistik seit 1950, so kann man erkennen, dass die Scheidungsrate in Deutschland innerhalb dieses Zeitraums zwischen einem Minimum von einer Scheidung je 1000 Einwohnern und einem Maximum von 2,6 Scheidungen je 1000 Einwohner schwankt, wobei dieser Wert seit 1994 bei zwei oder mehr Ehescheidungen je 1000 Einwohner liegt (vgl. Statistisches Bundesamt Deutschland 2010). Dass die Anzahl der Ehescheidungen über den Zeitraum somit häufiger geworden sind, lässt sich auch daran erkennen, dass die Anzahl der Eheschließungen im Gegensatz hierzu abgenommen hat, denn 1950 lag die Anzahl der Eheschließungen pro 1000 Einwohnern noch bei 10,8 und ist seitdem nicht mehr gestiegen, im Zeitraum 2001 bis 2008 liegt die Anzahl der

Eheschließungen pro 1000 Einwohnern konstant zwischen 4,5 und 4,8 Eheschließungen pro 1000 Einwohnern, also weniger als die Hälfte im Jahr1950 (vgl. Statistisches Bundesamt Deutschland 2010). Ein Überblick über die Entwicklung der Scheidungsrate von 1985 bis 2008 und die Anzahl der minderjährigen Kinder, deren Eltern sich scheiden ließen, kann aus Abbildung 10 entnommen werden.

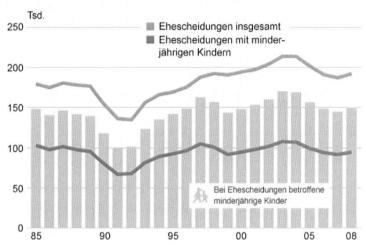

Abbildung 10: Ehescheidungen in Deutschland (Statistisches Bundesamt Deutschland, 2009)

Krack-Roberg (2010) weist in ihrem Bericht über Ehescheidungen 2008 drauf hin, dass die Scheidungsrate in diesem Jahr im Gegensatz zu den Jahren zuvor wieder gestiegen ist. Weiterhin erläutert sie, dass das Alter der in die Scheidungen involvierten Männer und Frauen seit 1990 um etwa fünf Jahre gestiegen ist. Männer ließen sich 2008 im Durchschnittsalter von 42,2 Jahren, Frauen mit 41,4 Jahren scheiden. Die Wahrscheinlichkeit einer Scheidung ist dabei in den ersten Ehejahren, vor allem zwischen dem fünften und sechsten Jahr, am höchsten. Allerdings steigt auch die Wahrscheinlichkeit einer Scheidung, wenn die Ehedauer zehn Jahre übersteigt. 2008 nahm die Anzahl der von einer Scheidung betroffenen minderjährigen Kinder bedingt durch die in diesem Jahr insgesamt gestiegene

Scheidungsrate wieder zu. Bei 49,2% der Scheidungen war mindestens ein minderjähriges Kind involviert. Der Scheidungsantrag wurde in den meisten Fällen von Frauen (54,2%) eingereicht, Männer stimmten diesem Antrag in den meisten Fällen (92,8%) zu. Die Trennung erfolgte in den meisten Fällen (84,6%) nach einem Trennungsjahr. Diese Ergebnisse stellen zum Großteil eine Kontinuität zu den Vorjahren dar (vgl. Krack-Roberg 2010).

4.1.2 Die Gesetzeslage

Neben der Veränderung der Zahlen im Kontext von Scheidungen veränderten sich auch die gesetzlichen Regelungen in Bezug auf Trennung und Scheidung. Das Ende einer Ehe oder Beziehung wurde in diesem Kontext anhand verschiedener Prinzipien betrachtet. Eines davon ist das Verschuldungsprinzip, bei dem davon ausgegangen wird, dass ein Ehepartner Schuld an der Trennung hat. Nach dem Zerrüttungsprinzip reicht es, wenn für einen oder beide Ehegatten das Fundament der Ehe zerstört ist. Schließlich gibt es auch noch die Vorstellung, dass Ehepartner, die gemeinsam beschlossen eine Ehe einzugehen, sich auch ebenso dafür entscheiden können, diesen Beschluss rückgängig zu machen (vgl. Schwab 2010, S. 154ff). In Deutschland hat man sich vom Verschuldungsprinzip abgewandt. Seit 1977 gilt das Zerrüttungsprinzip, das heißt, es ist nicht bedeutend für eine Ehescheidung, ob ein Ehepartner Schuld an einer Scheidung hat, sondern es ist ausreichend, dass die Ehe gescheitert ist (§1565I). Ob ein Scheitern einer Ehe vorliegt, muss das Familiengericht prüfen und entscheiden. Um eine Ehe trennen zu können, müssen die Ehegatten ein Jahr getrennt voneinander leben (§1565 II), dies hängt mit der Zerrüttungsprüfung der Ehe zusammen. Als weitere Möglichkeit kann eine Ehe vor diesem Trennungsjahr geschieden werden, wenn der Fall unzumutbarer Härte für einen Ehegatten vorliegt und dieser sich in der anderen Person begründet. Ferner kann eine Ehe nach der Härteklausel (§1568) nicht geschieden werden, wenn eine Scheidung gegen das Interesse minderjähriger Kinder aus eben dieser Ehe verstößt oder die Scheidung für den Antragsgegner in Ausnahmefällen als zu hart eingeschätzt wird. In der neuen Regelung des FamFG liegt keine Regelung mehr vor, die beschreibt, dass sich die Ehepartner bereits über einige Scheidungsfolgen geeinigt haben. Es wird im Scheidungsantrag nur noch abgefragt, ob sie bereits verschiedene Folgen der Scheidung geregelt haben, so sollen die Ehegatten auf mögliche Folgen aufmerksam gemacht werden (vgl. Schwab 2010, S. 158ff).

Im Jahr 2008 wurde das geltende Gesetz im Unterhaltsrecht verändert, um drei Ziele, nämlich Förderung des Kindeswohls, Stärkung der nachehelichen Eigenverantwortung und Vereinfachung des Unterhaltsrechts zu erreichen. Konkrete Änderungen in diesem neuen Gesetzesentwurf sind eine geänderte Rangfolge im Unterhaltsrecht, insofern, dass die Ansprüche von Kindern immer jenen anderer Unterhaltsberechtigter vorgezogen werden. Innerhalb der anderen Unterhaltsberechtigten haben seit der Reform diejenigen einen höheren Anspruch, die mit der Betreuung von Kindern beschäftigt sind, unabhängig davon, ob sie verheiratet sind oder nicht. Die neue Rangfolge im Unterhalt stellt sich folgendermaßen dar: 1. Kinder; 2. Eltern, die mit Kinderbetreuung beschäftigt sind und lange verheiratete Ehegatten, die zu Gunsten der Kinderbetreuung auf einen Beruf verzichtet haben; 3. kurzfristig verheiratete Ehegatten, die keine Kinder betreuen. Eine weitere Neuerung ist, dass alle Mütter und Väter, die ihre Kinder betreuen, bis drei Jahre nach der Geburt Anspruch auf Unterhalt haben, dieser Anspruch kann ggf. auch verlängert werden. Durch das neue Gesetz besteht für die Gerichte also die Möglichkeit, auf die Höhe und die Dauer der Zahlung von nachehelichen Unterhaltszahlungen stärker einzuwirken. Dabei werden verschiedene Indikatoren wie die Möglichkeit der Kinderbetreuung vor Ort einbezogen (vgl. Bundesministerium der Justiz 2008).

Eine weitere Änderung ergab sich am 01.09.2009, als die neue Regelung des FamFG in Kraft trat. In diesem neuen Gesetz haben sich Zuständigkeiten und die Terminologie geändert. So gibt es kein Vormundschaftsgericht mehr. Dessen Zuständigkeiten wurden an das Familiengericht, oder wenn es um Unterbringungs- und Versorgungssachen geht, an die neu eingerichteten Betreuungsgerichte übertragen. Außerdem werden dem Familiengericht „generell alle aus Ehe, Verlobung, Eltern-Kind-Verhältnis und Umgangsrecht entstehenden Streitigkeiten" (Coester-Waltjen 2009, S. 359) zugewiesen. Die Terminologie betreffend werden fortan die Begriffe Prozess bzw. Rechtsstreit, Urteil und Parteien durch die Begriffe Verfahren, Beschluss und Beteiligte ausgetauscht. Die Veränderung in der Terminologie führt dazu, dass die Begrifflichkeiten dieser Streitigkeiten mehr an die freiwillige Gerichtsbarkeit angepasst werden. Ferner soll die Streitschlichtung im Gegensatz zur Streitentscheidung einen höheren Stellenwert erhalten.

Weitere Änderungen zeigen sich durch eine Verbesserung des einstweiligen Rechtschutzes, einer stärkeren Hervorhebung des Beschleunigungsverbots und dadurch, dass speziell im Scheidungsrecht Verfahren verwandte Sachverhalten über den bisherigen Verbund zusammengefasst werden können (vgl. Coester-Waltjen 2009).

Man kann aus dieser Entwicklung ablesen, dass sich die Gesetzeslage in Deutschland in Bezug auf Scheidungen stetig verändert hat. Für die Forschung im Bereich Trennung und Scheidung ist es wichtig sich zu vergegenwärtigen, welche Regelungen zu welchem Zeitpunkt gültig waren oder sind, um sie in die Interpretation von Ergebnissen einzubeziehen.

4.2 Theorien zu Trennung und Scheidung

Trennungen, Scheidungen und deren Folgen sind ein Bereich des familiären Lebens, das wissenschaftlich seit langem untersucht und aus verschiedenen theoretischen Perspektiven thematisiert und erforscht wird (vgl. Amato 2000, Walper 2002). In den 1950iger und 1960iger Jahren etablierte sich die so genannte Defizitperspektive. Sie umfasste vor allem zwei Annahmen. Erstens: Ein Kind kann nur dann gut sozialisiert werden, wenn es in einer Familie aufwächst, in der beide Eltern anwesend sind. Die Abwesenheit des Vaters galt als negativ für die Entwicklung von Kindern, speziell Jungen. Daher wurden zu dieser Zeit auch viele Vater-Abwesenheitsstudien durchgeführt. Zweitens: Trennung und Scheidung stellt ein traumatisches Erlebnis mit ernsten und langfristigen Folgen für Kinder dar. Im Fokus dieser Untersuchungen standen dabei vor allem die Familienstruktur und die nachteiligen Konsequenzen, allerdings waren viele dieser Studien methodisch mangelhaft, und unter anderem wurden keine Mediatoren und Moderatoren einbezogen (vgl. Hetherington, Stanley-Hagen 1999).

In der Mitte der 1980 Jahre änderte sich die Perspektive auf Trennung und Scheidung und das Reorganisationsmodell bot eine treffendere Sicht. Denn nun wurden Trennung und Scheidung als Prozesse begriffen, die bereits vor der tatsächlichen Trennung bzw. Scheidung beginnen und auch noch nach dieser anhalten (vgl. Fthenakis, 2000). Zudem zog man auch Moderatoren aus anderen Systemebenen hinzu und betrachtete Trennung und Scheidung aus einer Familienentwicklungsperspektive. Das bedeutet, dass die Forschung die Reaktionen der Kinder auf ein Trennungs- bzw. Scheidungserlebnis nicht mehr in Bezug auf das Ereignis der Scheidung an sich, sondern in Anbetracht der Begleitumstände und des Rahmens, in dem eine Trennung oder Scheidung stattgefunden hat, betrachtete. Verschiedene Forscher haben den Trennungs- und Scheidungsprozess hierbei in verschiedene Phasen unterteilt. Hetherington, Cox & Cox (1982) teilen ihn in zwei Phasen. Zum einen die Desorganisationsphase, in der es noch keine neuen Alltagsroutinen gibt und auch das Erziehungsverhalten inkonsistent ist, und zum anderen die Reorganisationsphase, in der sich die neue Lebenssituation stabilisiert.

Wallerstein und Blakeslee (1989) hingegen unterteilen den Scheidungsprozess in drei Teile. Das erste dieser Stadien ist die akute Phase, die ca. ein bis zwei Jahre dauert, hierauf folgt eine Übergangsphase, während der sich die Dinge zunehmend wieder stabilisieren, und schließlich wieder in ein Stadium der Stabilität, in dem sich die Familienbeziehungen bis auf weiters stabilisieren.

Kaslow (1990) benennt ebenfalls drei Phasen, die im Laufe des Scheidungsprozesses durchlaufen werden. Die erste Phase der Vorscheidungszeit, die vor allem durch die emotionale Trennung bestimmt ist, die zweite Phase ist durch die Scheidung in rechtlicher und finanzieller Hinsicht geprägt, in der dritten Phase schließlich findet die psychische Scheidung statt, hier gewinnen die ehemaligen Partner ihre Eigenständigkeit zurück. Neue Routinen, Rollen und Perspektiven werden aufgebaut. Kaslow (1990) nannte in einer Zusammenstellung sieben Aspekte bzw. Stadien, die während einer Scheidung zu bewältigen sind, aber nicht in einer bestimmten Reihenfolge auftreten müssen oder sich auch überlappen können: Die emotionale Scheidung, die gesetzliche Scheidung, die wirtschaftliche Scheidung, Umgang mit der elterlichen Kooperation in der Erziehung und den Besuchen des getrennt lebenden Elternteils, psychosoziale Aspekte der Scheidung, die religiöse Scheidung und die psychische Scheidung.

Eine Perspektive, die die Scheidung als eine mögliche Transition im Verlauf des normalen Familienentwicklungsprozesses betrachtete, hatte sich schließlich gegen Ende der 1980 Jahre durchgesetzt. Diese Betrachtungsweise geht davon aus, dass Familien und Individuen im Laufe dieses Trennungs- bzw. Scheidungsprozesses verschiedene Veränderungen auf einer individuellen, familiären und kontextuellen Ebene meistern müssen (vgl. Fthenakis 2000) Amato (2000) nennt im Rahmen einer Analyse der Scheidungsliteratur der 1990 Jahre zwei weitere Ansätze zur Betrachtung von Trennung bzw. Scheidung. Die erste dieser Positionen ist die Selektionsperspektive (Amato 2000). Diese Betrachtungsweise sieht die Ursachen von Scheidung darin, dass problematische Persönlichkeitsmerkmale oder psychosoziale Auffälligkeiten von Beginn der Partnerschaft der Eltern an eine Gefahr darstellen. Sind Eltern nun in einer solchen problematischen Beziehung bzw. zeigen selbst solche schwierigen Merkmale, so können sie aus Sicht der Selektionsperspektive an die Kinder weitervererbt oder -gegeben werden. In diesem Fall wäre also nicht eine Trennung oder Scheidung für mögliche Auffälligkeiten während einer Trennung bzw. Scheidung verantwortlich (vgl. Amato 2000).

Die zweite Position ist nach Amato (2000) die Scheidungsstress-Bewältigungs-Perspektive (vgl. Abbildung 11). Dabei geht er auf Stressoren/Mediatoren und protektive

Faktoren/Moderatoren ein, die während des Scheidungsprozesses auf die Kinder und Erwachsenen wirken und die beeinflussen. Der Scheidungsprozess beginnt nach Amato (2000) schon während dem Zusammenleben des Paares und endet erst einige Zeit nach Vollzug der rechtlichen Scheidung vollzogen wurde. Als Stressoren können für Kinder demnach geringere Unterstützung oder weniger Kontrolle der Eltern, der Kontaktverlust mit einem Elternteil, andauernde Konflikte zwischen den Eltern, ein ökonomischer Abstieg und andere als Stress erlebte Ereignisse während der Trennungsphase wirken. Für die Eltern hingegen können die Verantwortung als allein erziehender Elternteil, der Verlust des Sorgerechts oder emotionaler Unterstützung, andauernde Konflikte mit dem ehemaligen Partner, ökonomischer Abstieg und weitere als Stress auslösende Ereignisse als Mediatoren bzw. Stressoren wirken. Als protektive Faktoren bzw. Mediatoren können verschiedene individuelle, interpersonale und strukturelle Ressourcen dienen. Ferner kann man darunter demographische Charakteristika zählen und auch die Art und Weise, wie jemand Trennung bzw. Scheidung interpretiert.

Amato (2000) integrierte in seinen Ansatz zwei Modelle für die Konsequenzen einer Trennung oder Scheidung. Nach dem Krisenmodell einerseits stellt eine Trennung eine Veränderung dar. Wie lange es dauert diesen Übergang zu meistern, hängt von verschiedenen Faktoren, wie den persönlichen Ressourcen ab. Das zweite Modell andererseits bezieht sich auf chronischen Stress. Hintergrund dieses Ansatzes ist die Annahme, dass eine Trennung auch dauerhafte Belastungen wie Einsamkeit oder eine Verknappung der finanziellen Ressourcen, mit sich bringt. Amato (2000) betont auch, dass der Stress-Ansatz, dem sein Modell folgt, nicht ausschließt, dass eine Scheidung auch eine Entlastung darstellen kann oder positiv auf die weitere Entwicklung von Eltern und Kindern wirken kann.

Beide Positionen, also sowohl für die Selektionsperspektive als auch für die Scheidungsstress-Bewältigungs-Perspektive, lassen sich empirisch belegen. Nach Amato (2000) deutet der Forschungsstand eher darauf hin, dass Trennung und Scheidung als stressende Lebensereignisse und Krisen zu verstehen sind, dass Selektionseffekte jedoch durchaus in einem gewissen Grad zu finden sind.

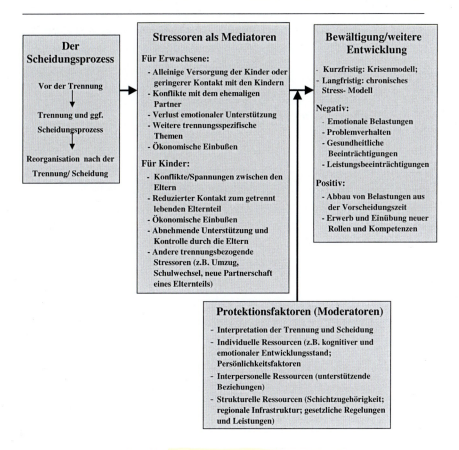

Abbildung 11: Die Scheidungs-Stress-Bewältigungsperspektive

4.3 Auswirkungen von Trennung und Scheidung auf die Vater-Kind-Beziehung

Nach dem generellen Blick auf Trennung und Scheidung wird im Folgenden spezieller auf die Beziehung von Vätern und ihren Kindern im Kontext von Trennung und Scheidung eingegangen. Zuerst werden Faktoren herausgestellt, die das Engagement des Vaters bzw. den Kontakt zwischen Vater und Kind beeinflussen und anschließend auf Faktoren, die auf die Qualität dieser Beziehung wirken. In beiden Punkten wird die Vater-Kind-Dyade nicht isoliert, sondern wieder im Kontext des Familiensystems bzw. der Lebenswelt betrachtet.

4.3.1 Einflüsse auf den Kontakt und das Engagement des Vaters nach einer Trennung oder Scheidung

4.3.1.1 Allgemeine Einflüsse auf den Kontakt und das Engagement des Vaters nach einer Trennung oder Scheidung

Im Kontext von Trennung und Scheidung kann man beobachten, dass Väter meist nicht mit ihren Kindern zusammenleben (vgl. u.a. Maccoby, Buchanan, Mnookin, Dornbusch, 1993). Amendt (2006) führte eine Studie zu Scheidungsvätern in Deutschland durch, an der sich 3600 Männer beteiligten (vgl. Amendt 2006, S. 9). In seiner Untersuchung stellte sich die folgende Aufteilung des Umgangsrechts heraus:

Tabelle 5: Umgangsrechtlich festgelegte Kontakte von Vätern mit ihren Kindern

Angabeformat	Anzahl	Prozent
Jederzeit	621	20,8%
Übers Wochenende	134	4,5%
Jedes Wochenende ein paar Stunden	79	2,6%
Jedes zweite Wochenende	1.039	34,8%
Einmal im Monat	160	5,4%
Je nach Möglichkeit	318	10,7%
Teilen den Aufenthalt der Kinder zur Hälfte	91	3,0%
Keine Möglichkeit, die Kinder zu sehen	543	18,2%
Gesamt (gültige Antworten	2.985	100%

(vgl. Amendt 2006, S. 193)

Weiterhin untersuchte Amendt (2006) die tatsächliche, momentane Kontakthäufigkeit. Diese stellt sich folgendermaßen dar:

Tabelle 6: Tatsächliche Kontakthäufigkeit von Vätern und ihren Kindern

Angabeformat	Anzahl	Prozent
Jedes Wochenende	520	15,6%
Jedes zweite Wochenende	1.328	39,9%
Einmal im Monat	345	10,4%
Einmal in drei Monaten	123	3,7%
Zwei- bis dreimal im Jahr	107	3,2%
Nur bei besonderen Anlässen	66	2,0%
Nur telefonischer Kontakt	52	1,6%
Kein Kontakt mehr	788	23,7%
Gesamt (gültige Antworten)	3.329	100%

(vgl. Amendt 2006, S. 230)

Bei Betrachtung dieser beiden Tabellen ist festzustellen, dass der momentane Kontakt hinter dem Umgangsrecht zurückbleibt. Außerdem sticht ins Auge, dass mit 23,7% der Väter mehr als ein Fünftel keinen Kontakt mehr mit den Kindern hat. Daher soll in diesem Kapitel darauf eingegangen werden, welche Faktoren Einfluss auf den Kontakt zwischen Vater und Kindern nach einer Trennung oder Scheidung haben. Denn auch Della Casa et al. (2009)weisen darauf hin, dass es bisher wenige Erklärungen gibt, wieso manche Väter sich in den Beziehungen zurückziehen und manche nicht. Hierbei ist zunächst festzuhalten, dass auch Einflüsse aus dem Makrosystem (vgl. Punkt 2.2) eine Rolle spielen. Denn wie Amendt (2006, S. 197) festhält geht es in Streitigkeiten vor Gericht nach der Reform des Kindschaftsrechts nicht mehr so sehr um das Sorgerecht, sondern neben Fragen nach dem Unterhalt für den Ehegatten und der Aufteilung des Vermögens hauptsächlich um das Umgangsrecht. Außerdem brechen Vätern, deren Scheidung nach dem neuen Kindschaftsrecht vollzogen wurde, weniger häufig den Kontakt ab. Die Kausalität ist allerdings nicht abschließend geklärt, da sich in Amendts (2006, S. 197) Studie die Kontakthäufigkeit mit der gestiegenen Zeit nach der Trennung verringerte und die Väter, die nach altem Recht geschieden wurden, natürlich auch schon längere Zeit in Trennung leben.

Die Frage, was den Kontakt zwischen Kindern und Vätern aufrechterhält, wird von verschiedenen Autoren beantwortet. Bokker (2006) gab in einem Literatur Review sieben Faktoren an, die den Kontakt zwischen Vätern und Müttern nach einer Trennung beeinflussen. Diese sind (1) die Verwirrung des Vaters über seine neue Vaterrolle, (2) der

Status als Elternteil, (3) das Rechtssystem, (4) die ehemalige Partnerin, (5) die Beziehung zwischen der ehemaligen Partnerin und dem Vater, (6) der Vater, (7) Genderfragen in Bezug auf Männlichkeit. Auch Della Cassa und Käppler (2009) verfassten einen Überblicksartikel zu dem Thema Scheidungsväter, in dem sie erwähnen, dass zu diesem Thema in Deutschland bisher wenig erforscht wurde. Sie sind der Meinung, dass folgende zwölf Faktoren das Engagement des Vaters nach einer Trennung oder Scheidung beeinflussen: Diese sind (1) die Kontakthäufigkeit, (2) das emotionale Klima bei der Besuchsgestaltung, (3) die geographische Distanz, (4) die Unterhaltszahlungen, (5) Rollenidentität des Vaters, (6) Kontakte in Abhängigkeit vom Alter des Kindes, (7) das Geschlecht des Kindes, (8) die Anzahl der Geschwister, (9) die Eigenschaften des Kindes, (10) die Konflikte der Eltern, (11) Beziehungsstand der Eltern vor der Trennung, und (12) neue Beziehungen der Eltern.

Da diese Darstellungen einen eher groben Überblick geben, wird im Folgenden ein differenzierterer Überblick über die Studienlage gegeben. Der Text wird dabei anhand des Modells von Doherty et al. (1998) (vgl. Punkt 2.2.2) gegliedert. Sie hatten die Einflüsse auf die Vater-Kind-Beziehung in kontextuelle -, Vater-, Mutter- und Kind Faktoren, sowie in die Coparenting-Beziehung unterteilt (vgl. Doherty et al. 1998). Zudem wurde auch der Beziehung zwischen Mutter und Kind eine Rolle beigemessen. Dass dieses Modell dazu geeignet ist, kann man an den Ergebnissen von Mandel und Sharlin (2006) erkennen, die gezeigt haben, dass sich ein nicht sorgeberechtigter Vater mehr engagiert, wenn sich Mutter und Kind einen engagierten Vater wünschen. Aus diesen Ergebnissen folgern die Autorinnen, dass es einen reziproken Zusammenhang zwischen den Familienmitgliedern besteht. Auch Whiteside und Becker (2000) sprechen sich dafür aus, dass man die Vater-Kind-Beziehung nach einer Trennung nicht betrachten sollte, ohne auch die Mutter und die Coparenting-Beziehung der Eltern zu betrachten. Anhand des Modells von Doherty et al. (1998) wird nun die aktuelle Studienlage dargestellt:

Kontextuelle Faktoren:

Zu kontextuellen Faktoren zählen nach Doherty et al. (1998) auch ökonomische Faktoren. Swiss und Bourdais (2009) fanden dabei in einer kanadischen Survey-Studie, bei der jedoch nicht nur geschiedene Väter teilnahmen, heraus, dass vor allem Väter, die zwischen 20000 und 29.999$ verdienten, am wenigsten Kontakt zu ihren Kindern hatten. Verdienten Männer mehr oder weniger, war die Kontakthäufigkeit höher. Sie interpretierten dieses Phänomen damit, dass Männer, die in diesem Gehaltsbereich arbeiten oft Schicht arbeiten müssen und dass sie noch zu viel verdienen, um staatliche Unterstützung zu bekommen. Außerdem ist es für diese Väter schwieriger Fahrtkosten etc. zu übernehmen. Guzzo (2009) fand hingegen heraus, dass die Höhe des Einkommens keinen großen Einfluss auf die Kontakthäufigkeit von Vätern und Kindern hat. Aber auch Unterhaltszahlungen beeinflussen die Kontakthäufigkeit von Vätern und Kindern nach der Trennung. Denn je mehr Väter den Unterhalt zahlen, desto öfter sehen sie ihre Kinder (Amato, Meyers, Emery 2009). Amendt (2006, S. 234) differenziert diesen Zusammenhang weiter. Er beschreibt, dass Väter mit Kontakt häufig nicht den vollen Unterhalt zahlen, weil sie sonst nicht für die mit dem Kontakt verbundenen Kosten aufkommen können, was die These von Swiss et al. (2009) stützt. Väter, die ihre Kinder hingegen nicht sehen, zahlen genau deshalb, weil sie keinen Kontakt mit den Kindern haben, auch weniger Unterhalt (vgl. Amendt 2006, S. 234).

Ein Faktor, der von Doherty et al. (1998) nicht zu den kontextuellen Faktoren gezählt wurde, hier aber unter diesem Punkt angesiedelt wird, ist der Faktor Zeit nach der Trennung. Denn in einer Untersuchung von Seltzer (1991) zeigte sich, dass der Kontakt mit der Zeit abnimmt und in einer Studie von Swiss et al. (2009)konnte auch belegen, dass die Zeit, die seit der Trennung vergangen ist, einen größeren Einfluss auf die Kontakthäufigkeit von Vätern und Kindern hat als das Alter der Kinder bei der Trennung. Ferner fanden Amato et al. (2009) in einer Studie mit vier gepoolten Survey-Studien aus verschiedenen Zeiträumen zwischen 1976 und 2002 heraus, dass die Kontakthäufigkeit zwischen getrennt lebenden Vätern und ihren Kindern generell zunahm. Dies hängt höchstwahrscheinlich auch damit zusammen, dass sich in diesem Zeitraum die Vorstellungen über Vater-Kind-Beziehungen und Familie im Allgemeinen änderten (vgl. Punkt 2.1). Auch die gesetzlichen Rahmenbedingungen, die nach Bronfenbrenner (1981) (vgl. Punkt 2.2) dem Makrosystem zuzuordnen sind, haben einen Einfluss auf die Vater-Kind-Beziehung. So gibt Amendt (2006, S. 197) an, dass das neue Sorgerecht, das 1998 eingeführt wurde, dazu führte, dass Männer ihre Vaterrolle nach einer Trennung oder Scheidung eher als unverändert ansehen. Außerdem hat sich durch diese Reform verändert, worum sich die Eltern bei gerichtlichen Auseinandersetzungen streiten. War es vor 1998 noch oft das Sorgerecht, so ging es danach vermehrt um umgangsrechtliche Fragen und um Fragen des Unterhalts (vgl. Amendt 2006, S. 197). Auch in einer finnischen Studie zeigte sich, dass geschiedene Väter, die das geteilte Sorgerecht haben, sehr engagiert mit ihren Kindern sind (vgl. Halme, Astedt-Kurki, Tarrka 2009). Der Einfluss der rechtlichen Ebene zeigt sich auch dadurch, dass 65,3% der Väter, die keinen Kontakt mehr zu ihren Kindern hatten, auch kein Umgangsrecht zugesprochen bekommen hatten (vgl. Amendt 2006, S. 233). Ferner ist auch aus nicht-deutschen Studien zu entnehmen, dass das Sorgerecht mit der Kontakthäufigkeit verknüpft ist (vgl. DeGarmo, Patras und Eap 2008).

Aber auch kulturelle Einflüsse wirken in Hinblick auf das Engagement und den Kontakt von Vätern nach der Trennung. So gehen Tazi-Preve et al. (2007, S. 259) darauf ein, dass die Wertehaltung eine Rolle spielt. Denn die Vorstellungen davon, was ein Vater in die Familie einbringen soll, haben sich zwar verändert, jedoch zeigt sich dies nicht immer im Verhalten der Väter. Außerdem ist es in der Gesellschaft weniger anerkannt, wenn Mütter mit ihren Pflichten bzw. mit ihrer Beziehung dem Kind gegenüber brechen, als wenn Väter dies tun. Außerdem können Väter durch verschiedene Erwartungen auch in ein Dilemma geraten. So gibt es familienpolitische Vorgaben, die zum Teil auf Geschlechtsunterschiede ausgelegt sind: die gesellschaftliche Erwartung nach einer sozialen Vaterschaft und die Anforderung zeitlich flexibel auf dem Arbeitsmarkt zu sein (Tazi-Preve et al. 2007, S. 259ff). Dies führt zu einer Begünstigung der mütterlichen Macht (vgl. Tazi-Preve et al. 2007, S. 260). Einen Teil dieses Prozesses sehen Tazi-Preve et al. (2007, S. 260) auch im gerichtlichen System, da lange Prozesse oft zu einer Verfremdung von Vater und Kind führen. Allerdings muss angemerkt werden muss, dass es sich um eine österreichische Studie handelt und dass auch die rechtlichen Strukturen sich verändern (vgl. Punkt 4.1.2).

Vater-Faktoren und Vater-Kind-Beziehung

Auch Faktoren des Vaters spielen eine Rolle bei der Kontakthäufigkeit. So zeigten Fabricious und Luecken (2007), dass es für den Kontakt zwischen Vätern und Kindern besser ist, wenn sie zuvor längere Zeit zusammengelebt haben. Dies stimmt mit dem Ergebnis von Whiteside et al. (2000) überein, die feststellten, dass das Engagement des Vaters vor der Trennung sich auch darauf auswirkt, wie häufig Väter ihre Kinder nach der Trennung sehen. Auch Regelungen über das Zusammenleben beeinflussen die Kontakthäufigkeit. Außerdem spielt die Distanz zwischen dem Wohnort des Vaters, falls er nach einer Trennung/Scheidung auszieht, und dem des Kindes eine Rolle. So zeigte sich, dass Väter die weiter von ihren Kindern entfernt leben, häufiger den Kontakt abbrechen (vgl. Tazi-Preve et al. 2007, S. 261) bzw. ihre Kinder seltener sehen (Watzlawick, Ständer, Mühlhausen 2007, S. 153ff).

Ein weiterer Faktor ist eine neue Partnerschaft des Vaters. Denn Swiss et al. (2009) und Seltzer (1991) geben an, dass Väter mit neuen Partnerinnen weniger Kontakt zu ihren Kindern haben. Juby Billette, Laplante, LeBourdais (2007) präzisierten diese Aussagen, indem sie zeigten, dass neue Partnerinnen vor allem dann zu einer Kontaktreduzierung führen, wenn diese Partnerschaft bereits kurz nach der Trennung, zu einem Zeitpunkt, zu dem sich keine neuen Strukturen gebildet haben, beginnt. Ein möglicher Grund hierfür kann sein, dass die Mutter der Kinder die neue Frau als Konkurrenz begreift und daher versucht den

Kontakt zum Vater einzuschränken (vgl. Tazi-Preve, Kapelle, Kaindl, Klepp, Krenn, Seyyed-Hashemi, Titton, S. 258). Es gibt aber auch gegensätzliche Hinweise, die zeigen, dass nicht-sorgeberechtigte Väter, die älter und wiederverheiratet sind, mehr Kontakt zu ihren Kindern haben (vgl. Wall 1992). Auf diese Dynamik wird genauer unter der Coparenting-Beziehung eingegangen. Ferner zeigte die Studie von Juby et al. (2007) im Gegensatz zu anderen (vgl. Della Casa et al. 2009), dass Kinder aus neuen Partnerschaften nicht zu einer Kontaktreduzierung führen.

In Bezug auf die Zufriedenheit des Vaters mit rechtlichen Entscheidungen zeigen sich unterschiedliche Ergebnisse. So sind Swiss et al. (2009) der Meinung, dass die Zufriedenheit mit der Kontaktregelung einen Einfluss darauf hat, wie oft Väter und ihre Kinder nach einer Trennung miteinander in Kontakt stehen, wenn gleich diese Zufriedenheit keine große Rolle spielt.

Nach Guzzo (2009) sinkt im Hinblick auf demographische Daten des Vaters die Kontakthäufigkeit mit zunehmendem Alter der Väter und Bildung spielt keine große Rolle in Bezug auf den Kontakt. Tazi-Preve et al. (2007, S. 261) geben jedoch an, dass Väter mit höherer Bildung den Kontakt zu ihren Kindern seltener abbrechen. Außerdem hat die Rollenidentität des Vaters einen Einfluss auf sein Engagement dem Kind gegenüber. So fanden Minton und Pasley (1996), dass Väter, die in ihre Vaterrollenidentität viel investieren, sich kompetent fühlen und mit dieser Identität zufrieden sind, was wiederum voraussagt, wie sehr sich ein Vater engagiert. Dieser Zusammenhang kann jedoch auch umgekehrt gelten. Es kann also auch der Fall sein, dass ein hohes Engagement auch eine bessere Rollenidentität bedingt. Ebenso gehen Tazi-Preve et al. (2007, S. 259) darauf ein, dass der Kontakt bzw. das Engagement der Väter nach einer Trennung durch die Rollenidentität eines Vaters geprägt werden. Da Väter oft das Bild der Ernährers nach einer Trennung oder Scheidung nicht mehr aufrechterhalten können, ist es besonders wichtig, dass sie eine neue Interpretation für ihre Vater-Identität schaffen, die Herkunftsgeschichte der Väter hingegen wirkt sich auf deren Rollenidentität aus (vgl. Tazi-Preve et al. 2007, S. 259). Ferner sehen Väter ihre Kinder öfter, wenn sie mit der Qualität der Beziehung zu ihnen zufrieden sind (Wall 1992) und die Sorge um ihre Kinder für sie eine hohe Priorität hat (vgl. Halme et al. 2009).

Della Casa (2009) und Pagels (2007, S. 315, 324) erwähnen, dass manche Väter sich vom Rechtssystem benachteiligt fühlen, mit persönlichen Problemen zu kämpfen haben, oder fürchten in der Familie zurückgewiesen zu werden. Hieran schließt auch das Ergebnis von Amendt (2006, S. 231) an: Vor allem Väter, die nicht mehr regelmäßig im Kontakt zu ihren Kindern standen, schrieben den Müttern die Schuld an Konflikten zu. Auch Harthorne und

Lennings (2008) sprechen an, dass sich Väter weniger engagieren, wenn sie das Gefühl haben keinen Einfluss auf das Erziehungsgeschehen, die Höhe der Unterhaltszahlungen und auf die Wohnarrangements nach der Trennung haben.

Nach Lamb (2002) sind sich Experten darin einig, dass es nicht nur darauf ankommt, dass Väter und ihre Kinder eine bestimmt Zeitdauer miteinander verbringen, es ist vielmehr auch wichtig, dass sie sich in verschiedenen Gebieten engagieren und dass die gemeinsam verbrachte Zeit auch als Qualität erlebt wird. Das bedeutet, dass den getrennt lebenden Vätern auch die Gelegenheit gegeben werden muss, sich als Elternteil zu verhalten und nicht nur dazu, gelegentlicher Besucher zu sein. In Kapitel 4.3.2 wird näher auf die Bedeutung der Qualität der Vater-Kind-Beziehung eingegangen werden.

Schließlich verweisen Coiro et al. (1998) darauf, dass es generell Männer sind, die nach einer Trennung oder Scheidung getrennt von ihren Kindern leben und dass es den Anschein hat, dass die Vater-Kind-Beziehung unter einer Trennung bzw. Scheidung mehr leidet, als die Mutter-Kind-Beziehung. Die Kontakthäufigkeit von Vätern mit erwachsenen Kindern in Trennungsfamilien ist geringer, als bei Vätern, die konstant verheiratet waren. Diese Effekte sind bei Müttern genau umgekehrt, wobei sich bei manchen gleichzeitig die Wahrscheinlichkeit, nur geringen oder keinen Kontakt mit den erwachsenen Kindern zu haben, erhöht (vgl. Shapiro 2003).

Mutter-Faktoren und Mutter-Kind Beziehung:

Tazi-Preve et al. (2007, S. 261) gehen unter anderem darauf ein, dass das Bild der Mutter über die Familie den Kontakt zwischen Vater und Kind bzw. das Engagement des Vaters beeinflussen können, da beispielsweise Mütter, die das Bild einer pflegenden Mutter haben einen aktiven Vater als Konkurrenz auffassen können. Aber auch das Bild, das sie vom Vater haben, beeinflusst den Vater-Kind-Kontakt (vgl. Pruett et al. 2003). Weiter wirkt sich ein neuer Partner der Mutter negativ auf die Kontakthäufigkeit von Vater und Kind aus (vgl. Seltzer 1991). Eine genauere Darstellung, wie sich Einstellungen der Mütter bzw. wie weitere Mutter-Faktoren wirken können, erfolgt in Punkt 3.2.2.2 (Gatekeeping).

Coparenting Beziehung:

Auch die Beziehung zwischen den Eltern spielt eine Rolle für die Kontakthäufigkeit. Der Ehestatus, den Doherty et al. (1998) für sehr wichtig halten, spielt dabei auch eine Rolle. Denn Studien belegen, dass verheiratete Väter nach einer Trennung mehr Kontakt zu ihren Kindern haben als Väter, die nicht verheiratet waren (vgl. Guzzo 2009, Amendt 2006).

Betrachtet man die Zahlen, die Amendt (2006) in seiner Studie erhob, wird der Unterschied noch deutlicher:

Tabelle 7: **Umgangsrechte im Vergleich von zuvor verheirateten und nicht verheirateten Vätern**

Welche Umgangsrechte haben sie?		Wie lebten sie mit ihrer Partnerin?		
		Verheiratet	Eheähnliche Lebensgemeinschaft	Gesamt
Jederzeit	Anzahl	519	94	613
	Prozent	22,9%	14,3%	21,0%
Übers Wochenende	Anzahl	103	30	133
	Prozent	4,5%	4,6%	4,5%
Jedes Wochenende ein paar Stunden	Anzahl	45	30	75
	Prozent	2,0%	4,6%	2,6%
Jedes zweite Wochenende	Anzahl	811	201	1.012
	Prozent	35,7%	30,6%	34,6%
Einmal im Monat	Anzahl	117	42	159
	Prozent	5,2%	6,4%	5,4%
Je nach Möglichkeit	Anzahl	248	65	313
	Prozent	10,9%	9,9%	10,7%
Teilen den Aufenthalt der Kinder zur Hälfte	Anzahl	70	21	91
	Prozent	3,1%	3,2%	3,1%

(vgl. Amendt 2006, S. 195)

Aber auch die Trennung an sich ist ein Auslöser für eine Verringerung des Kontakts zwischen Vätern und Kindern, wie Juby et al. (2007) in einer Längsschnittstudie feststellten Auch Coiro und Emery (1998) berichten, dass sich Väter nach einer Trennung weniger engagieren. Amendt (2006, S. 229ff)) konnte auch zeigen, dass verschiedene Abläufe bei der Trennung und Scheidung ebenfalls die Kontakthäufigkeit beeinflussen. So gab es häufiger Kontaktabbrüche vom Vater, wenn die Mutter den Scheidungsantrag eingereicht hatte und bei fast 70% der Väter, die keinen Kontakt mehr zu ihren Kindern hatten, teilte die Mutter den Kindern mit, dass es zu einer Scheidung kommen würde (vgl. Amendt 2006, S. 230ff). Wie schon in Punkt 3.2.2 angesprochen wurde, hat auch die Beziehung der Eltern untereinander einen Einfluss auf den Kontakt zwischen Eltern und Kindern. So stellten beispielsweise Fabricious et al. (2007) fest, dass es keinen Zusammenhang der reinen Kontakthäufigkeit von Vater und Kind und der Konflikthaftigkeit der Beziehung zwischen Vater und Mutter gab. In anderen Studien jedoch zeigte sich, dass sich der Konflikt zwischen Vätern und Müttern negativ auf das Engagement des Vaters auswirkt (vgl. Douglas 2005) bzw. dass sich die Feindseligkeit zwischen den Eltern negativ auf die Kontakthäufigkeit auswirkt (Whiteside, Becker 2000). Außerdem stellen Whiteside et al. (2000) in einer Meta-Analyse fest, dass die Kooperation der Eltern in direkten Zusammenhang mit der Kontakthäufigkeit der Eltern steht, aber auch indirekt darauf wirkt, weil sie auch die Feindseligkeit der Eltern beeinflusst. Nach Pruett et al. (2003) engagieren sich Väter älterer Kinder mehr als Väter jüngerer Kinder. Ein Grund hierfür kann sein, dass Väter und Mütter durch die Konflikte, die mit einer Trennung verbunden sind, Eltern- und Paarebene miteinander verweben, dies wiederum kann zu Kontaktabbrüchen zwischen Vätern und Kindern führen (vgl. Tazi-Preve et al. 2007, S. 259).

Wie bereits in Punkt 3.2.2.2 zum Gatekeeping beschrieben, spielen Mütter einen wichtigen Part in Bezug auf die Kontakthäufigkeit von Vätern und Kindern. So steht das Gatekeeping von Müttern in der Studie von Fagan et al. (2003) in einem positiven Zusammenhang mit dem Status „getrennt lebender Vater". Bei Sano et al. (2008) hingegen finden sich auch Mütter, die versuchen den Kontakt zu den Vätern zu forcieren. In diesem Zusammenhang spielen auch „Mutter-Faktoren" eine Rolle, wenn es um das Gatekeeping-Verhalten in Trennungsfamilien geht. So gibt Trinder (2008) an, dass die von Müttern eingeschätzten Kompetenzen von Vätern und die Vorstellung der Mutter darüber, was gut für das Kind ist und die Rolleneinstellung der Mütter Faktoren darstellen, die beeinflussen wie sich Mütter dem Vater gegenüber verhalten. Man kann also nicht generell sagen, in welche Richtung Mütter wirken. Es scheint vielmehr auf den individuellen Fall anzukommen. Baum (2004) untersuchte die Typen von Coparenting-Beziehungen nach einer Trennung bzw. Scheidung. Die drei verschiedenen Arten, die sie fand sind (1) das *kooperative Elternmodell*, (2) das *parallele Elternmodell* und (3) das *konfliktreiche Elternmodell*. Die erste Gruppe war mit 21 Elternpaaren die größte, worauf die dritte mit 18 und die zweite mit elf folgten.

Im *kooperativen Elternmodell* sind sowohl die Väter und als auch die Mütter kompromissbereit und in Konflikten eher konstruktiv. Die Trennung dieser Eltern ist schnell und nicht sehr konfliktreich verlaufen, beide Eltern wollten allerdings gleichermaßen die Trennung. Im Vergleich zu den anderen Elternmodellen, die noch vorgestellt werden, ist die Qualität der Beziehung zwischen den Eltern im kooperativen Modell hoch und die der Narzissmus-Werte gering. Zudem stimmen die Aussagen der Eltern in diesem Modell eher miteinander überein und beide Elternteile nehmen ihre Pflichten überwiegend war.

Im *parallelen Elternmodell* werden diese Pflichten in ähnlicher Weise wahrgenommen. Jedoch hatten die Väter in dieser Gruppe weniger das Gefühl, dass sie an der Entscheidung zur Trennung beteilig waren und die gerichtliche Auseinandersetzung der Eltern war länger. Außerdem gab diese Gruppe einen höheren Narzissmus an und war weniger selbstdifferenziert. Es stellte sich zudem heraus, dass die Väter in dieser Gruppe eher dazu tendierten, in Konflikten offensiv zu sein, wohingegen die Mütter eher kompromissbereit waren.

Wie der Name des *konfliktreichen Elternmodells* schon verrät, haben die Eltern in dieser Konstellation eine schlechtere Beziehung zueinander. Die Konflikte zwischen den Elternteilen werden offener ausgetragen. Es gab auch hier Unterschiede zwischen den Elternteilen, denn in diesem Cluster zeigten die Mütter seltener Kompromissbereitschaft und nahmen mehr elterliche Pflichten wahr als Väter. Die Väter in diesen Gruppen engagierten sich weniger und hatten oft das Gefühl, dass sie nicht in Entscheidungen zur Trennung miteinbezogen wurden und nahmen die Scheidung auch nicht als Erleichterung wahr.

Schließlich kam Baum (2004) zu dem Ergebnis, dass Väter, die eine hohe Selbstdifferenziertheit aufwiesen und auch mehr Verantwortung für die Trennung übernahmen, eher angaben die Trennung initiiert zu haben und kürzere gerichtliche Auseinadersetzungen hatten. Wie bereits erwähnt hatten hohe Werte im Narzissmus der Väter einen umgekehrten Effekt. Für Mütter wurden diese Ergebnisse nicht gefunden, ebenso ergaben sich keine Zusammenhänge für die soziodemographischen Faktoren und die Outcome-Variablen der beiden Elterteile. Scheinbar stellen die Persönlichkeit und die Fähigkeit zur Selbstdifferenzierung der Väter wichtige Faktoren dar. Die Unterteilung in die verschiedenen Cluster wurde durch andere Studien gestützt (vgl. Walper und Krey 2009).

Ein anderer Punkt ist, dass sich Mütter und Väter, die von ihren Kindern getrennt leben, unterschiedlich verhalten. So schreibt Stewart (1999), dass Mütter, die getrennt von ihren Kindern leben, häufiger mit ihnen telefonieren oder auch mehr Briefe schreiben und die Kinder länger sehen. Diese Mütter sehen die Kinder allerdings nicht häufiger, daraus folgert Stewart (1999), dass allgemeine Faktoren den regelmäßigen Kontakt für Eltern, die nicht in einem Haushalt mit ihren Kindern leben, erschweren. Auch Wilson (2006) kommt in einem Literatur Review zu diesem Schluss. Auf Grund dieser Literatur-Übersicht charakterisiert er den Vater, der sich am meisten für seine Kinder interessiert, als Mann mit hohem sozio-ökonomischen Status, der nahe bei seinen Kindern wohnt, eine traditionelle Ansicht bezüglich Gender-Fragen hat und eine Vaterrolle angenommen hat.

Kind-Faktoren:

Aber nicht nur die Eltern haben einen Einfluss drauf, wie sich der Kontakt bzw. die Beziehung zu den Kindern gestaltet, wie man dies auch dem Modell zur Beziehung von Belsky (1984) entnehmen kann (vgl. Punkt 3.2.3). Ein Einflussfaktor ist beispielsweise das

Geschlecht der Kinder. Hierzu ist die Studienlage jedoch nicht eindeutig. Manche Studien geben an, dass Väter zu Jungen mehr und zu Mädchen weniger Kontakt haben bzw. Zeit verbringen (vgl. z.b. Swiss et al. 2009), andere Studien wiederum fanden keinen Hinweis darauf, dass das Geschlecht einen Einfluss hatte (vgl. z.B. Guzzo 2009). Auch das Alter der Kinder scheint eine Rolle in Bezug auf die Kontakthäufigkeit zu Vätern nach einer Trennung zu spielen. So zeigen einige Studien, dass mit dem Alter der Kinder auch die Kontakthäufigkeit der Väter steigt (Pruett et al. 2003, Swiss et al. 2009). Guzzo (2009) hingegen konnte belegen, dass Kinder dann häufiger besucht wurden, wenn sie jünger waren, und Tazi-Preve et al. (2007, S. 261) geben an, dass das Kleinkindalter keinen Einfluss auf das Kontaktausmaß hat. Werden Kinder in einer Ehe geboren, so haben die Väter auch eher Kontakt zu ihnen (Seltzer 1991). Interessant sind auch die Ergebnisse einer Studie mit repräsentativen Daten von Hawkings, Amato und King (2007). Sie zeigen, dass das Wohlbefinden von Jugendlichen das Engagement von Vätern erhöht und nicht umgekehrt, dass nämlich das Engagement des Vaters das Wohlbefinden von Jugendlichen erhöhe.

Kontaktabbrüche:

Amendt (2006) schreibt, dass es in seiner Studie aus verschiedenen Gründen zum Kontaktabbruch zwischen Vätern und Kindern nach einer Trennung bzw. Scheidung gekommen ist. So gibt es einen Typus von Vätern, der die eigene Vaterrolle „opfert". Er will sein Kind nicht den ständigen Konflikten zwischen ihm und der Mutter aussetzen. Diese Väter erleben die Mütter ihrer Kinder oft als zu machtvoll. Außerdem gelingt es diesen ehemaligen Partnern nicht ihre Beziehung so zu klären, dass ein regelmäßiger Kontakt zwischen den Vätern und den Kindern möglich wird. Kinder können daraufhin einen Elternteil als den „bösen" und den anderen als den „guten" erleben (vgl. Amendt 2006, S. 237ff). Ein anderer Teil der Väter, die den Kontakt zu ihren Kindern abgebrochen hatten, plagten Scham- und Schuldgefühle. Sie fühlten sich als nicht genügend und, dass sie nicht dem Bild entsprechen, dass sie von einem Vater hatten (vgl. Amendt 2006, S. 240ff). „Man könnte sagen, das sie sich selbst als *minderwertige Väter* beschreiben" (Amendt 2006, S. 241). Das Dilemma dieser Väter ist, „dass sie nicht alles viel beherzter und entschiedener angehen können" (Amendt 2006, S. 241). Als einen dritten Typus beschreibt Amendt (2006) die Väter, die angegeben hatten, dass ihre Kinder sie nicht mehr sehen wollten. Diese Väter sehen selten einen Platz für sich in der Familie und sind häufig gekränkt. In diesen Konstellationen tritt der Machtkampf zwischen Vater und Mutter so stark in den Vordergrund, dass die Interessen der Kinder oft gar nicht mehr berücksichtigt werden (vgl.

Amendt 2006, S. 242). Dass die Kinder den Kontakt abbrechen, interpretiert Amendt (2006, S. 242ff) als die einzige Möglichkeit für die Kinder ist sich vor den Konflikten der Eltern zu schützen. Manche Väter beschreibt Amendt (2006, S. 244ff) als trotzig. Diesen Vätern gelingt es nicht, bestehende Probleme mit ihrer Partnerin zu diskutieren. Als Beispiel zitiert Amendt (2006, S. 244) einen Vater, der meinte:

„Wenn die Besuche nicht nach meiner Vorstellung ablaufen, dann sehen die Kinder ihren Vater nicht mehr und schlimmstenfalls verlieren sie ihn sogar ganz."

Nach Amendt (2006, S. 244) ist dieser Trotz eine indirekte Bestrafung für Ungerechtigkeiten, die ein Vater erlebt hat. Problematisch an dieser Situation ist, dass die „Strafen", die die Väter wählen, oft auch die Kinder betreffen. Beim Typus der „auserwählten" Väter schließlich ist der Kontakt zu den Kindern schon einmal verloren gegangen später aber durch Initiative der Kinder wieder entstanden.

4.3.1.2 *Ein Konzept zum Engagement des Vaters im Kontext von Trennung und Scheidung nach Ihinger-Tallman, Pasley, Buehler (1995)*

Ihinger-Tallman, Pasley und Buehler (1995) präsentieren ein Konzept über das Engagement von Vätern nach einer Trennung oder Scheidung. Hierbei nehmen sie nicht an, dass Familien, in denen kein Vater präsent ist, an sich defizitär wären. Eine funktionelle Abwesenheit des Vaters stelle vielmehr ein Risiko für Kinder dar. Umgekehrt sei die Anwesenheit des Vaters für die Kinder förderlich, da sie von seiner Liebe, seiner Fürsorge und seiner ökonomischen Unterstützung profitieren. Mit ihrer Theorie beabsichtigen die Autoren einen Beitrag zur Beantwortung der Frage zu leisten, warum einige Väter nach einer Trennung weiter eine feste Konstante im Leben ihrer Kinder bleiben und manche nicht. Für ihren Ansatz greifen sie auf die Identitätsforschung zurück.

Das Kernelement der Theorie ist die Identifikation von Männern mit ihrer Rolle und ihrem Status als Vater. Hierbei beziehen sich die Autoren auf Burke und Tully (1977) und verstehen unter der Erzieher-Rolle des Vaters dessen Selbstkonzept in Bezug auf seinen Vater-Status und die damit verbundenen Rollen. Weiterhin wird väterliches Engagement von Ihinger-Tallman et al. (1995) als diejenigen Verhaltensweisen definiert, die den Kontakt mit dem

Kind fördern und die eine Verbindlichkeit dem Kind gegenüber sichtbar machen. Für eine Definition des kindlichen Wohlergehens beziehen sich die Autoren auf Trotter (1989, S. 16) und betrachten das Wohlergehen der Kinder als den Grad, in dem diese Kinder fähig sind erfolgreich und passend Beziehungen zu anderen einzugehen und in diesen sowie in Spiel- oder Arbeitssituationen möglichst frei von problematischem sozialen Verhalten, belastenden Emotionen und gesundheitlichen Einschränkungen agieren zu können.

In der Theorie von Ihinger-Tallmann et al. (1995) stehen die Vater-Identität, das väterliche Engagement und das kindliche Wohlergehen in einem positiven Zusammenhang miteinander. Ist also die Identifizierung mit der Vaterrolle hoch, so hängt dies mit einem hohen Engagement des Vaters zusammen, welches wiederum mit einem hohen Wohlergehen des Kindes verbunden ist.

Um ihre Theorie zu begründen haben Ihinger-Tallman et al. (1995) die sieben Folgenden Annahmen getroffen:

1. Die meisten Verhaltensweisen sind mit der Ausfüllung von einer oder mehreren Rollen verbunden.

2. Rollen sind gemeinsame Erwartungen oder Bedeutungen (meaning), die sich auf ein bestimmtes Verhalten beziehen.

3. Die Bedeutung (meaning) der Rollen wird durch Interaktion verstanden.

4. Identität ist die Bedeutung (meaning), die eine Person seinem Selbst als einem Objekt in einer bestimmten sozialen Situationen (Status) oder einer sozialen Rolle zuschreibt.

5. Geteilte Meinungen sind die Essenz sozialer Identität.

6. Weil ein Individuum mehrere Status und Rollen innehat, hat es mehrere Identitäten.

7. Daher ist Identität Selbst-Bedeutung im Bezug auf unterschiedliche Status, die man innehat, und Rollen die man ausgefüllt. Sie wird durch Erfahrung, Interaktion und Unterhaltungen mit anderen erzeugt, aufrechterhalten und verändert.

Aus diesen Annahmen leiten sie für ihre Theorie ein Konzept von Vaterschaft ab. Demnach ist Vaterschaft ein sozialer Status, der verschiedene Rollen wie Ernährer oder Freund beinhaltet. Bei der Trennung eines Paares behält der Vater seinen Status bei, es wird allerdings schwieriger für ihn, seine Rollen weiterzuleben, falls er nicht mehr im selben Haushalt wie seine Kinder lebt. Es wird angenommen, dass Menschen Rollen so ausfüllen, dass sie zu ihrer Identität bzgl. eines bestimmten Status passen. Väter sollten sich ihren Kindern gegenüber folglich so verhalten, dass sich darin (a) der Wert, den Vaterschaft für sie hat und (b) ihre Interpretation davon, was ein guter Vater ist, widerspiegeln (vgl. Ihinger-Tallman 1995, S. 67). Für die Variationen in der Interpretation der Vaterrollen geben Ihinger-Tallman et al. (1995, S. 68) als Beispiel an, dass ein Vater, der den Großteil seiner Zeit mit Arbeiten verbringt, seiner Definition nach ein guter Vater sein kann, weil es ihm wichtig ist, dass genügend materielle und finanzielle Ressourcen für sein Kind vorhanden sind, ein anderer Vater hingegen kann sich so viel Zeit wie möglich nehmen, um seinem Sohn beim Sport zuzusehen und so seine Vorstellung von guter Vaterschaft umsetzen.

Wenn ein Vater nach einer Trennung weniger Möglichkeiten hat, den Alltag mit seinen Kindern zu verbringen und sie zu betreuen, wirkt sich das auf seine Vater-Identität aus. Diese Wirkung würde wohl nur dann nicht erwartet werden, wenn die Ausprägung der Vater-Identität sehr hoch oder sehr gering ist. Denn wenn eine Familie sich nach einer Trennung bzw. Scheidung neu organisiert, sind Väter gezwungen andere Möglichkeiten zu finden, wie sie sich für ihre Kinder engagieren und einbringen können. Hierbei ist das Grad des Engagements von verschiedenen Faktoren abhängig: Das Maß, in dem die Vater-Identität gegenüber anderen Identitäten ausgeprägt ist sowie die Hierarchie, in der die Rollen, die mit Vaterschaft verbunden sind, ausgebildet sind. Weitere Einflussgrößen sind das Commitment eines Vaters dazu, wie er sich selbst als Elternteil sieht, das eng mit den Rückmeldungen, die er von wichtigen Dritten für sein Verhalten bekommt, verbunden ist. Dieses Feedback wiederum ist mit den Erwartungen an die Verhaltensweisen des Vaters von Personen die für ihn wichtig sind, verknüpft. Es wird also davon ausgegangen, dass Väter ihre Vater-Identität bestätigen, verfestigen oder ändern, indem sie basierend auf den Rückmeldungen bedeutsamer, anderer zwischen verschiedenen Verhaltensweisen wählen. Diese Dritten-Personen können nach einer Scheidung unter anderem die Ex-Frau, eine neue Partnerin, Kollegen, aber auch die eigenen Kinder oder mögliche Stiefkinder sein (vgl. Ihinger-Tallman et al. 1995, S. 68). Ihinger-Tallman et al. (1995) fassen die Beziehungen zwischen den einzelnen Einflussfaktoren auf die Vateridentität folgendermaßen zusammen:

1. Je nach dem wie stark die Vater-Identität mit anderen Identitäten verwoben ist, desto ausgeprägter ist sie, und entsprechend werden Verhaltensweisen, die zur Vaterrolle gehören, ausgeführt.

2. Je mehr ein Vater in ein Netzwerk mit für ihn bedeutsamen Beziehungen, das seine Vaterschaft voraussetzt, eingebunden ist, desto mehr wird er sich seinem Vater-Status und den damit verbunden Rollen verpflichtet fühlen.

3. Je ausgeprägter der Vater-Status ist, desto größer ist das Commitment diesem Status gegenüber (Commitment sich selbst gegenüber).

4. Je ausgeprägter der Vater-Status ist, desto größer ist das Commitment den Kindern gegenüber (Commitment anderen gegenüber).

Ihinger-Tallman et al. (1995, S. 69) nehmen weiterhin an, dass Rollen, die mit einem Status verbunden sind, ebenso wie verschiedene Status untereinander verglichen und klassifiziert werden. Die Tatsache, wie ein Vater die Rollen, die mit Vaterschaft verbunden sind, nun gewichtet, bildet die Basis für die Entscheidung, wie er seine Ressourcen einsetzt, das heißt, ob er sie für seine Kinder, oder für andere Dinge verwendet. Die Rollen, die ein Vater einnimmt, stehen im Zusammenhang mit seiner Einschätzung über die Vaterrolle. Ein Anzeichen dafür, wie stark eine mit der Vater-Identität verknüpfte Rolle ausgeprägt ist, sind Entscheidungen, die mit dem Aufwand, den ein Vater an Geld, Zeit und Energie betreibt, zusammenhängen. Dies wird von Ihinger-Tallman et al. (1995, S. 69ff) in folgenden Annahmen zusammengefasst:

5. Ein Vater trifft Entscheidungen, die sein Engagement bezüglich seiner Vaterrolle begünstigen (gegenüber Rollenverhalten, das sich auf eine Nicht-Vater-Identität bezieht), wenn der Vater-Status ausgeprägter ist, als andere Status.

6. Ein Vater trifft Entscheidungen, die sein Engagement bezüglich seiner Vaterrolle begünstigen (gegenüber Rollenverhalten, das sich auf eine Nicht-Vater-Identität bezieht), wenn das Handeln und Reagieren bedeutsamer anderer sein Engagement fördert.

7. Ein Vater wird ein Rollenverhalten zeigen, das relativ gut mit seiner Vater-Identität in Einklang steht.

8. Wenn alles andere gleich bleibt, wird ein Vater sich für Rollen entscheiden, die er als angenehm und als möglichst wenig Widerstand hervorrufend wahrnimmt und nicht für solche, die ihm aversiv und schwierig zu meistern erscheinen.

9. Die Ausprägung der verschiedenen Vaterrollen beeinflusst das Verhalten, inwiefern sich ein Vater einbringt.

Nachdem Ihinger-Tallman et al. (1995) dieses Konzept erstellt hatten, konnten sie auch einen positiven Zusammenhang zwischen der Vateridentität, die mit der *Self-Perception of Parenting Role Scale* von McPhee, Benson und Bullock (1986 nach Ihinger-Tallman et al.

1995) gemessen wurde und dem väterlichen Engagement, erfasst durch die Regelmäßigkeit der Kontakte und der Unterhaltszahlungen, nachweisen (n=79; R=.34; p<.01). Ferner benennen sie verschiedene Faktoren, die sich der Forschungsliteratur in der Folge auf den Zusammenhang von Vateridentität (VI) und väterlichem Engagement (VE) auswirken (vgl. Ihinger-Tallman et al. 1995).

Einer dieser Einflüsse sind die Vorlieben und Vorstellungen der Mutter über die Rolle des Vaters. Je positiver sie ihm gegenüber eingestellt ist, desto förderlicher ist dies für das Verhältnis von VI und VE. Nimmt ein Vater seine Ex-Frau hingegen als gute Mutter wahr, so wird dies eher als schwächender Faktor für diese Beziehung ausgelegt, da er ihr so mehr Verantwortung überlassen könnte. Es wird auch angenommen, dass eine hohe emotionale Stabilität des Vaters die Beziehung zwischen VI und VE stärkt, wohingegen eine hohe emotionale Stabilität der Mutter sie eher schwächen sollte. Außerdem spielt die Coparenting-Beziehung der Eltern eine Rolle. Ist diese kooperativ, nehmen die Autoren an, dass sie die Beziehung zwischen VI und VE stärkt. Ist sie kompetativ, so ist das Gegenteil der Fall. Positiv für das Verhältnis von VI und VE sind ebenfalls eine gute ökonomische Situation der Väter und eine sichere Arbeitssituation sowie die Unterstützung väterlichen Engagements durch bedeutsame andere Personen. Schließlich soll das Geschlecht der Kinder die Beziehung zwischen VI und VE beeinflussen. Denn es wird angenommen, dass Söhne sich positiver auf dieses auswirken, als Mädchen (vgl. Ihinger-Tallman et al. 1995).

4.3.2 Einflüsse des Vaters auf die Entwicklung von Kindern nach Trennung und Scheidung

Es ist umstritten wie sehr bzw. wann das väterliche Engagement sich positiv auf die Kinder auswirkt (vgl. King 1994a, King 1994b). Amato und Gilbreth (1999) fanden in einer Meta-Analyse heraus, dass die Qualität der Beziehung und vor allem das Erziehungsverhalten der Väter im Hinblick auf externalisierendes und internalisierendes Problemverhalten der Kinder wichtiger ist als die reine Kontakthäufigkeit zwischen Vater und Kind. Diese reine Kontakthäufigkeit hängt nach Flouri (2005, S. 182) allerdings bei Jugendlichen mit einem klinischen Niveau mit weniger Problemverhalten und weniger ernsten Konflikten mit den Peers zusammen. Spruijt, de Goede und Vandervalk (2004) hingegen konnten keinen Zusammenhang zwischen der reinen Kontakthäufigkeit und dem Problemverhalten der Kinder feststellen. Da man nach Della Casa et al. (2009) wenig über Veränderungen um

Einflussfaktoren im Erziehungsverhalten nach einer Trennung weiß, soll in diesem Kapitel auf verschiedene Faktoren eingegangen werden, die die Qualität der Vater-Kind-Beziehung bzw. das Erziehungsverhalten des Vaters beeinflussen.

4.3.2.1 Die Bedeutung der Qualität der Vater-Kind-Beziehung

Die Vater-Kind-Beziehung ist vor einer Trennung bzw. Scheidung meist nicht so eng wie die Mutter-Kind-Beziehung. Nach einer Scheidung nimmt die Nähe in der Vater-Kind-Beziehung im Vergleich zu der in Kernfamilien ab (vgl. Scott, Booth, King, Johnson 2007, Shapiro, Lambert 1999). Interessant ist in diesem Zusammenhang auch, dass Scott et al. (2007) zufolge verschiedene Faktoren sich darauf auswirken, ob die Vater-Kind-Beziehung enger wird bzw. bleibt. Einer dieser Faktoren ist die Mutter-Kind-Beziehung: Falls sie von guter Qualität ist, dann ist auch die Vater-Kind-Beziehung enger. Dies gilt vor allem für jüngere Jugendliche. Ebenfalls wirkte sich eine gute Befindlichkeit der Jugendlichen positiv auf die Enge der Beziehung zwischen Vater und Kind aus. Die Autoren gehen davon aus, dass die gute Beziehung zur Mutter die ausschlaggebende Variable ist. Denn diese sollte sich auch auf das Wohlbefinden der Jugendlichen auswirken (vgl. Scott et al. 2007). Auch Watzlawick, Ständer und Mühlhausen (2007, S. 106ff) konnten belegen, dass die Qualität der Vater-Kind-Beziehung durch eine Trennung oder Scheidung abnimmt. In ihrer Studie hatten sie Aufmerksamkeit, emotionale Nähe, Kommunikation und Beziehungssicherheit als Indikatoren für Beziehungsqualität verwendet und bei allen diesen Indikatoren zeigte sich eine Verschlechterung. Zusätzlich zu dieser quantitativen Analyse betrachteten Watzlawick et al. (2007, S. 110ff) auch die freien Antworten hinsichtlich der Beziehungsveränderung. Am häufigsten wurden eine Intensivierung der Beziehung, fehlende Nähe/Zeit/Alltagserfahrungen und eine Erschwernis des Kontakts durch die Mutter genannt. Ein regelmäßiger Kontakt zwischen Vätern und Kindern stellt sich zudem als förderlich für alle vier Dimensionen heraus. Whiteside et al. (2000) konnten jedoch auch feststellen, dass der Grad, in dem sich ein Vater schon vor der Trennung für seine Kinder engagiert hat, die Qualität der Eltern-Kind-Beziehung beeinflusst. In derselben Meta-Analyse stellte sich heraus, dass auch die Kontakthäufigkeit nach einer Trennung mit der Qualität der Beziehung zwischen Vater und Kind zusammenhängt. War die Qualität der Beziehung hoch zeigten Kinder weniger internalisierendes Problemverhalten (vgl. Whiteside et al. 2000). Zu ähnlichen Ergebnissen kamen auch Coiro et al. (1998). Jedoch spielt ebenfalls der Wohnort der Kinder nach der Trennung eine Rolle, denn Shapiro et al. (1999) konnten zeigen, dass Väter, die auch nach der Trennung noch mit ihren Kindern zusammenlebten, auch später noch eine bessere Beziehung zu ihnen hatten. In Bezug auf das Erziehungsverhalten wurden Väter im Vergleich zu Stiefvätern als wärmer beschrieben, außerdem nahmen die Jugendlichen bei ihren Vätern mehr Kontrolle wahr als bei den Stiefvätern (Claxton-Oldfield, Garber, Gillcrist 2006). Zudem wünschten sich Kinder mehr väterliches Engagement. Dies gilt für 20 Dimensionen, vor allem aber für die Bereiche Fürsorge, Gemeinschaft, emotionale Unterstützung. Für Mütter wurde dieser Befund jedoch nicht nachgewiesen (vgl. Schwartz, Finley 2009). Dieser verstärkte Wunsch nach väterlichem Engagement scheint ein Phänomen in Scheidungsfamilien zu sein, denn Finley und Schwartz (2007) fanden, dass das Engagement des Vaters in Kernfamilien zu einem höheren subjektiven Wohlbefinden bei Jugendlichen führte. In Trennungsfamilien führte mangelndes Engagement der Väter zu einem stärkeren Wunsch nach mehr Engagement.

Die schulischen Leistungen von Kindern werden ebenfalls von der Vater-Kind-Beziehung beeinflusst (vgl. Amato, Gilbreth 1999, Jones 2004). Denn eine gute Beziehung zwischen Vätern und Söhnen, die nicht bei ihnen lebten, stand in Zusammenhang mit besseren schulischen Leistungen. Außerdem zeigte sich in derselben Studie, dass Jungen, die getrennt von ihren Vätern leben, dann besser in der Schule sind, wenn ihre Einstellungen denen ihrer Väter ähnlich sind. Aber auch die reine Kontakthäufigkeit spielte eine Rolle (vgl. Jones 2004).

Bei der Frage, wie Väter die Zeit, die sie mit ihren Kindern verbringen, gestalten zeigte sich, dass sich die Freizeitgestaltung nicht allzu sehr von der in Kernfamilien unterschied. Das Phänomen der *Disneyland-Daddies* tritt demnach nicht sehr häufig auf. Denn Väter unternehmen nicht nur aufregende und kostspielige Unternehmungen mit ihren Kindern, wie oft der Stereotyp vermuten lässt. Ganz im Gegenteil zu dieser Annahme haben Väter, die getrennt von ihren Kindern leben, oft nicht die Möglichkeit, alltägliche und besondere Unternehmungen wie Urlaub mit ihren Kindern zu unternehmen. Außerdem zeigte sich, dass Väter zufriedener sind, wenn sie wenigstens teilweise an familiären Freizeitaktivitäten teilnehmen konnten (vgl. Swinton, Freeman, Zabriskie, 2009). Ferner sich die Aktivitäten von Müttern und Vätern, die nicht mit ihren Kindern zusammen leben, ähnlich. Der von den Kindern getrennt lebende Elternteil engagierte sich fast ausschließlich im Freizeitbereich (vgl. Stewart 1999). Die Beschränkung auf Freizeitaktivitäten scheint also nicht nur auf Väter reduziert zu sein, sondern viel mehr mit den Wohnbedingungen bzw. Lebensumständen der getrennt lebenden Eltern zusammenzuhängen. Besteht zwischen Vätern und Ihren Kindern eine enge Beziehung, so wohnen sie nach Wilson (2006) zumindest zeitweise zusammen. Ferner haben Kinder in dieser Konstellation auch eine gute Beziehung zu ihren Müttern und die Väter treffen sich auch mit den Müttern und den Kindern zusammen (vgl. Wilson 2006).

Wie schon zuvor in dieser Arbeit besprochen wurde, ist die Beziehung der Eltern zueinander bedeutsam für die Eltern-Kind-Beziehung (vgl. Punkte 2.2.2, 3.2.2). Hierbei wurde unter anderem auf das Coparenting (vgl. Punkt 3.2.2.1) und das Gatekeeping (vgl. Punkt 3.2.2.2) eingegangen. Im Folgenden werden nun verschiedene Aspekte der Beziehung der Eltern zueinander im Kontext von Trennung und Scheidung betrachtet.

Hierzu wird zunächst auf die Konflikte der Eltern miteinander eingegangen. Die Eltern-Kind-Beziehung leidet generell unter Konflikten. Diese Verschlechterung der Beziehung seitens der Kinder führt zu mehr internalisierendem und externalisierendem Problemverhaltenverhalten (vgl. Pruett et al. 2003). Außerdem wird die Qualität der Vater-Kind-Beziehung stärker durch die Konflikte zwischen den Eltern beeinträchtigt als die der Mutter-Kind-Beziehung (vgl. Pruett et al. 2003, Fabricius et al. 2007, Yu, Pettit, Landsford, Dodge und Bates 2010, Watzlawick, Ständer, Mühlhausen 2007, S. 115ff). Coparentale Konflikte wirken sich negativ auf das Erziehungsverhalten aus (vgl. DeGarmo et al. 2008). Yu et al. (2010) konnten in einer längsschnittlichen Untersuchung ebenfalls bestätigen, dass sich Konflikte zwischen Eltern negativ auf die Eltern-Kind-Beziehung auswirken. Dabei stellten sie auch fest, dass die Mutter-Tochter-Beziehungen nach einer Scheidung enger sind als die Vater-Sohn-Beziehungen. Watzlawick et al. (2007, S. 125ff) geben des Weiteren an, dass die Beziehungsgestaltung der Eltern nach der Trennung wichtig ist. So hatten Väter dann eine bessere Beziehung zu den Kindern, wenn sie den Kontakt zu den Müttern zumindest eingeschränkt aufrechterhielten, die Trennung von wenigen Konflikten begleitet wurde und sich die Eltern bezüglich der Erziehung zumindest gelegentlich absprechen, wobei sich dieser letzte Punkt als besonders bedeutsam herausstellte. Ferner war es von Vorteil, wenn die Eltern gemeinsam entschieden hatten, bei wem die Kinder nach der Trennung leben sollen, und sich das Sorgerecht teilten. Des Weiteren geben die Autoren dieser Studie an, dass es für die Väter wichtig ist, wie die Eltern ihren Kindern die Trennung erklären. Denn besonders ungünstig war es, wenn die Väter nicht wussten, was die Mütter ihren Kindern erzählt hatten (vgl. Watzlawick et al. 2007, S. 125ff).

Coiro et al. (1998) vermuten zudem, dass sich die Vater-Kind-Beziehung schon vor der Trennung durch Konflikte verschlechtern könnte. Dafür spricht, dass Väter, deren Beziehung zu ihren Kindern nach einer Trennung qualitativ schlechter ist, öfter angeben, dass ihre Frau als Gatekeeperin fungiert (Shapiro et al. 1999). Ferner haben Jugendliche eine schlechtere Beziehung zum Vater, wenn sich die Mutter schlecht über ihn äußert (vgl. Kenyon, Koerner 2008). Interessanterweise hängt die Konflikthaftigkeit der Eltern-Kind-Beziehung mit der Zufriedenheit der Mutter und mit der Kontakthäufigkeit zwischen Vätern und Kindern zusammen. Denn wie sich in einer Studie von King und Heard (1999) zeigte, sind manche Mütter trotz Konflikten zufrieden mit dem Kontakt zwischen Vater und Kind. Gründe hierfür können sein, dass sie sich diesen Kontakt für die Kinder wünschen oder dass sie so entlastet werden. Jedoch gibt es auch eine kleinere Anzahl von Müttern, die es bevorzugen, wenn sich die Väter nicht einbringen. Es zeigte sich ergänzend hierzu, dass es den Kindern, deren Müttern unzufrieden mit einer hohen Kontakthäufigkeit zum Vater waren, am schlechtesten geht. So kommt King (1994a) zu dem Schluss, dass man bei der Beurteilung, wie sich das Engagement von Vätern auswirkt, die getrennt von ihren Kindern leben, miteinbeziehen muss, wie konflikthaft eine solche Trennung verläuft, da sich hieraus große Unterschiede ergeben können. Auch Walper (2006) geht auf die Bedeutung von Konflikten ein. Die Wirkung von Konflikten zwischen den Eltern scheint schwerer zu wiegen als die Trennung an sich. So können die Streitigkeiten zwischen den Eltern zu Koalitionsdruck auf die Kinder führen und die Qualität des Erziehungsverhaltens der Eltern einschränken. Zudem kann der eben erwähnte Koalitionsdruck auf die Kinder dazu führen, dass förderliche Aspekte der Vater-Kind-Kontakte verringert werden (vgl. Walper 2006). Wilson (2006) untersuchte umgekehrt in einem Literatur-Review, welche Väter die beste Beziehung zu den Müttern ihrer Kinder haben und kam zu dem Ergebnis, dass diese Männer einen hohen sozio-ökonomischen Status haben, mit den Müttern konfliktfrei sprechen können und zufrieden damit sind, wie der Umgang mit den Kindern geregelt ist und damit, wie die Scheidung verlaufen ist. Zudem wohnen ihre Kinder teilweise bei ihnen Vätern.

Weil sich das Erziehungsverhalten von Vätern als ein bedeutsamer Faktor für die Entwicklung der Kinder herausstellte (vgl. Amato et al. 1999), wird nun auf die Faktoren eingegangen, die einen Einfluss auf das Erziehungsverhalten der Väter haben können.

4.3.2.2 Einflüsse auf das Erziehungsverhalten von Vätern im Kontext von Trennung und Scheidung

In diesem Punkt werden verschiedene Einflüsse auf das Erziehungsverhalten des Vaters erläutert, die für diese Arbeit von Bedeutung sind. Dabei wird auf generelle Kompetenzen der Väter eingegangen, die nicht nur für den Kontext von Trennung und Scheidung gelten.

Persönlichkeit des Vaters

Die Persönlichkeit der Eltern ist eine weitere Einflussgröße auf deren Erziehungsverhalten. So beeinflusst die psychische Reife, die nach Belsky (1984) auch mit dem zunehmenden Alter wächst, den Umgang der Eltern mit ihren Kindern, insofern, dass sie feinfühliger und anregender mit ihrem Nachwuchs umgehen. Als weiteren Faktor der elterlichen Persönlichkeit kann man deren psychische Befindlichkeit heranziehen. So haben Väter, die ihre Kinder voll versorgen sollten, mehr Stress mit ihrer Vaterrolle als andere (vgl. DeGarmo, Patras und Eap 2008). Dieser Stress wirkt sich auf das Wohlbefinden der Kinder, besonders aber das der Mädchen aus (vgl. Harper, Fine 2006).

Eine weitere Einflussgröße sind die sozialen und emotionalen Kompetenzen eines Vaters. Studien zum Meta-Emotions-Konzept, das die Gedanken und Gefühle eines Menschen über seine Emotionen behandelt, veranschaulichen die Bedeutung von emotionalen Kompetenzen. Dieses Konzept geht also der Frage, was ein Mensch über ein Gefühl, beispielsweise seine Wut denkt oder fühlt. Diese Gedanken und Gefühlen über die eigenen Emotionen ergeben die Meta-Emotionsstruktur, die die Handlungen in Beziehungen und in der Erziehung beeinflusst. Außerdem reguliert sie, in welchem Maße ein Mensch seine Emotionen ausdrückt oder kontrolliert. Die Meta-Emotionen von Eltern haben auch einen Einfluss darauf, wie sie mit den Gefühlen ihrer Kinder umgehen. Es gilt als besonders förderlich, wenn Eltern ihren Kindern helfen, Gefühle offen auszudrücken und als Emotionscoach dienen (vgl. Gottman, Katz und Hooven 1997a, Gottman und de Claire 1997b; Katz, Wilson und Gottman 1999). Welche Einflüsse hat nun die Meta-Emotionsstruktur von Vätern? Zum einen laufen die Interaktionen von Vätern bei der Kindererziehung und beim Umgang mit ihren Partner gleich ab. Die Meta-Emotionsstruktur eines Vaters beeinflusst sein Erziehungsverhalten, denn Emotionscoaching, das Mütter signifikant öfter anwenden als Väter, stand in einem positiven Zusammenhang mit einem Erziehungsverhalten, dass man als lobend bzw. rüstend bezeichnen kann, und hing negativ mit Erziehungsverhalten zusammen, dass man als herabwürdigend beschreiben kann. Mit der Anwendung von rüstenden bzw. lobenden

Erziehungsverhalten, bringt man Kindern etwas bei, indem man ihnen möglichst wenig Information für eine Aufgabe oder Tätigkeit zur Verfügung stellt, so dass es beginnen kann, sie zu erledigen, während man darauf wartet, dass es etwas richtig macht. Geschieht dies, so lobt man das Kind dafür und gibt ihm mehr Informationen für die Aufgabe und so weiter. Herabwürdigendes Erziehungsverhalten stellt das Gegenteil dar. Man gibt Kindern eine Fülle von Informationen, achtet auf Dinge, die es falsch macht, kritisiert es, ist ungeduldig und redet für das Kind. Bei Emotionscoaching hat der Nachwuchs den klaren Vorteil seine Gefühle besser regulieren zu können, sich nicht so schnell von negativen Gefühlen aus der Bahn werfen zu lassen, weniger negative Interaktionen mit seinen Mitschülern zu haben und sich besser konzentrieren zu können (vgl. Gottman 1998). Außerdem haben diese Kinder einen besseren Stand bei ihren Lehrern, weinen seltener und haben eine höhere Resistenz gegen infektiöse Krankheiten. Dies führt Gottman (1998) zu der Schlussfolgerung, dass Väter wichtig für die Entwicklung von Regulationsmechanismen ihrer Kinder sind. Je nach dem, ob sie diese rüstend/lobend oder herabwürdigend erziehen, können sie sowohl viel Positives als auch Negatives zur emotionalen Entwicklung ihrer Kinder beitragen.

Auch Herlth (2002) bezieht sich auf die Bedeutung der väterlichen Feinfühligkeit, denn für ihn stellt sie einen wichtigen Faktor für eine gelungene Vater-Kind-Beziehung dar und er verweist darauf, dass „Merkmale, die Beziehungskompetenz anzeigen – väterliche Sensitivität wäre ein solches Merkmal – mit der Qualität der Vater-Kind-Beziehung kovariieren" (Herlth 2002, S. 604). Auch die Wahrnehmung davon, wie gut die Erziehungsfähigkeiten der Väter aus Sicht von Kindern sind, ist ein wichtiger Faktor, der auf die Qualität der Vater-Kind-Beziehung einwirkt (vgl. Stone 2006).

Einen weiteren Einfluss auf das Erziehungsverhalten haben die Einstellung sowie die Identität des Vaters. So gibt es eine Reihe von Studien, die sich mit der Identität von Vätern in Bezug auf ihre Vaterrolle beschäftigten (vgl. Marsiglio et al. 2000, Ihinger-Tallman et al. 1995, Henley & Pasley 2005, Fox & Bruce 2001, Pasley, Furtis, Skinner 2002, Minton & Pasley 1996, Cook & Jones 2007). Stone (2006) definierte in ihrer Studie als den wichtigsten von sieben getesteten Faktoren für die Qualität der Vater-Kind-Beziehung die Rollenklarheit des Vaters. Auch Ihinger-Tallman et al. (1995) geben an, dass ein Vater je nachdem, wie er eine gute Vaterrolle definiert, unterschiedlich agieren kann. Hält er es für zentral als guter Vater viel Geld für die Familie zu erarbeiten, so kann dies dazu führen, dass er sehr viel Zeit an seinem Arbeitsplatz verbringt. Ein anderer Vater kann sich als guter Vater sehen, wenn er möglichst viel Zeit mit seinen Kindern verbringt und viele Sportveranstaltungen seiner Kinder besucht. Es ist also erkennbar, dass die Identität, die ein Mann als Vater hat, zu bestimmten Handlungsweisen führen. Hallman, Dienhart und Beaton (2007) gehen darauf ein, dass für Väter, die nach einer Trennung oder Scheidung nicht mehr mit ihren Kindern zusammenleben, der Faktor Zeit eine immer wichtigere Rolle spielt und dass der Umgang mit ihrer Vater-Identität für sie schwierig ist in der Zeit, in der sie getrennt von ihren Kindern leben, bzw. dass diese Zeit teilweise an den Rand rückt. Neben dieser Vater-Identität hat auch der Umgang eines Mannes bzw. die Einstellung eines Vaters zu seiner Männlichkeit einen Einfluss auf dessen Verhalten als Vater. So kommt Buschmeyer (2008) in einer Studie zu in Teilzeit arbeitenden Männern zu dem Schluss, dass es „milieuspezifische Unterschiede in den vorherrschenden Männlichkeits- und Väterlichkeitsmustern" (Buschmeyer 2008, S. 139) gibt. Außerdem weist er darauf hin, dass es den Männern in ihrer Studie, die ja beruflich eher einer feministischen Forderung nachkommen und Teilzeit arbeiten, wichtig war auf ihren männlich Habitus hinzuweisen, auch wenn sie sich teilweise vom klassischen Männlichkeitsbild abgrenzen. Wie bereits in Punkt 3.1.4 erwähnt hat auch die Bildung einen Einfluss auf das Erziehungsverhalten der Väter (vgl. Amato 1998).

Elternbeziehung

Auch die Beziehung der beiden Elternteile zueinander hat einen Einfluss auf das Erziehungsverhalten. Ein Ergebnis, dass sich in vielen Studien gezeigt hat, ist die negative Auswirkung von Konflikten zwischen Eltern auf die Entwicklung von Kindern im Kontext von Trennung und Scheidung (vgl. u.a. Harper et al. 2006). Sandler, Miles, Cookston und Braver (2008) fanden hierzu in einer Studie heraus, dass Konflikte zwischen den Eltern und die Wärme in der Erziehung von Vätern und Müttern in einem direkten Zusammenhang miteinander stehen. So nimmt der Effekt von Wärme in der Erziehung auf das internalisierende Problemverhalten bei einer höheren Konfliktlastigkeit ab. Für das externalisierende Problemverhalten wurde allerdings kein vergleichbares Ergebnis gefunden. Hier ergab sich ein unabhängiger Effekt der Wärme in der Erziehung von Müttern und Vätern auf das externalisierende Problemverhalten. Je mehr Wärme die Eltern zeigten, desto weniger Problemverhalten trat bei den Kindern auf. Interessant ist auch, dass die Wärme eines Elternteils die mangelnde Wärme des anderen ausgleichen kann (vgl. Sandler et al. 2008). Außerdem hat sich in längsschnittlichen Untersuchungen gezeigt, dass durch die Belastungen einer Trennung oder Scheidung auch das Erziehungsverhalten der Eltern und deren Nähe zu ihren Kindern beeinträchtigt werden (Amato, Booth 1996, Schmidt-Denter, Beelmann 1995). Wenn durch eine Trennung also Konflikte reduziert werden können, kann sich das auch positiv das Erziehungsverhalten der Eltern und somit auf die Entwicklung der Kinder auswirken.

Die Konflikte zwischen Eltern sind jedoch nicht nur eine Variable, die auf das Erziehungsverhalten der Eltern, deren Engagement oder auf die Qualität der Eltern-Kind-Beziehung wirken, sondern die auch andere beeinflussen bzw. bedingen. So stellten sich das Einkommen und die Sicherheit der beruflichen Situation des Vaters, dessen Anwesenheit bei der Geburt, sein Stresslevel und eine eventuelle Beteiligung an kriminellen Tätigkeiten als mögliche Einflussfaktoren heraus. Das Stressniveau der Mutter spielte jedoch auch eine Rolle ebenso wie das Geschlecht der Kinder, denn Jungen wirkten auch auf den Konflikt zwischen den Eltern ein (vgl. Coley, Hernandez 2006).

Aber auch die Befindlichkeit der Eltern hat einen Einfluss auf das Coparenting bzw. die Eltern-Kind-Beziehung nach einer Trennung. In einer Studie von Pruett et al. (2003) hatten Mütter mit vielen Symptomen verstärkt den Eindruck, dass der Vater Einfluss auf ihr eigenes Erziehungsverhalten hat. Dies kann unter anderem daran liegen, dass die schlechtere Befindlichkeit der Mütter die Väter dazu veranlasst, sich mehr in die Kindererziehung einzumischen. Einen Hinweis hierauf liefert Stone (2006), die die Wahrnehmung der Erziehungskompetenz der Mutter als einen von drei wichtigen Faktoren, der die Qualität der Vater-Kind-Beziehung beeinflusst, betrachtet. Für die Qualität der Vater-Kind-Beziehung sei es besser, wenn der Vater die Erziehungskompetenzen der Mutter schlechter einstufte. Hatte ein getrennt lebender Vater die Wahrnehmung, dass seine Ex-Frau seine Art zu erziehen positiv fand, so hatte dies auch eine positive Auswirkung auf die Zufriedenheit des Vaters mit der Beziehung zu seinem Kind (vgl. Cohen et al. 2005). Beim Vergleich von Müttern und Vätern kann man feststellen, dass Mütter bezüglich ihre Zufriedenheit mit ihrer Beziehung zu ihrem Kind, weniger auf Faktoren von außen angewiesen sind (vgl. Cohen et al. 2005). Ferner ging eine schlechtere Befindlichkeit der Eltern mit einer schlechteren Eltern-Kind-Beziehung einher (vgl. Pruett et al. 2003). Aber auch die Kinder können die elterliche Befindlichkeit beeinflussen, so konnten beispielsweise Shapiro et al. (1999) belegen, dass Väter, die mit ihren Kindern zusammenleben gestresster sind als von ihren Kindern getrennt lebende Väter.

Weiterhin zeigen sich, dass das Erziehungsverhalten von Vätern und Müttern die Kinder unterschiedlich beeinflusste. Wenn Väter zusätzlich zu den Müttern engagiert waren, so zeigen Jungen in einer Studie von Simons, Lin, Gordon, Conger und Lorenz (1999) weniger Problemverhalten. Dass das Engagement der Väter einen wichtigen Beitrag leisten kann, erkennt man daran, dass sich die Tendenz zur Delinquenz von Jungen nicht erhöhte, wenn sich die Väter engagierten. Waren sie nicht involviert, so stieg die Delinquenz (vgl. Simons et al. 1999). Dieser Effekt zeigte sich jedoch nur für Jungen und nicht für Mädchen, daher scheint der Einfluss von Vätern bzw. Eltern auf ihre Kinder unterschiedlich zu sein. Auch in einer weiteren Studie von Simons, Whitbeck, Beaman, und Conger (1994) mit Jugendlichen, die getrennt von ihren Vätern lebten, zeigte sich dieser Effekt. Hier hatte das Erziehungsverhalten der Väter einen Einfluss auf das externalisierende Problemverhalten ihrer Töchter und Söhne. Auch bei der Erziehungsweise der Mütter war dies der Fall, zudem wurde auch das internalisierende Problemverhalten der Jungen dadurch beeinflusst. In derselben Studie fand sich auch, dass das Verhalten von Jugendlichen mit unterschiedlichen Reaktionen von Eltern einhergeht. Bei Problemverhalten Jugendlicher zeigten Mütter einen schlechteren Erziehungsstil und Väter engagierten sich generell weniger für ihr Kind (vgl. Simons et al. 1994). Dieses Ergebnis erinnert an Hawkins et al. (2007) (vgl. Punkt 4.3.1), die feststellten, dass Väter bei Kindern mit höherem Wohlbefinden weniger engagiert sind.

Wie das Sorgerecht zwischen den Eltern verteilt wird, hat zwar wie bereits in Punkt 4.3.1 beschrieben einen Einfluss auf die Kontakthäufigkeit, jedoch nicht auf das Erziehungsverhalten der Väter. Denn bei DeGarmo et al. (2008) wurden über die Zeit keine signifikante Unterschiede im Erziehungsverhalten von Vätern mit unterschiedlichem Sorgerecht festgestellt. Auch Ahorns und Tanner (2003) berichten, dass das Sorgerecht keinen Einfluss auf die Qualität der Vater-Kind-Beziehung hat.

Außerdem wird der Partnerschaftsbegriff nach einer Trennung schwieriger, denn es können ja neue Partner(innen) in das Leben Getrennter treten. In diesem Zusammenhang zeigte sich, dass neue Partnerinnen einen negativen Einfluss auf das prosoziale Erziehungsverhalten von Vätern hat (DeGarmo et al. 2008). Außerdem senkt eine neue Partnerin auch die Qualität der Beziehung zum Kind, wenn sie schnell nach der Trennung in das Leben des Vaters tritt (vgl. Ahorns et al. 2003).

Kind

Nach Belsky (1984) beeinflusst vor allem die Rolle des kindlichen Temperaments die Art und Weise der elterlichen Erziehung. So fanden auch McBride, Schoppe und Rane (2002) einen Zusammenhang zwischen Temperament und Engagement von Vätern und kommen zu dem Schluss, dass ihre Ergebnisse das Modell von Belsky stützen, das das Temperament von Kindern also eine Auswirkung auf das Engagement von Vätern hat. Interessant ist in dieser Studie vor allem, dass Väter Töchter, die emotional anstrengend sind, als stressender erlebt haben als Söhne. Für die Mütter ist dieses Verhältnis jedoch genau umgekehrt. Sie nahmen

Söhne, die emotional anstrengend waren, als anstrengender wahr, als Töchter. Ein weiteres Ergebnis war, dass Väter bei Töchtern, die weniger kontaktfreudig waren, auch weniger involviert waren, wohingegen sich in Bezug auf Kontaktfreudigkeit kein Unterschied für Jungen ergab. Ein weiterer Unterschied zwischen Vätern und Müttern in dieser Untersuchung war, dass es weniger Zusammenhänge zwischen dem Engagement der Mütter und dem Temperament der Kinder gab. Fuhrer (2009) weist aber auf die „Komplexität der Wirkmechanismen" (Fuhrer 2009, S. 131) hin, die im Rahmen aktueller Forschung zum kindlichen Temperament gefunden wurden. Ferner geht er darauf ein, „dass sich die Wirkung des kindlichen Temperaments nur in Interaktion mit der Umwelt entfaltet" (Fuhrer 2009, S. 131) und weist auf die Problematik hin, die entsteht, wenn die Eigenschaften des Kindes nicht mit denen übereinstimmen, die sich die Eltern erwartet haben (vgl. Fuhrer 2009, S. 131). Auch eine Studie von Denissen, van Aken und Dubas (2009) bestätigt die Annahme von Belsky (1984), dass die Persönlichkeit der Kinder auch die Eltern beeinflusst. Denn in ihrer Studie konnten sie belegen, dass die Verträglichkeit von Jugendlichen mit mehr Wärme in der Beziehung einhergeht, allerdings nimmt die Vorhersagekraft der Persönlichkeit von Jugendlichen mit zunehmendem Alter zu. Wie bereits in der Studie von McBride et al. (2002) teilweise anklang, hat auch das Geschlecht der Kinder einen Einfluss auf die Erziehung, auch in dem Sinne, das Kinder geschlechtsspezifisch bzw. entsprechend der jeweiligen Geschlechternorm erzogen werden (Faulstich-Wieland 1995, Eickhoff, Hasenberg und Zinnecker 1999). Weiterhin fanden Watzlawick et al. (2007, S. 154ff) in Bezug auf die Qualität der Vater-Kind-Beziehung, dass sich in der Gruppe mit der besseren Vater-Kind-Beziehung mehr Mädchen als Jungen befanden. Kenyon et al. (2008) stellten zudem fest, dass Kinder, die emotional weniger autonom von ihrer Mutter sind, eine schlechtere Beziehung zu ihren Vätern haben. Dass das Geschlecht der Jugendlichen einen Einfluss darauf hat, wie Väter ihre Kinder erziehen, wurde bereits in Punkt 3.2.4 verdeutlicht.

Außerdem kann sich das Alter der Kinder auf die Erziehung bzw. das Engagement des Vaters auswirken. Väter engagieren sich nach einer Trennung oder Scheidung eher bei ältern Kindern, was zur Folge hat, dass Väter mit diesen Kindern mehr kommunizieren und dass diese Kinder auch mehr Fähigkeiten und Fertigkeiten für den Alltag erlernen sowie generell besser sozialisiert werden (vgl. Pruett et al. 2003). Umgekehrt bedeutet dies nun aber, dass Kinder, die bei einer Trennung oder Scheidung jünger sind, weniger Chancen auf diese Vorteile haben.

4.4 Zusammenfassung

Das vierte Kapitel behandelte die Vaterschaft im Kontext von Trennung und Scheidung. Zunächst wurde gezeigt, dass Trennung und Scheidung in Deutschland viele Familien betrifft und keine Ausnahme mehr darstellt. Die Thematik wird in Deutschland gesellschaftlich und politisch weiterhin diskutiert und ist somit dynamisch, da sich bis zum gegenwärtigen Zeitpunkt das Rechtssystem verändert. Das theoretische Verständnis von Trennung und Scheidung veränderte sich ebenfalls dieser Prozess wird nun als Übergang und Reorganisation des Familienlebens gesehen. Wie dieser Prozess für die beteiligten Personen verläuft, hängt von verschiedenen Moderatoren und Mediatoren ab. Da Väter nach der Trennung häufig von ihren Kindern getrennt leben, wurde in einem nächsten Schritt auf die Faktoren eingegangen, die einen Einfluss auf den weiteren Kontakt von Vätern zu ihren Kindern hat. Dabei wurde eine Vielzahl von strukturellen Faktoren festgestellt, dass der Beziehung des Vaters zur Mutter und den Konflikten in dieser Beziehung allerdings eine zentrale Rolle zukommt. Als weitere Einflüsse wurden die auch Faktoren der Kinder und Väter besprochen. Abschließend wurde auf die Qualität der Vater-Kind-Beziehung eingegangen und gezeigt, dass sie wichtiger ist als die reine Kontakthäufigkeit von Vätern und Kindern. Als besonders relevant erwies sich hierbei das Erziehungsverhalten der Väter.

5 Studie 1: Die Wahrnehmung des anderen Elternteils und dessen Auswirkung auf die Vater-Kind-Beziehung

In diesem Kapitel wird der Fragestellung nachgegangen, inwieweit das Bild des ehemaligen Partners die Kontakte zwischen Vater und Kind beeinflusst. Zunächst werden die Hypothesen, die getestet werden, vorgestellt. Hierauf werden methodische Überlegungen zur Überprüfung dieser Hypothesen präsentiert. Anschließend werden die Stichproben, das Sample und die Untersuchungsinstrumente dargestellt, abschließend werden die Ergebnisse präsentiert und diskutiert.

5.1 Hypothesen

Wie bereits einleitend erwähnt, wird in diesem Kapitel der Frage nachgegangen, inwieweit die Wahrnehmung eines Elternteils über den jeweils anderen den Kontakt zwischen Vätern, die nicht in einem Haushalt mit ihren Kindern leben, und ihrem Nachwuchs beeinflusst. Dabei wird die Sichtweise beider Eltern aufgenommen, denn, wie im Verlaufe dieser Arbeit immer wieder gezeigt wurde, ist es im Kontext der Familienforschung bzw. der Forschung über Väter und ihre Kinder sinnvoll, nicht nur die Vater-Kind-Dyade zu betrachten, sondern auch die Mutter in die Analysen einzubeziehen (vgl. u.a. Doherty 1998, Amato 1998, Cyprian 2007, Punkt 2.2). Ein weiterer Grund, beide Perspektiven zu betrachten ist, wie ebenfalls bereits erwähnt, dass Väter und Mütter ihre jeweilige Situation bzw. die ihrer Familie unterschiedlich einschätzen (vgl. Trinder 2008). Daher soll in diesem ersten Teil der Untersuchung auf die Auswirkung der Wahrnehmung des jeweils anderen Elternteils auf die Kontakte zwischen Vätern und Kindern haben. Hat beispielsweise die Art und Weise, wie eine Mutter den Vater im Konflikt wahrnimmt, einen Einfluss auf die Kontakte zwischen Vater und Kind und umgekehrt: Hat die väterliche Wahrnehmung der Mutter im Konflikt einen Einfluss auf die Kontakte zwischen Vater und Kind? Hierbei wird zunächst überprüft, inwieweit das Bild, das die Mutter vom Vater hat, auf diesen Kontakt wirkt, bevor in einem zweiten Schritt geprüft wird, inwieweit das Bild, das der Vater von der Mutter hat, einen Einfluss auf den Kontakt von Vätern zu ihren Kindern hat. Diese Fragestellung soll anhand verschiedener Unterhypothesen geprüft werden, in denen das Bild vom anderen Elternteil differenziert wird. Hierbei werden für Vater und Mutter dieselben Indikatoren für das Kind herangezogen.

Diese Fragestellung leitet sich daraus ab, dass, wie in Punkt 3.2.2 dargestellt wurde, die Beziehung der Eltern zueinander wichtig für die weitere Entwicklung des Kindes ist und dass sie auch nach dem Ende der elterlichen Paarbeziehung in Form der Coparenting-Beziehung weiter bestehen kann (vgl. Punkt 3.2.2.1). Daher soll in der vorliegenden Arbeit überprüft werden, welche Faktoren eines Elternteils in der Wahrnehmung des jeweils anderen Elternteils den Kontakt zwischen Vater und Kind beeinflussen.

Den Müttern wird innerhalb der Coparenting-Beziehung eine Mittlerrolle bzw. Gatekeeping-Funktion zugesprochen, durch die sie Einfluss auf den Kontakt zwischen Vater und Kind hat (vgl. Punkt 3.2.2.2). Man kann im Sinne von Trinder (2008) auch sagen, dass seitens der Mütter untersucht wird, inwieweit deren Wahrnehmung des Vaters bzw. seiner Verhaltensweisen oder der Vater-Kind-Beziehung eher zu gate-opening oder gate-closing führen. Um zu überprüfen, ob dieselben Faktoren, auch einen Einfluss auf den Vater-Kind-Kontakt haben, wenn sie durch Väter bei Müttern wahrgenommen werden, werden dieselben Hypothesen auch aus Sicht des Vaters getestet. Die beidseitige Testung erfolgt auch, weil sich in der Studie von Cannon et al. (2008) ein reziproker Zusammenhang zwischen Gatekeeping durch Mütter und dem Verhalten der Väter gezeigt hat, wobei hier einschränkend erwähnt werden muss, dass in dieser Studie lediglich Kleinkinder untersucht wurden. Da aber Mütter und Väter in Trennungsfamilien das Verhalten bezüglich des Vater-Kind-Kontakts unterschiedlich einschätzen bzw. wahrnehmen (vgl. Trinder 2008), ist die erste Hypothese dieser Arbeit, dass unterschiedliche Faktoren in der Wahrnehmung des anderen Elternteils für Väter und Mütter für die Vater-Kind-Beziehung bedeutsam werden.

Hypothese 1:   Für Väter bzw. Mütter sind unterschiedliche Faktoren in der Wahrnehmung des anderen Elternteils für den Kontakt zwischen Vater und Kind bedeutsam.

Welche Faktoren spielen in der Wahrnehmung des anderen Elternteils eine Rolle? Als der Frage nachgegangen wurde, ob Mütter einen Einfluss auf den Kontakt von Vätern und ihren Kindern haben, wurden verschiedene Einflüsse identifiziert, die bewirken, ob eine Mutter den Kontakt zum Vater fördert oder einschränkt. Ebenso wurde im Kontext der Coparenting- und Scheidungsforschung untersucht, welche Faktoren in diesem Feld wichtig sind. Viele dieser Einflüsse wurden bereits in vorhergehenden Teilen dieser Arbeit thematisiert (vgl. u.a. die Punkte 3.2.2, 4.3.1). Im Anschluss sollen ein paar dieser Faktoren kurz vorgestellt werden:

Als Einfluss auf die Kontakte zwischen Vater und Kind stellte sich die Qualität der Beziehung der Eltern nach einer Trennung heraus (vgl. Trinder 2008), aber auch die Konflikte (vgl. Douglas 2005, Pruett et al. 2003, Baum 2004) bzw. Feindseligkeit sowie die Kooperation (vgl. Whiteside et al. 2000, Pruett et al. 2003, Baum, 2004) der Eltern. Ferner stellte sich die Fähigkeit des Vaters, sich gut artikulieren zu können als förderlich für die Coparenting-Beziehung der Eltern heraus (vgl. Kolak et al. 2007). Weitere Faktoren, die vor allem das Gatekeeping-Verhalten von Müttern bestimmen, sind deren Einstellung dem Vater gegenüber (vgl. Trinder 2008) bzw. wie gut ihr Bild vom Vater ist (Pruett et al. 2003), aber auch Überlegungen zum Wohlergehen der Kinder (vgl. Trinder 2008). Auf der Basis dieser Ergebnisse wurden folgende Hypothesen generiert:

Hypothesen zur Einstellung der Mütter:

Hypothese 2: Die Bindung der Mütter an die Väter hat einen Einfluss auf den Vater-Kind-Kontakt aus der Sicht der Väter.

Hypothese 3: Sind die negativen Attributionen der Mütter gegenüber den Vätern hoch, ist der Kontakt zwischen Vater und Kind aus Sicht des Vaters schlechter.

Hypothese 4: Nehmen Mütter die Väter als konstruktiv in Konflikten wahr, ist der Kontakt zwischen Vätern und Kindern aus Sicht der Väter besser.

Hypothese 5: Nehmen die Mütter das Coparenting mit den Vätern als positiv wahr, ist der Kontakt zwischen Vätern und Kindern aus Sicht der Väter besser.

Hypothese 6: Je weniger die Mütter befürchten, dass die Väter eine Koalition mit den Kindern gegen sie bilden, desto besser ist der Vater-Kind-Kontakt aus Sicht der Väter

Hypothese 7: Je weniger Angst die Mütter um das Wohlbefinden der Kinder haben, wenn diese mit den Vätern zusammen sind, desto besser ist der Vater-Kind-Kontakt aus Sicht der Väter.

Hypothese 8: Je mehr Vorbehalte die Mütter gegen den Kontakt zwischen Vätern und Kindern haben, desto schlechter ist der Vater-Kind-Kontakt aus Sicht der Väter.

Hypothese 9: Je besser die Mütter die Vater-Kind-Beziehung einschätzen, desto besser ist der Vater-Kind-Kontakt aus Sicht der Väter.

Hypothese 9.1:   Je enger die Mütter die Vater-Kind-Beziehung einschätzen, desto besser ist dies für den Vater-Kind-Kontakt aus Sicht der Väter.

Hypothese 9.2:   Je harmonischer die Mütter die Vater-Kind-Beziehung einschätzen, desto besser sind die Vater-Kind-Kontakt aus Sicht der Väter.

Hypothesen zur Einstellung des Vaters:

Hypothese 10:   Die Bindung der Väter an die Mütter hat einen Einfluss auf den Vater-Kind-Kontakt aus der Sicht der Väter.

Hypothese 11:   Sind die negativen Attributionen der Väter gegenüber den Müttern hoch, ist der Kontakt zwischen Vater und Kind aus Sicht der Väter schlechter.

Hypothese 12:   Nehmen Väter die Mütter als konstruktiv in Konflikten wahr, ist der Kontakt zwischen Vätern und Kindern aus Sicht der Väter besser.

Hypothese 13:   Nehmen die Väter das Coparenting mit den Müttern als positiv wahr, ist der Kontakt zwischen Vätern und Kindern aus Sicht der Väter besser.

Hypothese 14:   Je weniger die Väter befürchten, dass die Mütter eine Koalition mit dem Kind gegen sie bilden, desto besser ist der Vater-Kind-Kontakt aus Sicht der Väter.

Hypothese 15:   Je weniger Angst die Väter um das Wohlbefinden der Kinder haben, wenn dieses mit den Müttern zusammen sind, desto besser ist der Vater-Kind-Kontakt aus Sicht der Väter.

Hypothese 16:   Je weniger Angst die Väter um das Wohlbefinden der Kinder haben, wenn dieses mit den Müttern zusammen sind, desto besser ist der Vater-Kind-Kontakt aus Sicht der Väter.

Hypothese 17:   Je mehr Vorbehalte die Väter gegen den Kontakt zwischen Müttern und Kindern haben, desto schlechter ist der Vater-Kind-Kontakt aus Sicht der Väter und umgekehrt.

Hypothese 18:   Je besser die Väter die Mutter-Kind-Beziehung einschätzen, desto besser ist der Vater-Kind-Kontakt aus Sicht der Väter und umgekehrt.

Hypothese 18.1:   Je enger ein Vater die Mutter-Kind-Beziehung einschätzt, desto besser ist dies für den Vater-Kind-Kontakt aus Sicht der Väter.

Hypothese 18.2: Je harmonischer ein Vater die Mutter-Kind-Beziehung einschätzt, desto besser ist der Vater-Kind-Kontakte aus Sicht des Väter.

5.2 Methodische Überlegungen

Die Hypothesen, die in Punkt 5.1 vorgestellten wurden, werden anhand eines Strukturgleichungsmodells geprüft. Hierbei wurde die genaue Entscheidung, nach welchem Ansatz dies erfolgen soll, anhand eines Fragenkatalogs von Jarvis, MacKenzie und Podsakoff (2003, S. 203 nach Weiber und Mühlhausen et al. 2010, S. 36ff) getroffen. Anhand dieses Fragenkatalogs kann man entscheiden, ob eine Hypothesenprüfung durch ein formatives oder refelektives Messmodell geeigneter erscheint. „Formative Messmodelle folgen dabei einem *regressionsanalytischen Ansatz* mit der Besonderheit, dass für latente Variablen als abhängige Größe der Regressionsbeziehung *keine* empirischen Messwerte verfügbar sind und sie daher in Relation zu anderen Variablen geschätzt werden müssen (Weiber et al. 2010, S. 35).

Reflektive Messmodelle hingegen folgen „einem faktoranalytischen Ansatz und unterstellen, dass hohe Korrelationen zwischen den Messvariablen bestehen, deren verursachende Größe die betrachtete latente Variable darstellt" (Weiber et al. 2010, S. 35). Der wesentliche Unterschied zwischen den beiden Ansätzen liegt also in der Kausalität, denn im reflektiven Ansatz stellt das latente Konstrukt eine unabhängige Variable dar, während es im formativen Ansatz das abhängige Konstrukt einer Kausalbziehung ist (vgl. Weiber et al. 2010, S. 36). Um sich also für Ansatz zu entscheiden, mit dem man arbeitet, ist die Kernfrage, ob „die Veränderung in der Ausprägung einer Messvariable eine Veränderung in der Ausprägung der latenten Variablen (=formativ) oder die Veränderung in der Ausprägung der latenten Variablen eine Veränderung in Ausprägung der Messvariablen (=reflektiv)" (Weiber et al. 2010, S 36) bewirkt. Weitere Fragen anhand derer die Entscheidung getroffen werden kann, werden in der nachfolgenden Tabelle dargestellt, die einen Fragenkatalog von Jarvis, MacKenzie und Podsakoff (2003, S. 203, nach Weiber et al. 2010, S. 36ff) enthält. Weiber et al. (2010, S. 207) weisen jedoch darauf hin, dass trotz dieser Kriterien immer noch ein Interpretationsspielraum bleibt.

Tabelle 8: Kriterien zur Entscheidung zwischen reflektiven und formativen Messmodellen

Kriterium	Formatives Messmodell	refelektives Messmodell
Kausal-Richtung	Von der MV zum Konstrukt	Vom Konstrukt zu den MV
Sind die MV definierte Merkmale oder Erscheinungsformen des Konstrukts?	MV sind definierte Merkmale des Konstrukts	MV sind Erscheinungsformen des Konstrukts
Führen veränderte MV-Ausprägungen zu Veränderungen des Konstrukts?	Ausprägungen sollten zu Veränderungen des Konstrukts führen	Konstruktveränderungen sollten zu Veränderungen der MV-Ausprägungen führen
Austauschbarkeit der MV	MV müssen nicht austauschbar sein	MV sollen austauschbar sein
Haben die MV ähnliche Inhalte und ein „gemeinsames Thema"?	MV müssen nicht denselben Inhalt oder ein gemeinsames Thema haben	MV sollten denselben Inhalt oder ein gemeinsames Thema haben
Verändert der Ausschluss einer MV den konzeptionellen Konstruktrahmen?	Könnte den konzeptionellen Rahmen des Konstrukts verändern	Sollte den konzeptionellen Rahmen des Konstrukts nicht verändern
Kovariation zwischen den MV	MV müssen nicht zwingen kovariieren	MV sollten möglichst kovariieren
Nomologisches Netz der MV	Nomologisches Netz der MV kann sich unterscheiden	Nomologisches Netz der Indikatoren sollte sich nicht unterscheiden
Sollen die MV dieselben Antezedenzen und Konsequenzen haben?	Indikatoren müssen nicht dieselben Antezedenten und Konsequenzen haben	Indikatoren müssen dieselben Antezedenzen und Konsequenzen haben
MV = Manifeste (Mess-) Variable		

(vgl. Weiber et al. 2010, S. 37)

Anhand dieser Kriterien wurde entschieden, dass die in Punkt 5.1 vorgestellten Hypothesen anhand des formativen Ansatzes geprüft werden sollen. Hierbei fiel die Wahl auf ein „Multiple Indicators Multiple Causes" (MIMIC) Modell. In diesen Modellen werden latente Variablen gleichzeitig aus formativen und reflektiven Indikatoren gemessen. Dies ist notwendig, da formative Modelle für sich immer empirisch unteridentifiziert sind (vgl. Weiber et al. 2010, S. 211). Die formativen Indikatoren, die Multiple Causes, werden in dieser Untersuchung durch die Variablen zur Einschätzung des anderen Elternteils repräsentiert. Die multiplen Indikatoren sind der reflektive Teil des Modells, der in diesem Fall aus den Variablen zur Kontakthäufigkeit und -zufriedenheit des Vaters bestehen. Der Vorteil eines MIMIC Modells liegt nach Weiber et al. (2010) vor allem darin, „dass es *gleichzeitig* die Bedeutsamkeit *einzelner* formativer Indikatoren (Regressionsgewichte) zur Prüfung eines Konstrukts als auch die *gemeinsame Vorhersagekraft* der Indikatoren für ein Konstrukt (erklärte Varianz) abschätzen kann" (Weiber et al, 2010 S. 212). Den Aufbau eines MIMIC Modells kann man der nachfolgenden Abbildung entnehmen:

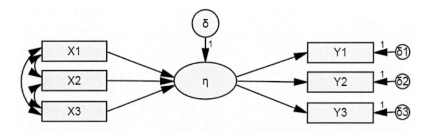

Abbildung 12: Aufbau eines MIMIC Modells (vgl. Weiber 2010, S. 205)

Die Operationalisierung von formativen Konstrukten erfolgt in drei Schritten: (1) die Generierung eines Sets von Indikatoren, (2) die Festlegung der Messvorschrift und (3) die Konstruktion der Messvorschrift. Hierbei besteht der erste Schritt, die Generierung von Indikatoren, vor allem darin ein Konstrukt theoriegeleitet durch möglichst viele dieser Indikatoren abzubilden. Dies ist in dieser Arbeit im Rahmen der Hypothesenbildung und anhand der Analyse der Literatur, die im ersten Teil der Arbeit dargestellt wurde, geschehen (vgl. Weiber et al. 2010, S. 87ff). Die Festlegung der Messvorschrift, der zweite Schritt, umfasst, wie die verschiedenen Items gemessen wurden (vgl. Weiber et al. 2010, S.95 ff), dies wird in der vorliegenden Arbeit unter Punkt 5.4 Untersuchungsinstrumente dokumentiert. Im Rahmen des dritten Schritts, der Konstruktion der Messvorschrift, muss auf eine ausgewogene Verteilung der Indikatoren geachtet werden, denn besteht ein Konstrukt beispielsweise aus verschiedenen Facetten, soll keine von diesen über- oder unterrepräsentier sein (vgl. Weiber et al. 2010, S. 206). Außerdem ist für die unabhängigen Indikatoren eine Kollinearitätsprüfung durchzuführen, da eine Regressionsanalyse nicht durchführbar wäre, wenn Multikollinearität vorliegt (vgl. Weiber et al. 2010, S. 207). Weiber et al. (2010, S. 207ff) empfehlen als Kriterium für die Kollinearitätsprüfung den „Varianz Inflation Faktor" (VIF) bzw. den Toleranzwert der Variablen sowie zusätzlich auch deren Interkorrelationen zu betrachten, um das Problem der Multikollinearität ausschließen zu können. Als Grenzwerte geben die Autoren für den VIF-Wert 10 an. Sie erwähnen jedoch einschränkend, dass dieser Wert sehr hoch gegriffen ist und empfehlen ab einem VIF-Wert von 3 eine inhaltliche Überprüfung der Variablen mit einem solchen Wert durchzuführen. Sie verweisen jedoch auch auf Diamantopoulos und Riefler (2008, S. 1193) die es als sinnvoll erachten einen Indikator dann auszuschließen, wenn dessen VIF größer 5, sein Regressionskoeffizient nicht signifikant ist und alle inhaltlichen Bereiche eines Konstrukts trotz der Herausnahme dieses Faktors abgedeckt bleiben.

Außerdem gilt es darauf zu achten, ob das Modell valide ist. Hierzu soll geprüft werden, ob Indikatorvalidität vorliegt. Dies ist der Fall, wenn sich die Regressionskoeffizienten der Indikatoren signifikant von Null unterscheiden. Ist dies nicht der Fall, sollten sie, insofern dies nicht inhaltlichen Überlegungen widerspricht, entfernt werden (vgl. Weiber et al. 2010, S. 209). Um die Modelle auf Konstruktvalidität zu untersuchen, empfehlen Diamantopoulos und Winkelhofer (2001, S. 272ff) zunächst das gesamte Modell zu schätzen und die nomologische Validität als gegeben zu betrachten, wenn sich alle theoretisch angenommenen Pfade bestätigen. Dies ist der Fall, wenn sich diese Pfade signifikant von Null unterscheiden und die Wirkrichtung dieser Pfade auch der in den Hypothesen angenommenen Richtung entspricht.

Neben diesen Richtlinien muss auch die Modellgüte des gesamten Modells berechnet werden. Hierzu werden in dieser Arbeit verschiedene Richtwerte angegeben. Diese sind der Chi-Quadrat-Test und der Root-Mean-Square-Error of Approximation (RMSEA) als inferenzstatistisches Gütemaß. Der Comparative Fit Index (CFI), als inkrementelles Fitmaß, sowie das Standardized Root Mean Square Residual (SRMS) als absolutes Fitmaß. Nachfolgend werden in Tabelle 9 die Gültigkeitsbereiche für die genannten Fitmaße angegeben.

Tabelle 9: Schwellenwerte der Fitmaße für den Fit des Gesamtmodells

Kriterium	Schwellenwerte	Quellen
RMSEA	$\leq 0,05$ bis $0,08$	Browne & Cudeck (1993)
	$\leq 0,06$	Hu & Bentler (1999), S. 27
SRMR	$\leq 0,08$	Hu & Bentler (1999), S. 27
	$\leq 0,10$	Homburg, Klarmann & Pfesser (2008), S 288
CFI	$\leq 0,90$	Homburg & Baumgartner (1996), S. 27
	$\leq 0,95$	Carlson & Mulaik (1993)
Chi²-Test	verworfene H_0 also ein nicht-signifikantes Testergebnis	Weiber & Mühlhaus (2010), S. 160ff

(Tabelle erstellt nach Weiber et al. 2010, S. 176)

Abschließend soll in diesem Kapitel noch erwähnt werden, dass für die Durchführung der Analysen fehlende Werte imputiert wurden, da im Programm AMOS 18, das für die Berechnung der Modelle genutzt wurde, manche Funktionen, wie die Modification Indices

(M.I.) nur bei Datensätzen ohne fehlende Werte verwendet werden können. Fehlende Werte können in verschiedenen Formen auftreten. Zum einen können die Daten *not missing at random (NMAR)* sein, das heißt, die Werte fehlen nicht zufällig. Entsprechend können Werte den Kategorien *missing completely at random (MCAR)* oder *missing at random (MAR)* zugeteilt werden, wenn kein System hinter den fehlenden Werten gefunden werden kann. Lässt sich die Struktur der fehlenden Werte den letzten beiden Kategorien zuordnen, kann man diese ersetzen (vgl. Weiber et al. 2010, S. 141ff). Durch den Befehl *Analyse fehlender Werte* im Programm PASW SPSS 18 wurde ermittelt, dass die fehlenden Angaben in den verwendeten Datasets nicht NMAR sind. Somit konnte eine Imputation dieser Werte mit Hilfe des *EM-Algorithmus,* „der über hervorragende Eigenschaften verfügt" (Weiber et al. 2010, S. 143), im Programm PASW SPSS 18 durchgeführt werden. Der Datensatz mit den ersetzten Werten wurde zur Beschreibung der Erhebungsinstrumente und zur Überprüfung der Hypothesen herangezogen. Die folgende Stichprobenbeschreibung erfolgte mit dem ursprünglichen Datenset.

5.3 Projekt- und Stichprobenbeschreibung

Die Daten, die zur Überprüfung der eben dargestellten Hypothesen verwendet werden, wurden im Rahmen der Evaluation des Elternkurses *Kinder im Blick* (KIB) gewonnen. Dieser Kurs wurde in Zusammenarbeit der Ludwig-Maximilians-Universität (LMU) und der Beratungsstelle *Familiennotruf München* unter der Leitung von Frau Prof. Dr. Walper entwickelt. Das Konzept des Kurses baut auf dem Elterntraining *Familienteam – das Miteinander stärken* (vgl. Graf 2005) auf und kann der Dissertation von Dr. Sonja Bröning entnommen werden (vgl. Bröning 2009). Bei dem hier verwendeten Sample handelt es sich um eine gepoolte Stichprobe der Kursgruppe (EG) und der Kontrollgruppe (KG) dieser Studie. Die KG unterteilt sich in zwei Gruppen, zum einen in eine Untergruppe, die keine intervenierenden Maßnahmen, wie etwa eine Beratung, besuchte und zum anderen in eine zweite Untergruppe, die eine Mediation oder andere Beratungsangebote in Anspruch nahmen. Es handelt sich auf Grund der Stichprobenzusammensetzung muss um kein repräsentatives Sample. Denn viele der Probanden stammen aus dem Klientel der Beratungsstelle *Familiennotruf* und können den so genannten High-Conflict-Familien zugeordnet werden, die vom Familiengericht an die Beratungsstelle zur Mediation oder zur Teilnahme am Elternkurs geschickt wurden. Leider können zur genauen Verteilung von hoch konflikthaften und weniger konflikthaften Trennungen keine genauen Aussagen gemacht werden, da diese Einschätzung für die erste Untergruppe der KG nicht getroffen werden kann. Das Sample ist außerdem nicht repräsentativ, da der Teil der KG, der keine Interventionen beanspruchte, freiwillig an der Studie teilnahm und es so schwierig war, auf eine gleichmäßige Verteilung innerhalb der Stichprobe zu achten. Die Probanden dieser Gruppe wurden beispielsweise durch Aushänge oder Flyer im Familiengericht, in Kindergärten, Arztpraxen oder durch die Zusammenarbeit mit Anwälten rekrutiert. Besonders schwierig war die Rekrutierung beider Elternteile, da zwar oft einer der beiden Elterteile gerne an der Studie teilnahm aber, um weitere Konflikte mit dem ehemaligen Partner zu vermeiden, keinen Kontakt für die Studie mit diesem aufnehmen wollte. Die Verteilung der Fragebögen erfolgte in den verschiedenen Gruppen auf unterschiedliche Art und Weise. Die EG bekam die Fragebögen in der ersten Sitzung des Elternkurses, die Untergruppe der KG, die Interventionen wahrnahm, erhielt die Fragebögen postalisch oder im Kontext der Beratungsstelle, der zweiten Untergruppe wurden die Fragebögen zugeschickt. Ein geringer Teil der KG beteiligte sich zudem an einer Onlinebefragung. Inhaltlich waren die Bögen für die relevanten Items und Skalen identisch. Der einzige Unterschied in den Fragebögen für die Mütter und Väter war die geschlechtsspezifische Anrede. Die Erhebung erstreckte sich über die Zeit von Dezember 2006 bis Mitte 2010. Der lange Erhebungszeitraum begründet sich dadurch, dass der Kurs zu Beginn der Studie lediglich in einer Beratungsstelle durchgeführt wurde und die Teilnehmerzahl so sehr langsam wuchs. Im Folgenden wird auf die Charakteristika der hier verwendeten Stichprobe eingegangen.

Das Sample umfasst 39 Elternpaare, also 39 Väter und 39 Mütter, die sich getrennt haben. Die Väter waren im Durchschnitt mit 41,76 Jahren ein wenig älter als die Mütter mit 40,37 Jahren. Die Eltern hatten durchschnittlich 1,66 gemeinsame Kinder, die jeweilige Anzahl schwankte zwischen einem und drei Kindern, die im Schnitt 8,91 Jahre alt waren. Die Eltern waren vor ihrer Trennung durchschnittlich 3,67 Jahre zusammen, die Trennung lag im Mittel 1,57 Jahre zurück. Die Mütter hatten im Durchschnitt 2.240,81€ und die Väter 3.490,44€ monatlich zur Verfügung (vgl. Tabelle 10).

Tabelle 10: Soziodemographische Angaben zu den Eltern

	Mittelwert (SD)	Minimum	Maximum	Fehlend
Alter der Mütter in Jahren	40,37 (5,25)	30	57	0
Alter der Väter in Jahren	41,76	30	55	1
Alter der Kinder in Jahren	8,91 (3,62)	3	18	0
Anzahl gemeinsamer Kinder	1,66 (,534)	1	3	1
Zeit seit der Trennung (Jahre)	1,54 (3,47)	19,00	0	8
Zeit bis zur Trennung	3,67 (3,54)	0	11	12
Monatliches Nettoeinkommen im Haushalt gesamt - Väter	3490,44€ (2164,24)	347,00€	10.000€	5
Monatliches Nettoeinkommen im Haushalt gesamt - Mütter	2240,81€ (929,85)	800€	5.200€	2

Zunächst wird auf den Bildungshintergrund und die Berufstätigkeit der Eltern eingegangen. Betrachtet man die höchsten erreichten Schulabschlüsse, die die Eltern erreicht haben, kann man schnell erkennen die Stichprobe wie angenommen nicht repräsentativ ist. 66,7% der Mütter und Väter erreichten das Abitur. Somit liegt die Stichprobe über dem Bundesdurchschnitt. Dass die hier befragten Eltern eine hohe Bildung haben, zeigt sich auch in den Berufsabschlüssen, da 43,6% der Mütter und 66,7% der Väter ein abgeschlossenes Studium aufzuweisen haben. Hinsichtlich des Umfangs der Berufstätigkeit unterscheiden sich Mütter und Väter deutlich, denn in der Väter-Gruppe arbeiten 87,2% Vollzeit, im Gegensatz zu 10,3% der Mütter. 53,8% der Frauen arbeiteten jedoch in Teilzeit und 17,9% stundenweise. In diesen Kategorien befinden sich allerdings deutlich weniger Väter, denn lediglich 5,3% von ihnen arbeiteten in Teilzeit und 1,9% stundenweise. Arbeitslos sind 2,6% der Frauen und 2,6% der Männer in der Stichprobe. Lediglich 7,7% der Mütter in diesem Sample sind Hausfrauen (vgl. Tabelle 11).

Tabelle 11: Bildungshintergrund und Berufstätigkeit der Eltern

	Mütter		Väter	
	in Prozent	Anzahl	in Prozent	Anzahl
Höchster Schulabschluss				
Kein Abschluss	2,6	1	2,6	1
Hauptschulabschluss	5,1	2	7,7	3
Mittlere Reife	23,1	9	17,9	7
(Fach-) Abitur	66,7	26	66,7	26
fehlend	2,6	1	5,1	2
Berufsabschluss				
Keine abgeschlossene Ausbildung	7,7	3	0	0
Facharbeiterabschluss/ abgeschlossene Ausbildung	43,6	17	15,4	6
Meister	0	0	5,1	2
(Fach-) Hochschulabschluss	43,6	17	66,7	26
anderes	2,6	1	10,3	4
fehlend	2,6	1	2,6	1
Berufstätigkeit				
Vollzeit	10,3	2	87,2	34
Teilzeit	53,8	21	5,3	2
stundenweise (bis 12 h/Woche)	17,9	7	0	0
in Umschulung/ Fortbildung	2,6	1	2,6	1
arbeitslos	2,6	1	2,6	1
Hausfrau/-mann	7,7	3	0	0
in Elternzeit	2,6	1	0	0
fehlend	2,6	1	2,6	1

Deskriptiv betrachtet geben sowohl Väter als auch Mütter an, dass eher die Frauen stärker auf die Trennung gedrängt hatten als die Männer (vgl. Tabelle 12).

Tabelle 12: Initiierung der Trennung

	Mütter		Väter	
	in Prozent	Anzahl	in Prozent	Anzahl
Initiierung Trennung von mir				
Sehr stark	48,7	19	46,2	18
Ziemlich stark	10,3	4	12,8	5
Etwas	12,8	5	20,5	8
Gar nicht	23,1	9	20,5	8
Fehlend	5,2	2	0	0
Initiierung Trennung durch anderen Elternteil				
Sehr stark	41,0	16	33,3	13
Ziemlich stark	7,7	3	30,8	12
Etwas	25,6	10	17,9	7
Gar nicht	23,1	9	17,9	7
Fehlend	2,6	1	0	0

84,6% der Eltern waren miteinander verheiratet und bei 28,2% der Eltern lief zum Zeitpunkt der Befragung ein Scheidungsverfahren. 28,2% der Mütter hatte einen neuen Partner, 53,8% der Väter lebten in einer neuen Beziehung (vgl. Tabelle 13).

Tabelle 13: Beziehungsstatus der Eltern

	in Prozent	Anzahl
Waren sie verheiratet?		
Ja	84,6	33
Nein	12,8	5
Fehlend	2,6	1
Läuft ein Scheidungsverfahren?		
Ja	28,2	11
Nein	69,2	27
Fehlend	2,6	1
Hat der Vater eine neue Partnerin?		
Ja	53,8	21
Nein	44,7	17
Fehlend	2,6	1
Hat die Mutter einen neuen Partner?		
Ja	28,2	11
Nein	69,2	27
Fehlend	2,6	1

5.4 Untersuchungsinstrumente

Im Folgenden werden die Instrumente, die in dieser Untersuchung eingesetzt wurden, vorgestellt. Hierfür wird zunächst dargestellt, um welche Instrumente es sich handelt und wo sie ihren Ursprung haben. Im Anschluss daran werden die Reliabilitäten und Beispiel-Items in Tabelle 14 angegeben. Alle hier dargestellten Instrumente wurden von Vätern und Müttern beantwortet. Die Skalen, die mehr als ein Item umfassen, werden im Anhang komplett dargestellt.

Bindung an den ehemaligen Partner:
Diese Skala geht auf die *Kitson Attachment Scale* (vgl. Kitson 1982, 1991) zurück, sie soll die Bindung von ehemaligen Partnern im Kontext von Trennung an den jeweils anderen messen und wurde für diese Studie übersetzt (vgl. Fosburgh, Taxer 2009a).

Negative Attributionen:

Diese Skala umfasst 10 Items wurde extra für diese Studie entwickelt. Sie soll messen, wie die ehemaligen Partner füreinander fühlen bzw. welches Bild sie vom jeweils anderen Partner haben (vgl. Fosburgh et al. 2009a).

Coparenting:

Die Skala, die in den Fragebögen in der KIB Evaluation verwendet wurde, um das Coparenting zu erfassen, besteht aus 14 Items, die auf den Skalen *Quality of Coparental Communication* (Ahrons 1981) und *Questions on Coparenting* (Maccoby, Depner & Mnookin 1990) basieren. Beide wurden im Rahmen einer Magisterarbeit (vgl. Büttner) zusammengefügt. In dieser Studie wurde die Skala jedoch um 2 Items, die sich auf den Koalitionsdruck der Eltern beziehen, gekürzt, da sie durch ein anderes Item, das die Angst vor Koalitionsbildung abfragt, erfasst werden sollte (vgl. Fosburgh et al. 2009a).

Konstruktives Konfliktverhalten:

Diese Skala geht zurück auf das *Conflict Resolution Styles Inventory* von Kurdek (1994), mit dem erhoben werden kann, wie sich der Partner im Konflikt verhält. Die verwendete Adaption wurde bereits in der Längsschnittstudie „Familienentwicklung nach der Trennung" (vgl. Schwarz, Gödde 1997) eingesetzt (vgl. Fosburgh et al. 2009a).

Eltern-Kind-Beziehung aus Sicht des anderen Elternteils und Angst vor Koalitionsbildung:

Diese Items wurden für das Evaluationsprojekt erstellt (vgl. Fosburgh et al. 2009b) und können Tabelle 14 entnommen werden.

Einstellung zum Kontakt mit dem anderen Elternteil:

Diese Items wurden von Schmidt-Denter und Beelmann (1995) übernommen (vgl. Fosburgh et al. 2009b) und werden ebenfalls in Tabelle 14 aufgeführt.

Tabelle 14: Übersicht über die in Studie 1 verwendeten Instrumente

Skala	Anzahl Items	Beispiel – Item	Rating	α	
Bindung an die/den ehemalige/n Partner/in	3	Ich verbringe viel Zeit damit, an meine ehemalige Partnerin zu denken.	1-5	Vater	,902
				Mutter	,864
Negative Attributionen zum andren Elternteil	9	An unseren Problemen ist hauptsächlich sie/er schuld.	1-5	Vater	,699
				Mutter	,668
Coparenting des anderen Elternteils	12	Würden Sie sagen, dass Ihre ehemalige Partnerin für Sie eine Hilfe in der Kindererziehung darstellt?	1-5	Vater	,861
				Mutter	,810
Konstruktives Konfliktverhalten des anderen Elternteils	4	Sie/Er bemüht sich darum, in Ruhe darüber zu diskutieren.	1-5	Vater	,865
				Mutter	,840
Eltern-Kind-Beziehung aus Sicht des anderen Elternteils: eng vs. distanziert	1	Die Beziehung zwischen meiner ehemaligen Partnerin und meinem Kind ist... sehr distanziert bis sehr eng	0–10	---	
Eltern-Kind-Beziehung aus Sicht des anderen Elternteils: harmonisch vs. konfliktgeladen	1	Die Beziehung zwischen meiner ehemaligen Partnerin und meinem Kind ist... sehr distanziert bis sehr eng	0-10	---	
Angst vor Koalition	1	Vermuten Sie, dass Ihr ehemaliger Partner versucht, Ihren Sohn / Ihre Tochter gegen Sie auszuspielen oder auf seine Seite zu ziehen?	1-5	---	
Angst um das Wohlbefinden des Kindes	1	Haben Sie wegen ihres ehemaligen Partners Angst um das seelische und / oder körperliche Wohlbefinden Ihres Kindes?	1–5	---	
Einstellung zum Kontakt	1	Was denken Sie über den Kontakt ihres Kindes zum anderen Elternteil?	1–3	---	

5.5 Ergebnisse

5.5.1 Die Einschätzung der Väter aus Sicht der Mütter und dessen Auswirkung auf die Vater-Kind-Beziehung

1. Kollinearitätsprüfung

Die Hypothesenprüfung erfolgte nach dem in Punkt 5.2 beschriebenen Muster. Zunächst wurde eine Kollinearitätsprüfung für die unabhängigen Variablen des formativen Teils im MIMIC Modell durchgeführt. Diese Analyse erfolgte mit Hilfe des Statistikprogramms PASW SPSS 18. Die Ergebnisse der Analyse machten deutlich, dass sich nach den angegebenen Richtwerten (vgl. Punkt 5.2) kein Problem bei der Kollinearitätsprüfung ergeben hat (vgl. Tabelle 15). Außerdem werden in Tabelle 16 die Korrelationen der einzelnen Items angegeben. Sie dient als Information, um eine Vergleichbarkeit der Zusammenhänge zwischen den Variablen an sich und innerhalb der getesteten Modelle herstellen zu können.

Tabelle 15: Kollinearitätsprüfung der unabhängigen Variablen aus Sicht der Mutter

Variable / Skala	Toleranzwert	VIF
Bindung an den ehemaligen Partner	,784	1,275
Negative Attributionen zum Vater	,516	1,937
Coparenting aus Sicht der Mutter	,360	2,776
Konstruktives Konfliktverhalten	,513	1,948
Enge Vater-Kind-Beziehung	,569	1,759
Harmonische Vater-Kind-Beziehung	,477	2,096
Keine Angst vor Koalition	,504	1,986
Negative Einstellung zum Kontakt des anderen Elternteils	,879	1,137
Keine Angst um das körperliche Wohlergehen der Kinder	,336	2,978

Tabelle 16: Korrelationstabelle der Variablen zur Erfassung der Einschätzung des Vaters aus Sicht der Mutter

Variablen	1	2	3	4	5	6	7	8	9
(1) Bindung an den ehemaligen Partner	1								
(2) Negative Attributionen zum Vater	-,221	1							
(3) Coparenting aus Sicht der Mutter	,169	-,501**	1						
(4) Konstruktives Konfliktverhalten	,295+	-,623**	,486*	1					
(5) Enge Vater-Kind-Beziehung	,294+	-,509**	,338*	,632**	1				
(6) Harmonische Vater-Kind-Beziehung	,373*	-,376*	,416*	,580**	,567**	1			
(7) Keine Angst vor Koalition	-,131	,209	-,086	-,200	-,169	-,301+	1		
(8) Negative Einstellung zum Kontakt des anderen Elternteils	,279+	-,263	,156	,411*	,257	,470*	-,197	1	
(9) Keine Angst um das körperliche Wohlergehen der Kinder	,073	-,161	,111	,231	,226	,566**	-,241	,544**	1

+ signifikant p ≤ ,1; * signifikant p = ≤,05 ; **signifikant p ≤ ,01

2. Beurteilung der Modellgüte

Nachdem alle Variablen des formativen Teils auch für die Modellprüfung herangezogen werden können, wurde die Güte des Modells betrachtet. Für den reflexiven Teil des Modells werden hierfür zunächst die quadrierten Korrelationskoeffizienten angegeben. Als hinreichend großen Wert für Konstruktvalidität geben Weiber et al. (2010, S. 210) $R^2 >= 0,3$ an, in Anlehnung an Chin (1998, S. 325). Mit Werten von ,477 für die Kontakthäufigkeit und ,655 für die Kontaktzufriedenheit ist die Konstruktvalidität im vorliegenden Modell gegeben (vgl. Tabelle 17).

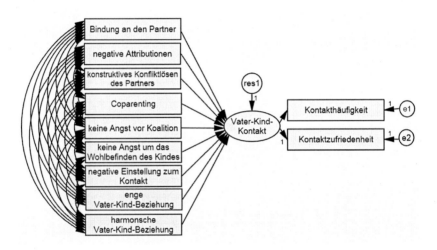

Abbildung 13: Aufbau des angenommenen Modells

Tabelle 17: Quadrierte Korrelationskoeffizienten des reflexiven Modellteils

Variable	R^2
Kontakthäufigkeit	,477
Kontaktzufriedenheit	,655

Bei Betrachtung der Regressionskoeffizienten des formativen Teils im Modell (vgl.Tabelle 18), stellt man fest, dass diese nicht alle signifikant werden. Dies bedeutet, dass sie keine hohe Validität aufweisen. Da sie für das Konstrukt auch nicht entscheidend sind, wurden alle Variablen, die nicht signifikant wurden, schrittweise aus dem Modell entfernt.

Tabelle 18: Regressionskoeffizienten im angenommenen Modell

Regressionspfad	Unstandardisiertes Regressionsgewicht (S.E.)	Standardisiertes Regressionsgewicht
Bindung an den ehemaligen Partner → Vater-Kind-Kontakt	,168 (,131)	,180
negative Attributionen → Vater-Kind-Kontakt	,262 (,238)	,191
konstruktives Konfliktverhalten → Vater-Kind-Kontakt	,146 (,182)	,124
Coparenting → Vater-Kind-Kontakt	**,961*** (,330)	**,599***
Keine Angst vor Koalition → Vater-Kind-Kontakt	,172 (,143)	,212
Keine Angst um das Wohlbefinden der Kinder → Vater-Kind-Kontakt	-,236 (,151)	-,330[3]
Negative Einstellung zum Vater-Kind-Kontakt → Vater-Kind-Kontakt	,306 (,293)	,139
Enge Vater-Kind-Beziehung aus Sicht der Mutter → Vater-Kind-Kontakt	,148 (,079)+	,310+
Harmonische Vater-Kind-Beziehung aus Sicht der Mutter → Vater-Kind-Kontakt	,156 (,081)+	,340+
Vater-Kind-Kontakt → Kontaktzufriedenheit	1,000	**,809******
Vater-Kind-Kontakt → Kontaktzufriedenheit	**,361**** (,085)	**,691****

+ signifikant $p \leq ,1$; * signifikant $p = \leq,05$; **signifikant $p \leq ,01$

---

[3] Im Vergleich zu den Regressionskoeffizienten der Enge und Harmonie in der Vater-Kind-Beziehung müsste dieser Koeffizient ebenfalls tendenziell signifikant sein, AMOS berechnet für diese Variable jedoch einen Wert von $p = ,116$. Daher wurde die Variable auch nicht entsprechend gekennzeichnet.

Die weiteren Werte für das Modell zeigen eine gute Anpassung des Modells an Das Bestimmungsmaß des formativen Teils des MIMIC Modells, das aus den quadrierten multiplen Korrelationen für das latente Konstrukt *Vater-Kind-Kontakt* besteht, zeigt mit einem Wert von $R^2 = ,769$, dass die formativen Indikatoren knapp 77% der Varianz des Konstrukts aufklären (vgl. Weiber et al. 2010, S. 216). Dass das Modell an sich eine gute Anpassung hat, lässt sich aus Tabelle 19 entnehmen. Als weitere Informationen werden die Intercepts der Variablen bzw. Skalen und deren Fehlervarianzen angegeben (vgl. Tabelle 20). Auch die Fehlerkorrelationen der Indikatoren im formativen Teil des Modells werden in Tabelle 21 dargestellt.

Tabelle 19: Model-Fit für das angenommene Modell

Kriterium	Wert
Chi²	6,084 (p = 6,084)
Du	8
CFI	1,000
RMSEA	,000
SRMR	,0281

Tabelle 20: Intercepts und Fehlervarianzen des angenommenen Modells

Variable / Skala	Mittelwert & Intercept (S.E.)	Fehlervarianz (S.E.)
Bindung an den ehemaligen Partner	2,362** (,179)	1,217** (,279)
Negative Attributionen zum Vater	3,450** (,205)	1,592** (,365)
Coparenting aus Sicht der Mutter	3,406** (,104)	,409** (,094)
Konstruktives Konfliktverhalten	3,093** (,121)	,557** (,128)
Enge Vater-Kind-Beziehung	2,459** (,142)	,766** (,176)
Harmonische Vater-Kind-Beziehung	2,890** (,233)	2,056** (,472)
Keine Angst vor Koalition	1,132** (,075)	,216** (,050)
Negative Einstellung zum Kontakt des anderen Elternteils	6,202** (,348)	4,614** (1,059)
Keine Angst um das körperliche Wohlergehen der Kinder	5,821** (,362)	4,968 (1,140)
Kontaktzufriedenheit (e2)	-4,002* (1,685)	,556* (,218)
Kontakthäufigkeit (e1)	1,114 (,703)	,150 ** (,041)
Vater-Kind-Kontakt (res1)	-----	,244 (,185)

+ signifikant p ≤ ,1; * signifikant p = ≤,05 ; **signifikant p ≤ ,01

Tabelle 21: Tabelle mit den Fehlerkorrelationen innerhalb des angenommenen Modells

Variablen	1	2	3	4	5	6	7	8	9
(1) Bindung an den ehemaligen Partner	1								
(2) Negative Attributionen zum Vater	-,221	1							
(3) Coparenting aus Sicht der Mutter	,169	-,501*	1						
(4) Konstruktives Konfliktverhalten	,295+	-,623**	,486*	1					
(5) Enge Vater-Kind-Beziehung	,294+	-,509*	,338*	,632**	1				
(6) Harmonische Vater-Kind-Beziehung	,373*	-,376*	,416*	,580*	,567*	1			
(7) Keine Angst vor Koalition	-,131	,209	-,086	-,200	-,169	-,301+	1		
(8) Negative Einstellung zum Kontakt des anderen Elternteils	,279+	-,263	,156	,411*	,257	,470*	-,197	1	
(9) Keine Angst um das körperliche Wohlergehen der Kinder	,073	-,161	,111	,231	,226	,566*	-,241	,544*	1

+ signifikant p ≤ ,1; * signifikant p = ≤,05 ; **signifikant p ≤ ,01

Da die Indikatorvalidität des formativen Teils in diesem Modell trotz guter weiterer Fit-Indizes nicht gegeben war, wurden in weiteren Schritten alle formativen Indikatoren, deren Regressionskoeffizienten nicht signifikant wurden, aus dem Modell entfernt. Das abschließende Modell, das alle Kriterien erfüllt, wird im Folgenden präsentiert (vgl. Abbildung 14). Anhand der Regressionskoeffizienten kann man erkennen, dass das Coparenting aus Sicht der Mutter einen größeren Einfluss auf die Vater-Kind-Kontakte hat, als die Nähe bzw. die Distanz, die Mütter der Vater-Kind-Beziehung zuschreiben. Zusätzlich kann man der Abbildung entnehmen, dass eine bedeutsame Korrelation von r = ,411* (p < ,05) zwischen dem Coparenting des Vaters aus Sicht der Mütter und ihrer Wahrnehmung darüber, wie eng bzw. distanziert die Beziehung zwischen Vätern und ihren Kindern ist, besteht. Es erscheint im ersten Moment seltsam, dass der Effekt der Enge in der Vater-Kind-Beziehung in diesem Modell enthalten ist und nicht die Harmonie, die im ursprünglichen Modell einen größeren Effekt auf die latente Variable hatte. Dieser Effekt änderte sich jedoch, nachdem Schritt für Schritt die Variable mit dem geringsten Effekt entfernt wurde. Im abschließenden Modell hatte schließlich nur noch die Enge in der Vater-Kind-Beziehung einen tendenziellen Effekt auf die Vater-Kind-Kontakte. Der Einfluss der Harmonie auf diese Beziehung aus der Sicht der Mutter war hier gänzlich verschwunden.

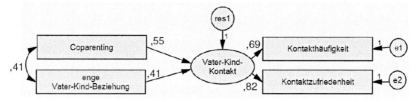

Abbildung 14: Das abschließende Modell für die Fragestellung 5.5.1

Für dieses Modell werden im Folgenden auch die relevanten Gütekriterien dargestellt. Zunächst soll wieder der reflektive Teil des Modells betrachtet werden. Hier zeigt sich anhand der quadrierten multiplen Korrelationen erneut, dass die Gültigkeit mit Werten von ,470 (Kontakthäufigkeit) und ,666 (Kontaktzufriedenheit) geben ist (vgl. Tabelle 22).

Tabelle 22: Quadrierte multiple Korrelationen für das abschließende Modell

Variable	R²
Kontakthäufigkeit	,470
Kontaktzufriedenheit	,666

In diesem Modell ist auch die Indikatorvalidität gegeben, da die Regressionsgewichte der beiden formativen Indikatoren signifikant geworden sind. Für die formativen Indikatoren gilt in diesem Modell: Wie die Mütter das Coparenting wahrnehmen, hat den größten Einfluss auf den Vater-Kind-Kontakt mit einem standardisierten Regressionsgewicht von ,547**. Wie eng die Mütter die Beziehung zwischen Vater und Kind einschätzen, hat mit einem Regressionsgewicht von ,405* ebenfalls einen Einfluss auf die Kontakte zwischen den beiden. Dies bedeutet, je besser die Mütter die Zusammenarbeit mit den Vätern beschreiben und je enger sie die Beziehung zwischen Vätern und Kindern einschätzen, desto besser bzw. häufiger sind die Vater-Kind-Kontakte.

Tabelle 23: Regressionspfade innerhalb des abschießenden Modells

Regressionspfad	Unstandardisiertes Regressionsgewicht (S.E.)	Standardisiertes Regressionsgewicht
Coparenting → Vater-Kind-Kontakt	,884** (,252)	,546**
Enge Vater-Kind-Beziehung →Vater-Kind-Kontakt	,195* (,074)	,405*
Vater-Kind-Kontakt → Kontaktzufriedenheit	1,000**	,816**
Vater-Kind-Kontakt → Kontakthäufigkeit	,355* (,092)	,698**

+ signifikant p ≤ ,1 ; * signifikant p = ≤,05 ; **signifikant p ≤ ,01

Auch das Bestimmtheitsmaß in diesem Model ist mit einem Wert von R^2 = ,644 wieder gegeben, das heißt, durch die beiden formativen Indikatoren Coparenting und Vater-Kind-Beziehung: nah vs. distanziert werden 64% der Varianz des latenten Konstrukts Vater-Kind-Beziehung, also ungefähr 10% weniger als dies im ursprünglich angenommenen Modell der Fall war, aufklärt. Der Gesamtfit des Modells ist weiterhin gut, die entsprechenden Werte werden in Tabelle 24 angegeben. Da die Richtung der Regressionskoeffizienten im formativen Teil des Konstrukts der Richtung entspricht, die in den Hypothesen angenommen wurde, kann man schlussfolgern, dass es sich bei dem abschließenden Modell um ein gut passendes und somit aussagekräftiges Konstrukt handelt. Im Folgenden werden außerdem die Intercepts und Fehlervarianzen der manifesten Variablen angegeben (vgl. Tabelle 24).

Tabelle 24: Fitmaße des abschließenden Modells

Fit-Index	Wert
Chi²	,363 (p = ,547)
Df	1
CFI	1,000
RMSEA	,000
SRMR	0163

Tabelle 25: Intercept und Fehlervarianzen des abschließenden Modells

Variable / Skala	Intercept (S.E.)	Fehlervarianz (S.E.)
Coparenting	3,406** (,104)	,409** (,094)
Enge Vater-Kind-Beziehung	6,202** (,348)	4,614** (1,059)
Kontaktzufriedenheit (e2)	-1,297 (,843)	,382+ (,228)
Kontakthäufigkeit (e1)	2,116** (,387)	,538* (,244)
Vater-Kind-Kontakt (res1)	--------	,153** (,044)

+ signifikant p ≤ ,1; * signifikant p = ≤,05 ; **signifikant p ≤ ,01

Abschließend kann zusammengefasst werden, dass sich Hypothese 5 sowie Hypothese 9.1 bestätigt haben und alle anderen Annahmen verworfen werden müssen. Das bedeutet: Für das hier verwendete Sample gilt, dass das von der Mutter wahrgenommene Coparenting mit dem Vater und die von ihr wahrgenommene Nähe der Vater-Kind-Beziehung einen Einfluss auf den Vater-Kind-Kontakt haben.

5.5.2 Die Einschätzung der Mütter aus Sicht der Väter und dessen Auswirkung auf die Vater-Kind-Beziehung

1. Kollinearitätsprüfung

Nachdem im letzten Abschnitt die Ergebnisse der Auswertung für das MIMIC Modell für die Mutter erfolgte, werden nun die Ergebnisse für den Vater präsentiert. Zunächst wird erneut mit einer Kollinearitätsprüfung für die Prädiktoren aus dem formativen Teil des Modells begonnen. Die Ergebnisse dieser Überprüfung zeigen, dass sich die Indikatoren „Coparenting" und „Vermuten Sie, dass Ihr ehemaliger Partner versucht, Ihren Sohn / Ihre Tochter gegen Sie auszuspielen oder auf seine Seite zu ziehen?" an die in Punkt 5.2 genannten Richtwerte annähern (vgl. Tabelle 26). Das bedeutet, dass man die beiden Variablen genauer auf Kollinearität untersuchen sollte. Im Falle der Skala *Coparenting* gilt es zu überprüfen, ob sie nach inhaltlichen Überlegungen bedeutsam ist. Da vielfach hervorgehoben wurde, dass das Coparenting eine zentrale Rolle in der Eltern-Beziehung im Kontext von Trennung und Scheidung spielt (vgl. 3.2.2) wird diese Variable daher auch weiterhin in der Untersuchung behalten werden. Die Variable „Vermuten Sie, dass Ihr ehemaliger Partner versucht, Ihren Sohn / Ihre Tochter gegen Sie auszuspielen oder auf seine Seite zu ziehen?", die einen VIF Wert größer 5 hat, wurde allerdings aus dem Modell zu entfernt, da sie auch mit anderen Variablen sehr hoch korreliert (für eine Übersicht vgl. Tabelle 27).

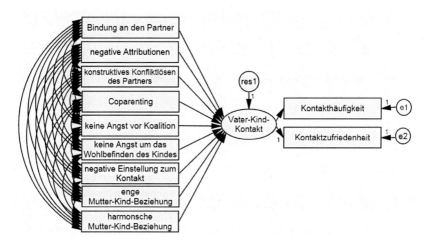

Abbildung 15: Abbildung des angenommenen Modells

Tabelle 26: Kollinearitätsprüfung der unabhängigen Variablen aus Sicht der Väter

Variable / Skala	Toleranzwert	VIF
Bindung an den ehemaligen Partner	,670	1,492
Negative Attributionen	,354	2,827
Konstruktives Konfliktverhalten	,381	2,626
Coparenting	,227	**4,400**
Keine Angst vor Koalition	,177	**5,635**
Keine Angst um das Wohlbefinden des Kindes	,389	2,574
Negative Einstellung zum Mutter-Kind-Kontakt	,872	1,146
Enge Mutter-Kind-Beziehung	,453	2,207
Harmonische Mutter-Kind-Beziehung	,491	2,036

Tabelle 27: Korrelationstabelle der Variablen zur Einschätzung der Mutter aus Sicht des Vaters

Variablen	1	2	3	4	5	6	7	8	9
(1) Bindung an den ehemaligen Partner	1								
(2) negative Attributionen	-,379*	1							
(3) konstruktives Konfliktverhalten	,332*	-,649**	1						
(4) Coparenting aus Sicht des Vaters	,213	-,653**	,626**	1					
(5) Keine Angst vor Koalition	,405*	-,729**	,629**	,849**	1				
(6) Keine Angst um das körperliche Wohlergehen der Kinder	,422*	-,575**	,435*	,590**	,683**	1			
(7) Negative Einstellung zum Kontakt des anderen Elternteils	-,130	,212	-,158	-,300+	-,341*	-,239	1		
(8) Enge Mutter-Kind-Beziehung	,182	-,476*	,474*	,522**	,477*	,517**	-,188	1	
(9) Harmonische Mutter-Kind-Beziehung	,091	-,280+	,388*	,361*	,336*	,510**	-,112	,640**	1

+ signifikant 0 =< ,1; * signifikant p =< ,05 ; **signifikant p =< ,01

2. Überprüfung der Modellgüte

Um die Modellgüte zu prüfen, wurde zunächst wieder das gesamte hypothetisierte Modell berechnet. Zunächst wird wieder auf das latente Konstrukt geachtet. Die Werte der beiden Variablen liegen mit ,791 (Kontaktzufriedenheit) und ,395 für die Kontakthäufigkeit über dem Schwellenwert von $R^2 > ,30$.

Bei Betrachtung des formativen Teils des Modells stellt man fest, dass nicht alle Regressionskoeffizienten signifikant werden (vgl. Tabelle 29:), die Konstruktvalidität im formativen Teil des Modells ist also nicht gegeben. Das Bestimmtheitsmaß in Form der Varianzaufklärung der latenten Variable „Vater-Kind-Kontakt" zeigt, dass sich durch den formativen Teil des Modells ca. 63% der Varianz des latenten Konstrukts Vater-Kind-Kontakt erklären lassen. Der Gesamtfit des Modells ist gegeben (vgl. Tabelle 30). Das Modell wird auch in diesem Fall wieder schrittweise reduziert, bis die Konstruktvalidität im formativen Teil des Modells gegeben ist. Die Korrelationen der Variablen bzw. Skalen im formativen Teil des Modells sowie die Intercepts und Fehlervarianzen werden aus Gründen der Vollständigkeit angegeben, es wird jedoch nicht mehr genauer auf sie eingegangen.

Tabelle 28: Quadrierte Korrelationskoeffizienten

Variable	R^2
Kontakthäufigkeit	,395
Kontaktzufriedenheit	,791
Vater-Kind-Kontakt	,626

Tabelle 29: Regressionskoeffizienten im angenommenen Modell

Regressionspfad	Unstandardisiertes Regressionsgewicht (S.E.)	Standardisiertes Regressionsgewicht
Bindung an den ehemaligen Partner → Vater-Kind-Kontakt	-,262 (,149)	-,261+
negative Attributionen → Vater-Kind-Kontakt	,117 (,348)	,066
konstruktives Konfliktverhalten → Vater-Kind-Kontakt	**,549*** (,230)	**,447***
Coparenting aus Sicht des Vaters → Vater-Kind-Kontakt	**,673*** (,303)	**,443***
Keine Angst um das Wohlergehen der Kinder → Vater-Kind-Kontakt	,106 (,155)	,132
Negative Einstellung zum anderen Elternteil → Vater-Kind-Kontakt	,261 (,428)	,081
Enge Mutter-Kind-Beziehung aus Sicht des Vaters → Vater-Kind-Kontakt	,083 (,086)	,177
Harmonische Mutter-Kind-Beziehung aus Sicht des Vaters → Vater-Kind-Kontakt	-,103 (,084)	-,219
Vater-Kind-Kontakt → Kontaktzufriedenheit	**1,000****	**,889****
Vater-Kind-Kontakt → Kontakthäufigkeit	**,299**** (,082)	**,629****

+ signifikant p ≤ ,1; * signifikant p = ≤,05 ; **signifikant p ≤ ,01

Tabelle 30: Gesamtfit des Modells

Kriterium	Wert
Chi²	5,068 (p = ,652)
Df	7
CFI	1,000
RMSEA	,000
SRMR	,0431

Tabelle 31: Intercepts und Fehlervarianzen im hypothetisierten Modell

Variable / Skala	Intercept (S.E.)	Fehlervarianz (S.E.)
Bindung an den ehemaligen Partner	3,562** ,(120)	1,259** (,289)
negative Attributionen	2,814** ,(103)	,551** (,127)
konstruktives Konfliktverhalten	2,262** ,(149)	,407** (,093)
Coparenting aus Sicht des Vaters	3,410** (,229)	,845** (,194)
Keine Angst um das körperliche Wohlergehen der Kinder	1,084** (,057)	1,986** (,456)
Negative Einstellung zum Kontakt des anderen Elternteils	8,026** (,391)	,122** (,028)
Enge Mutter-Kind-Beziehung	6,954** (,388)	5,820** (1,335)
Harmonische Mutter-Kind-Beziehung	3,562** ,(120)	5,732** (1,315)
Kontaktzufriedenheit	-1,109 (1,921)	,337 (,262)
Kontakthäufigkeit	2,409** (,641)	,174** (,046)
Vater-Kind-Kontakt	--------	,476+ (,273)

+ signifikant p ≤ ,1; * signifikant p = ≤,05 ; **signifikant p ≤ ,01

Tabelle 32: Korrelationen zwischen den Variablen im formativen Teil des angenommenen Modell

Variablen	1	2	3	4	5	6	7	8
(1) Bindung an den ehemaligen Partner	1							
(2) negative Attributionen	-,379*	1						
(3) konstruktives Konfliktverhalten	,332+	-,649**	1					
(4) Coparenting aus Sicht des Vaters	,213	-,653**	,626**	1				
(5) Keine Angst um das körperliche Wohlergehen der Kinder	,422*	-,575*	,435*	,590*	1			
(6) Negative Einstellung zum Kontakt des anderen Elternteils	-,130	,212	-,158	-,300+	-,239	1		
(7) Enge Mutter-Kind-Beziehung	,182	-,476*	,474*	,522*	,517*	-,188	1	
(8) Harmonische Mutter-Kind-Beziehung	,091	-,280+	,388*	,361*	,510*	-,112	,640**	1

+ signifikant p ≤ ,1; * signifikant p = ≤,05 ; **signifikant p ≤ ,01

Nachdem alle formativen Indikatoren, die nicht signifikant wurden, schrittweise gelöscht wurden, ergab sich folgendes Modell:

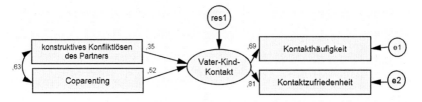

Abbildung 16: abschließendes Modell für die Fragestellung 5.5.2

Im Folgenden soll wieder auf die Modellanpassung eingegangen werden. Hierbei wird erneut mit der Konstruktvalidität des latenten Konstrukts begonnen. Sie liegt mit einem Wert von R^2 = ,477 für die Kontakthäufigkeit und einem Wert von R^2 = ,656 für die Kontaktzufriedenheit jeweils über dem Schwellenwert von $R^2 > 0{,}30$. Somit ist die Konstruktvalidität gegeben.

Die Strukturvalidität in diesem Modell ist annähernd gegeben, da die Variable „konstruktives Konfliktverhalten der Mutter aus Sicht des Vaters" mit p = ,053 lediglich tendenziell signifikant wird. Es wurde jedoch trotzdem entschieden, sie im Modell zu behalten. Das „Coparenting der Mutter aus Sicht des Vaters" hatte hingegen einen bedeutsamen Einfluss auf den Vater-Kind-Kontakt (vgl. Tabelle 34). Das Bestimmtheitsmaß zeigt mit einem R^2 von ,622 an, dass die beiden formativen Variablen „Coparenting der Mutter aus Sicht des Vaters" und „konstruktives Konfliktverhalten der Mutter aus Sicht des Vaters" 62% der Varianz des Konstrukts „Vater-Kind-Kontakt" erklären. Nachdem die Regressionskoeffizienten auch in angenommene Richtung weisen und der Gesamtfit des Modells gut ist (vgl. Tabelle 35), kann man es als gut passend bezeichnen.

Hypothese 12 und Hypothese 13 konnten folglich bestätigt werden. Es zeigte sich in den Analysen, dass es für die Vater-Kind-Kontakte förderlich ist, wenn die Väter die Mütter als positiv im Coparenting und konstruktiv im Konfliktverhalten wahrnehmen. Die Korrelation zwischen dem „Coparenting" und dem konstruktiven Konfliktverhalten der Mütter wurde mit ,626** (p ≤ ,01) ebenfalls signifikant. Außerdem bestätigte sich Hypothese 1, in der angenommen wurde, dass die Einflüsse für Väter und Mütter unterschiedlich sind. Es stellte sich heraus, dass die Einschätzung des Coparenting sowohl aus der Sicht der Väter als auch aus der Sicht der Mütter einen Einfluss auf die Vater-Kind-Kontakte hat, die zweiten Einflussfaktoren jedoch jeweils unterschiedlich sind. Im Falle der Mütter waren dies die Nähe bzw. die Distanz, die sie in der Vater-Kind-Beziehung wahrgenommen hatte, und im Falle der Väter, wie konstruktiv sie die Mütter im Konflikt erlebten. Somit kann Hypothese 1 als bestätigt angenommen werden.

Tabelle 33: Quadrierte Korrelationskoeffizienten im gefundenen Modell

Variable	R^2
Kontakthäufigkeit	,477
Kontaktzufriedenheit	,656

Tabelle 34: Regressionskoeffizienten im gefundenen Modell

Regressionspfad	Unstandardisiertes Regressionsgewicht (S.E.)	Standardisiertes Regressionsgewicht
Konstruktives Konfliktverhalten → Vater-Kind-Kontakt	,390+ (,202)	,349+
Coparenting →Vater-Kind-Kontakt	,722* (,254)	,522*
Vater-Kind-Kontakt → Kontaktzufriedenheit	1,000	,810
Vater-Kind-Kontakt → Kontakthäufigkeit	,361** (,094)	,691**

+ signifikant p ≤ ,1; * signifikant p = ≤,05 ; **signifikant p ≤ ,01

Tabelle 35: Gesamtfit des Modells

Kriterium	Wert
Chi²	,100 (p = ,752)
Df	1
CFI	1,000
RMSEA	,000
SRMR	,0069

Tabelle 36: Fehlervarianzen für das gefundene Modell zur Fragestellung 5.5.2

Variable / Skala	Intercept (S.E.)	Fehlervarianz (S.E.)
konstruktives Konfliktverhalten	2,262** (,149)	,845** (,194)
Coparenting	3,562** (,120)	,551** (,127)
Kontaktzufriedenheit	-,530 (,768)	,554** (,249)
Kontakthäufigkeit	2,370** (,341)	,151** (,044)
Vater-Kind-Kontakt	-------	,399+ (,233)

+ signifikant p ≤ ,1; * signifikant p = ≤,05 ; **signifikant p ≤ ,01

5.6 Diskussion

1.) Zusammenfassung der Ergebnisse

In diesem Teil der Untersuchung wurde der Fragestellung nachgegangen, inwieweit der Vater-Kind-Kontakt durch das Bild, das Väter von Müttern bzw. das Mütter von Vätern nach einer Trennung oder Scheidung haben, beeinflusst wird. Die Stichprobe enthielt 39 ehemalige Paare, deren Kinder zum Zeitpunkt der Befragung nicht bei ihren Vätern, sondern bei ihren Müttern lebten. Für Väter und Mütter wurden jeweils neun identische Einflussfaktoren auf den Vater-Kind-Kontakt getestet. Der Kontakt zwischen Vater und Kind setzte sich aus einer latenten Variablen zusammen, die aus der Kontakthäufigkeit aus Sicht des Vaters und dessen Kontaktzufriedenheit bestand. Hierbei zeigte sich, dass es für den Vater-Kind-Kontakt wichtig ist, wie die Mütter die Väter im Coparenting einschätzen und wie nah beziehungsweise distanziert die Mütter die Beziehung zwischen Väter und Kindern wahrnehmen. Eine gute Zusammenarbeit der Eltern und die Einschätzung der Mütter, dass die Vater-Kind-Beziehung eng ist, waren die entscheidenden Kriterien für einen guten Vater-Kind-Kontakt. Für die Väter ergab sich, wie erwartet, ein anders Bild. Es stellte sich heraus, dass auch eine durch die Väter wahrgenommene gute Zusammenarbeit mit den Müttern förderlich für den Vater-Kind-Kontakt ist. Die zweite bedeutsame Einflussgröße auf Seiten der Väter war allerdings ihre Wahrnehmung, dass die Mütter als konstruktiv im Umgang mit Konflikten waren.

Dass das Coparenting eine bedeutende Rolle spielt, stimmt mit bereits bestehenden Forschungsergebnissen überein (vgl. Douglas 2005, Whiteseide et al. 2000). Eine gute Zusammenarbeit zwischen den Eltern war förderlich für die Häufigkeit der Vater-Kind-Kontakte (vgl. Whiteside et al. 2000). Wichtig ist in diesem Zusammenhang, dass sich die beiden Elternteile auch gegenseitig als gut zusammenarbeitend wahrnehmen. Dass für Väter und Mütter jeweils unterschiedliche Faktoren bedeutsam sind, erscheint zunächst logisch, weil sie auch in zwei verschiedenen Lebenslagen sind, da die Väter in dieser Stichprobe alle getrennt von ihren Kindern lebten. Dass die Mütter auf die Beziehung zwischen Vätern und Kindern achten, wurde bisher auch in anderen Studien belegt (vgl. Allen et al. 1999, Seery et al. 2000, Fagan 2003, Trinder 2008). In dieser Studie stellte sich die Einschätzung der Mütter über die Enge der Vater-Kind-Beziehung als als bedeutsam heraus. Man kann hier eine Parallele zu den Ergebnissen von Trinder (2008) ziehen: Für Mütter ist das Wohlbefinden der Kinder ein Kriterium, inwieweit sie den Kontakt zwischen Vater und den Kindern beeinflussen. Es zeigte sich in dieser Studie kein direkter Effekt der Angst um das

Kindeswohl, aber man kann das Ergebnis, dass die Enge der Vater-Kind-Beziehung eine ähnliche Rolle für die Vater-Kind-Kontakte spielt, dahingehend interpretieren. So ist es denkbar, dass die Mütter es für das Wohl der Kinder bedeutsam einschätzen, und so den Kontakt von Vätern und Kindern fördern. Dies entspräche einem Verhalten, das von Trinder (2008) als proactive Gatekeeping beschrieben wurde. Außerdem kann man dieses Ergebnis auch vorsichtig als Beleg für das Modell von Ihinger-Tallman et al. (1995) interpretieren, die davon ausgingen, dass die Einstellungen der Mütter den Vätern gegenüber einen Einfluss auf dessen Engagement haben. Zählt man die Wahrnehmung der Mütter über das Verhalten der Väter im Coparenting und die Nähe in der Vater-Kind-Beziehung, zu den Einstellungen der Mütter bzw. nimmt man eine Beeinflussung dieser Einstellungen durch die besagten Eindrücke an, wird das Modell durch die vorliegenden Ergebnisse gestützt. Einschränkend muss jedoch erwähnt werden, dass die Einstellung der Mütter zum Kontakt von Vätern und Kindern keinen bedeutsamen Effekt auf den Vater-Kind-Kontakt hatte und auch nicht mit der eingeschätzten Enge der Beziehung zwischen Vater und Kind korrelierte.

Dass das konstruktive Konfliktverhalten mit dem Coparenting der Mütter aus Sicht der Väter in einem positiven Zusammenhang steht und einen positiven Einfluss auf die Vater-Kind-Beziehung hat, stimmt mit den Ergebnissen von Baum (2004) überein. Aus diesen Ergebnissen ist zu entnehmen, dass im konflikthaften Coparenting Cluster, in dem die Väter auch weniger engagiert waren, die Mütter weniger kompromissbereit waren. In der Gruppe der kooperativen Eltern war die Kompromissbereitschaft beider Elternteile jedoch hoch und der Umgang mit Konflikten konstruktiv. Die Fähigkeit zur konstruktiven Konfliktlösung mit dem getrennten Elternteil kann also als Voraussetzung für gelungenes Coparenting und einen guten Vater-Kind-Kontakt angesehen werden. Außerdem stützt das Ergebnis, dass für die Väter ihre Wahrnehmung über die Mütter im Konflikt und im Coparenting wichtig ist, das Modell von Ihinger-Tallman et al. (1995). Deren Ansatz besagt, dass Strukturen, die es für die Väter leichter machen ihre Vater-Identität zu leben, das Engagement der Väter fördert.

Im Folgenden werden des Weiteren die Variablen besprochen, die nicht signifikant wurden. Eine Erklärung, die für mehrere dieser Indikatoren Gültigkeit haben könnte, ist die Tatsache, dass mit der reinen Kontakthäufigkeit eine der beiden Variablen, die Teil des latenten Konstrukts waren, gerichtlich festgelegt werden kann (vgl. Punkt 4.1.2) und somit unter Umständen nicht oder nur schwer durch die hier verwendeten Indikatoren im formativen Teil des Modells beeinflusst werden kann. Zum anderen sei an dieser Stelle noch einmal daran erinnert, dass es sich um eine sehr spezielle Stichprobe handelt. Dass das Item, ob die Eltern Angst um das Wohl des Kindes haben, wenn es beim anderen Elternteil ist, nicht signifikant wurde, kann mit der Richtung der Frage bzw. mit der geringen Differenzleidheit des Items erklärt werden. Geht man davon aus, dass mit diesem Item auch abgefragt wird, für wie kompetent ein Elternteil den anderen hält, so zeigt sich, dass in anderen Studien durchaus Effekte hierfür gefunden wurden (vgl. DeLucie 1995, Fagan et al. 2003). Doch in diesen Studien wurden solche Kompetenzen in anderer Weise abgefragt. Es wäre also interessant, die Einschätzung, für wie kompetent die Elternteile einander halten, zukünftig differenzierter zu betrachten. Kategorien, die sich hierfür anbieten, wären unterschiedliche Facetten des Erziehungsverhaltens, Erziehungsziele oder soziale Kompetenzen des anderen Elternteils.

Dass die generelle Einstellung bezüglich des Kontakts des anderen Elternteils zum Kind aus der Sicht beider Eltern keine Rolle spielt, kann an der speziellen Stichprobenzusammensetzung liegen bzw. auch daran, dass dieses Item durch andere Variablen, wie das zur Enge der Vater-Kind-Beziehung, erklärt wird. Außerdem kann man das Ergebnis, dass die Einstellung der Mütter zum Kontakt von Vätern und Kindern und die Einschätzung der Väter wie eng oder harmonisch die Mutter-Kind-Beziehung ist keinen Einfluss auf die Vater-Kind-Beziehung haben, als Widerspruch zu den Annahmen von Ihinger-Tallman et al. (1995) deuten. Denn in ihrem Modell wirkt es sich negativ auf das Engagement der Väter aus, wenn sie die Mütter als kompetent einschätzen. Aber auch diese Interpretation muss vorsichtig betrachtet werden, da nicht direkt danach gefragt wurde, wie kompetent Väter Mütter einschätzen. Wie die Beziehung zwischen Mütter und ihren Kindern von den Vätern eingeschätzt wird, kann lediglich als indirektes Maß für diese Annahme verwendet werden.

Dass die Angst der Mütter vor dem Versuch der Väter, mit den Kinder eine Koalition gegen sie zu bilden, keinen bedeutsamen Einfluss auf den Vater-Kind-Kontakt hat, erscheint logisch, wenn man in Betracht zieht, dass Kinder den Großteil der Zeit bei den Müttern verbringen. Dass die Angst vor Koalitionsdruck des Vaters mit vielen anderen Indikatoren (hoch) korreliert, erscheint aus denselben Gründen schlüssig.

Die Bindung an und die negativen Attributionen gegen den ehemaligen Partner hatten ebenfalls keinen eigenständigen Einfluss, was unter anderem dadurch erklärt werden kann, dass sie keinen Einfluss auf die Kontakthäufigkeit haben, wenn die Kontakte gerichtlich geregelt sind. Wie zuvor öfters erwähnt, ist eine Einschränkung der Studie, dass sie nicht repräsentativ ist. Zum anderen ist der geringe Umfang der Stichprobe eine weitere Limitierung. Weiterhin kann man den bereits erwähnten Umstand, dass nicht erhoben wurde, inwieweit die Eltern sich gegenseitig als kompetent im Umgang mit den Kindern einschätzen, als weitere Einschränkung betrachten.

Die in diesem Punkt präsentierten Ergebnisse bestätigen, dass es sinnvoll ist, Väter nicht alleine zu untersuchen, sondern auch die Mütter in die Überprüfung von Hypothesen einzubeziehen, wie es beispielsweise von Doherty et al. (1998) vorgeschlagen wird. Denn die Ergebnisse dieser Studie bestätigen seine Annahme, dass das Coparenting und die Mütter einen Einfluss auf die Vater-Kind-Beziehung bzw. Kontakte haben. Ferner stellte sich Lambs (1997) Forderung auch zu untersuchen, wie Väter auf andere Personen wirken als gewinnbringend und sinnvoll heraus. Denn die eben dargestellten Ergebnisse zeigen, dass der Eindruck, den die Mütter von den Vätern bzw. von der Beziehung zwischen Vater und Kind haben, den Kontakt zwischen den beiden beeinflusst. Im Kontext der Diskussion um das Gatekeeping (vgl. Punkt 3.2.2.2) der Mütter, stützen die Ergebnisse dieser Studie die These, dass die Mütter einen Einfluss auf den Kontakt zwischen Vätern und Kindern haben. Mit Kontakt ist in diesem Fall nicht nur die reine Häufigkeit der Treffen gemeint, sondern auch die subjektive Zufriedenheit der Väter mit diesen. Auch das Modell von Ihinger-Tallman et al. (1995) (vgl. Punkt 4.3.1.2) konnte durch die vorliegenden Ergebnisse teilweise gestützt werden.

2.) Implikationen für die Praxis

Für die Praxis im direkten Umgang mit Familien in Trennung und Scheidung bleibt festzuhalten, dass die gegenseitige positive Einschätzung von Vätern und Müttern im Coparenting für den Vater-Kind-Kontakt wichtig ist. Daher erscheint es folgerichtig die Eltern bei der Suche nach Lösungen für eine gute, ihrer Situation entsprechenden Zusammenarbeit zu unterstützen und zu beraten. Weiterhin ist es förderlich, die Eltern zu einem konstruktiven Umgang mit Konflikten zu bewegen und diesen zu bestärken. Dies dürfte zum einen für das Coparenting förderlich sein, da sich ein bedeutsamer Zusammenhang zwischen diesen beiden Variablen fand, zum anderen zeigte sich, dass es sich positiv auf den Vater-Kind-Kontakt auswirkt, wenn die Väter die Mütter konstruktiv im Konflikt erlebten.

Es soll außerdem erwähnt werden, dass die Zeit vor der Trennung scheinbar einen Einfluss auf die weiteren Kontakte zwischen Vater und Kind hat. Die vorliegende Studie konnte zudem belegen, dass die Einschätzung der Mütter über die Enge der Beziehung zwischen Vater und Kind einen Einfluss auf die Gestaltung der Vater-Kind-Kontakte nach einer Trennung oder Scheidung hat. Es ist davon auszugehen, dass die Zeit vor der Trennung schon einen Einfluss auf diese Einschätzung hatte. Daher erscheint es sinnvoll, die Väter so früh wie möglich in die Betreuung ihrer Kinder mit einzubeziehen und ihre Kompetenzen zu stärken, wenn Männer generell, aber auch insbesondere im Kontext von Trennung und Scheidung, ihre Vaterschaft aktiv leben sollen.

6 Studie 2: Die Wahrnehmung des väterlichen Erziehungsverhaltens durch Jugendliche und dessen Auswirkung auf deren Entwicklung

Im Folgenden soll der zweiten Fragestellung nachgegangen werden die die Frage nach den Auswirkungen des Vater-Kind-Kontakts auf die Entwicklung der Kinder stellt. Da sich hierbei nicht die reine Kontakthäufigkeit, sondern vor allem die Beziehungsqualität als wichtig erwiesen hat, wird diese in Form des Erziehungsverhaltens des Vaters als Prädiktor herangezogen. Zu Beginn werden die Hypothesen, anhand derer die Fragestellung überprüft werden soll, dargelegt. Anschließend wird auf methodischen Überlegungen zur Hypothesentestung eingegangen und, darauf folgend werden die Stichprobe, das Projekt in dem die Daten gewonnen wurden und die verwendeten Untersuchungsinstrumente präsentiert. Abschließend werden die Ergebnisse dargelegt und diskutiert.

6.1 Hypothesen

6.1.1 Hypothesen zum Wachstum der Variablen

In diesem Unterpunkt werden die Hypothesen vorgestellt, die der Überprüfung der einzelnen LGC-Modelle dienen. Dabei handelt es sich um Annahmen über Veränderungen in den Variablen „wahrgenommenes väterliches Erziehungsverhalten", sowie „Selbstwert" und „Aggressivität der Jugendlichen". Diese Annahmen basieren darauf, dass in dieser Arbeit bereits Studien präsentiert wurden, in denen Veränderungen innerhalb dieser Variablen stattfanden (vgl. u.a. Franz et al. 1991, Steinberg et al. 1994). Dabei werden Annahmen über die gesamte Stichprobe und über die unterschiedlichen Verläufe innerhalb der Population getroffen. Wie in Kapitel 4 dargestellt, kann der Prozess von Trennungen bzw. Scheidungen sehr unterschiedlich verlaufen. Daher können ebenfalls auf die Entwicklung der unterschiedlichen, hier getesteten Variablen sehr unterschiedliche Einflüsse wirken. Es wird deshalb angenommen, dass für alle Variablen keine Zusammenhänge zwischen Intercept und Slope bestehen.

1. **Hypothesen für das lineare LGC-Modell des väterlichen Erziehungsverhaltens aus Sicht der Jugendlichen**

Hypothese 19: Es gibt innerhalb der Gesamtheit der Jugendlichen einen gemeinsamen Slope hinsichtlich des von ihnen wahrgenommenen Erziehungsverhaltens des Vaters. Der Mittelwert des Slopes unterscheidet sich somit signifikant von Null.

Hypothese 20: Für die gemeinsame Wachstumskurve des von den Jugendlichen wahrgenommen Erziehungsveraltens der Väter, lässt sich ein gemeinsamer Ausgangspunkt für die Gesamtheit der Jugendlichen ermitteln. Der Mittelwert des Intercepts unterscheidet sich somit signifikant von Null.

Hypothese 21: Es gibt bedeutsame Unterschiede im Verlauf der einzelnen Wachstumskurven der Jugendlichen. Das bedeutet, dass sich die Varianz des Slope für das von den Jugendlichen wahrgenommene Erziehungsverhalten des Vaters signifikant von Null unterscheidet.

Hypothese 22: Es gibt bedeutsame Unterschiede hinsichtlich der Ausgangsniveaus für das von den Jugendlichen wahrgenommen Erziehungsverhalten des Vaters. Das bedeutete, dass sich der Wert des Intercepts signifikant von Null unterscheidet.

Hypothese 23: Slope und Intercept bei dem von den Jugendlichen wahrgenommenen Erziehungsverhalten des Vaters stehen in keinem bedeutsamen Zusammenhang.

2. **Hypothesen für das lineare LGC-Modell des Selbstwerts der Jugendlichen**

Hypothese 24: Die Gesamtheit der Jugendlichen weist einen gemeinsamen Slope für den Selbstwert der Teenager auf. Der Mittelwert des Slopes unterscheidet sich somit signifikant von Null.

Hypothese 25: Für die gemeinsame Wachstumskurve des Selbstwerts der Jugendlichen lässt sich ein gemeinsamer Ausgangspunkt für die Gesamtheit der

Jugendlichen ermitteln. Der Mittelwert des Intercepts unterscheidet sich somit signifikant von Null.

Hypothese 26: Es gibt bedeutsame Unterschiede im Verlauf der einzelnen Wachstumskurven der Jugendlichen. Das bedeutet, dass sich die Varianz des Slope für den Selbstwert der Jugendlichen signifikant von Null unterscheidet.

Hypothese 27: Es gibt bedeutsame Unterschiede hinsichtlich der Ausgangsniveaus des Selbstwerts der Jugendlichen. Das bedeutete, dass sich der Wert des Intercepts signifikant von Null unterscheidet.

Hypothese 28: Slope und Intercept des Selbstwerts der Jugendlichen stehen in keinem bedeutsamen Zusammenhang.

3. Hypothesen für das lineare LGC-Modell der Aggressivität der Jugendlichen

Hypothese 29: Die Gesamtheit der Jugendlichen weist einen gemeinsamen Slope für die Aggressivität der Teenager auf. Der Mittelwert des Slopes unterscheidet sich somit signifikant von Null.

Hypothese 30: Für die gemeinsame Wachstumskurve der Aggressivität der Jugendlichen lässt sich ein gemeinsamer Ausgangspunkt für die Gesamtheit der Jugendlichen ermitteln. Der Mittelwert des Intercepts unterscheidet sich somit signifikant von Null.

Hypothese 31: Es gibt bedeutsame Unterschiede im Verlauf der einzelnen Wachstumskurven der Jugendlichen. Das bedeutet, dass sich die Varianz des Slope für die Aggressivität der Jugendlichen signifikant von Null unterscheidet.

Hypothese 32: Es gibt bedeutsame Unterschiede hinsichtlich der Ausgangsniveaus der Aggressivität der Jugendlichen. Das bedeutete, dass sich der Wert des Intercepts signifikant von Null unterscheidet.

Hypothese 33: Slope und Intercept der Aggressivität der Jugendlichen stehen in keinem bedeutsamen Zusammenhang.

4. Hypothesen für das lineare LGC-Modell des väterlichen Erziehungsverhaltens aus Sicht der Jugendlichen

Hypothese 34: Es gibt innerhalb der Gesamtheit der Jugendlichen einen gemeinsamen Slope hinsichtlich des von ihnen wahrgenommenen Erziehungsverhaltens der Mutter. Der Mittelwert des Slopes unterscheidet sich somit signifikant von Null.

Hypothese 35: Für die gemeinsame Wachstumskurve des von den Jugendlichen wahrgenommen Erziehungsveraltens der Mutter lässt sich ein gemeinsamer Ausgangspunkt für die Gesamtheit der Jugendlichen ermitteln. Der Mittelwert des Intercepts unterscheidet sich somit signifikant von Null.

Hypothese 36: Es gibt bedeutsame Unterschiede im Verlauf der einzelnen Wachstumskurven der Jugendlichen. Das bedeutet, dass sich die Varianz des Slope für das von den Jugendlichen wahrgenommene Erziehungsverhalten der Mutter signifikant von Null unterscheidet.

Hypothese 37: Es gibt bedeutsame Unterschiede hinsichtlich der Ausgangsniveaus für das von den Jugendlichen wahrgenommen Erziehungsverhalten der Mutter. Das bedeutete, dass sich der Wert des Intercepts signifikant von Null unterscheidet.

Hypothese 38: Slope und Intercept das von den Jugendlichen wahrgenommenen Erziehungsverhaltens der Mutter stehen in keinem bedeutsamen Zusammenhang.

6.1.2 Hypothesen zum Zusammenhang zwischen wahrgenommenem väterlichen Erziehungsverhalten und dem Selbstwert der Jugendlichen

Im Folgenden werden die Hypothesen vorgestellt, die für den Einfluss der von den Jugendlichen wahrgenommenen Erziehung des Vaters auf den Selbstwert angenommen werden. Aus der Literatur, die zuvor in dieser Arbeit vorgestellt wurde, lässt sich die These entnehmen, dass das Erziehungsverhalten im Allgemeinen einen Einfluss auf die Entwicklung von Kindern und Jugendlichen hat (vgl. u.a. Fuhrer 2009). Auch für das Erziehungsverhalten der Väter wurden diese Einflüsse nachgewiesen (vgl. u.a. Amato et al. 1999, Simons et al. 1999). Wurden diese Effekte des väterlichen Erziehungsverhaltens jedoch beim mütterlichen kontrolliert, so zeigte sich in manchen Studien, dass der Einfluss der Väter nicht mehr zur Geltung kam (vgl. u.a. Verhoeven et al. 2010) oder dass das Erziehungsverhalten der Väter einen kompensatorischen Einfluss auf die Entwicklung von Kindern hat. Es kam teilweise also nur dann zur Geltung, wenn die Mütter eher schlechtes Erziehungsverhalten zeigten (vgl. u.a. Martin et al. 2010). Daher wird es in dieser Studie als wichtig erachtet, das Erziehungsverhalten der Mütter mit in die Überprüfung der Hypothesen aufzunehmen. Bei Untersuchung des Erziehungsverhalten von Vätern zeigte sich, dass das Alter von Kindern bzw. Jugendlichen sowie deren Geschlecht eine Rolle spielte (vgl. u.a. Pruett et al. 2003, Watzlawick et al. 2007). Des Weiteren konnte auch aufgezeigt werden, dass es im Kontext von Trennung und Scheidung, insbesondere in den ersten zwei bis drei Jahren danach, zu verschiedenen Konflikten und Inkonsistenzen im Erziehungsverhalten kommt (vgl. u.a. Hetherington et al. 1982, Wallerstein et al. 1989). Daher erschient es sinnvoll, auch die Zeitspanne, die seit der Trennung vergangen ist, mit in die Untersuchung aufzunehmen. Schließlich kann man auch annehmen, dass Kinder bzw. Jugendliche einen Einfluss auf das Erziehungsverhalten ihrer Eltern bzw. Väter haben (vgl. u.a. Belsky 1984, McBride et al. 2002). Aus diesen Grundüberlegungen lassen sich folgende Hypothesen bilden:

1. **Hypothesen für den Einfluss des Erziehungsverhaltens der Väter aus der Sicht der Jugendlichen auf deren Selbstwert**

Hypothese 39: Das Alter, das Geschlecht und die Zeit, die seit der Trennung vergangen ist, haben einen Einfluss auf das von den Jugendlichen wahrgenommene Erziehungsverhalten der Väter und auf den Selbstwert der Jugendlichen.

Hypothese 39.1: Das Alter der Jugendlichen hat einen Einfluss auf das von den Jugendlichen wahrgenommene Erziehungsverhalten der Väter und auf den Selbstwert der Jugendlichen.

Hypothese 39.2: Das Geschlecht der Jugendlichen hat einen Einfluss auf das von den Jugendlichen wahrgenommene Erziehungsverhalten der Väter und auf den Selbstwert der Jugendlichen.

Hypothese 39.3: Die Zeit, die seit der Trennung vergangen ist, hat einen Einfluss auf das von den Jugendlichen wahrgenommene Erziehungsverhalten der Väter und auf den Selbstwert der Jugendlichen.

Hypothese 40: Das Erziehungsverhalten der Mütter aus der Sicht der Jugendlichen zu T1 hat einen Einfluss auf den Selbstwert der Jugendlichen.

Hypothese 40.1: Das Erziehungsverhalten der Mütter aus der Sicht der Jugendlichen zu T1 hat einen Einfluss auf den Intercept des Selbstwerts der Jugendlichen.

Hypothese 40.2: Das Erziehungsverhalten der Mütter aus der Sicht der Jugendlichen zu T1 hat einen Einfluss auf den Slope des Selbstwerts der Jugendlichen.

Hypothese 41: Bezieht man das Erziehungsverhalten der Mütter mit ein, ergibt sich kein eigenständiger Einfluss von Intercept und Slope des von den Jugendlichen wahrgenommenen Erziehungsverhaltens der Väter auf Intercept und Slope des Selbstwerts der Jugendlichen.

Hypothese 41.1: Der Intercept des von den Jugendlichen wahrgenommenen Erziehungsverhaltens der Väter, hat keinen eigenen Einfluss auf den Intercept des Selbstwerts, wenn man das von den Jugendlichen wahrgenommene Erziehungsverhalten der Mütter mit einbezieht.

Hypothese 41.2: Der Intercept des von den Jugendlichen wahrgenommenen Erziehungsverhaltens der Väter, hat keinen Einfluss auf den Slope des Selbstwerts der Jugendlichen, wenn man das von den Jugendlichen wahrgenommene Erziehungsverhalten der Mütter mit einbezieht.

Hypothese 41.3: Der Slope des von den Jugendlichen wahrgenommenen Erziehungsverhaltens der Väter, hat keinen Einfluss auf den Slope des Selbstwerts der Jugendlichen, wenn man das von den Jugendlichen wahrgenommene Erziehungsverhalten der Mütter mit einbezieht.

Hypothese 42: Nehmen die Jugendlichen das Erziehungsverhalten der Väter positiv war, so empfinden sie auch das der Mütter als positiv.

Hypothese 42.1: Es besteht ein positiver Zusammenhang zwischen dem Intercept der väterlichen Erziehung aus Sicht der Jugendlichen und dem von den Teenagern wahrgenommenen Erziehungsverhalten der Mütter zu T1.

Hypothese 42.2:   Es besteht ein positiver Zusammenhang zwischen dem Slope der väterlichen Erziehung aus Sicht der Jugendlichen und dem von den Teenagern wahrgenommenen Erziehungsverhalten der Mütter zu T1.

Da zuvor angenommen wurde, dass sowohl beim wahrgenommenen väterlichen Erziehungsverhalten als auch beim Selbstwert ein negativer Zusammenhang zwischen Intercept und Slope besteht, wird bezüglich der Beziehung zwischen dem Intercept des wahrgenommenen väterlichen Erziehungsverhaltens und dem Slope des Selbstwerts folgendes angenommen:

Hypothese 43:   Der Intercept des Selbstwerts der Jugendlichen hat einen Einfluss auf den Slope des von den Jugendlichen wahrgenommenen Erziehungs-verhaltens der Väter.

2.   Hypothesen für den Einfluss des Erziehungsverhaltens der Väter aus der Sicht der Jugendlichen auf deren Aggressivität

Dieselben Annahmen werden auch für den Einfluss des von den Jugendlichen wahrgenommenen Erziehungsverhaltens der Väter auf die Aggressivität der Jugendlichen getroffen.

Hypothese 44:   Das Alter, das Geschlecht und die Zeit, die seit der Trennung vergangen ist, haben einen Einfluss auf das von den Jugendlichen wahrgenommene Erziehungsverhalten der Väter und auf deren Aggressivität.

Hypothese 44.1:   Das Alter der Jugendlichen hat einen Einfluss auf das von den Jugendlichen wahrgenommene Erziehungsverhalten der Väter und auf deren Aggressivität.

Hypothese 44.2:   Das Geschlecht der Jugendlichen hat einen Einfluss auf das von den Jugendlichen wahrgenommene Erziehungsverhalten der Väter und auf deren Aggressivität.

Hypothese 44.3: Die Zeit, die seit der Trennung vergangen ist, hat einen Einfluss auf das von den Jugendlichen wahrgenommene Erziehungsverhalten der Väter und auf Aggressivität.

Hypothese 45: Das Erziehungsverhalten der Mütter aus der Sicht der Jugendlichen zu T1 hat einen Einfluss auf die Aggressivität der Jugendlichen.

Hypothese 45.1: Das Erziehungsverhalten der Mütter aus der Sicht der Jugendlichen zu T1 hat einen Einfluss auf den Intercept der Aggressivität der Jugendlichen.

Hypothese 45.2: Das Erziehungsverhalten der Mütter aus der Sicht der Jugendlichen zu T1 hat einen Einfluss auf den Slope der Aggressivität der Jugendlichen.

Hypothese 46: Bezieht man das Erziehungsverhalten der Mütter mit ein, ergibt sich kein eigenständiger Einfluss des von den Jugendlichen wahrgenommenen Erziehungsverhaltens der Väter auf die Aggressivität der Jugendlichen.

Hypothese 46.1: Der Intercept des von den Jugendlichen wahrgenommenen Erziehungsverhaltens der Väter hat keinen eigenen Einfluss auf den Intercept der Aggressivität der Jugendlichen, wenn man das von den Jugendlichen wahrgenommene Erziehungsverhalten der Mütter mit einbezieht.

Hypothese 46.1: Der Intercept des von den Jugendlichen wahrgenommenen Erziehungsverhaltens der Väter hat keinen eigenen Einfluss auf den Slope der Aggressivität der Jugendlichen, wenn man das von den Jugendlichen wahrgenommene Erziehungsverhalten der Mütter mit einbezieht.

Hypothese 46.2: Der Slope des von den Jugendlichen wahrgenommenen Erziehungsverhaltens der Väter hat keinen eigenen Einfluss auf den Slope der Aggressivität der Jugendlichen, wenn man das von den Jugendlichen wahrgenommene Erziehungsverhalten der Mütter mit einbezieht.

Hypothese 47: Nehmen die Jugendlichen das Erziehungsverhalten der Väter positiv war, so empfinden sie auch das Erziehungsverhalten der Mütter als positiv.

Hypothese 47.1: Es besteht ein positiver Zusammenhang zwischen dem Intercept der väterlichen Erziehung aus Sicht der Jugendlichen und dem von den Teenagern wahrgenommenen Erziehungsverhalten der Mütter zu T1.

Hypothese 47.2: Es besteht ein positiver Zusammenhang zwischen dem Slope der väterlichen Erziehung aus Sicht der Jugendlichen und dem von den Teenagern wahrgenommenen Erziehungsverhalten der Mütter zu T1.

Hypothese 48: Der Intercept der Aggressivität der Jugendlichen hat einen Einfluss auf das Erziehungsverhalten der Väter.

6.2 Methodische Überlegungen

Ziel dieser Untersuchung ist es zu überprüfen, wie sich das Erziehungsverhalten und verschiedene Outcomes der Jugendlichen (vgl. Punkt 3) über die Zeit hinweg verändern und der Frage nachzugehen, wie sich diese gegenseitig beeinflussen. Dafür wurden Latent Growth Curve (LGC) Modelle mit einem linearen Wachstumsfaktor gewählt. Im Folgenden soll der Ansatz dieser Modelle dargestellt werden und die Entscheidung, die Analysen anhand dieser Methode durchzuführen, veranschaulicht werden. Die linearen LGC-Modelle, die in dieser Arbeit verwendet werden, entsprechen dem Ansatz der Strukturgleichungsmodelle. Der Aufbau der Modelle kann Abbildung 17 entnommen werden.

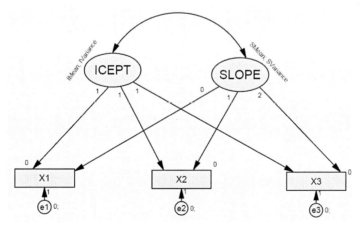

Abbildung 17: LGC-Modell mit einem linearen Wachstumsfaktor

Wie in Abbildung 17 veranschaulicht, bestehen die linearen LGC-Modelle aus einer Variablen X, die über mehrere Zeitpunkte gemessen werden. Im Falle dieser Arbeit ist dies beispielsweise eine Variable, die die jugendliche Wahrnehmung des Erziehungsverhaltens des Vaters misst. Aus diesen manifesten Variablen werden zwei latente Variablen geschätzt, der Intercept und der Slope. Der Intercept ist eine Konstante, bei der alle Faktorladungen zu den Variablen X der einzelnen Messzeitpunkte auf 1 festgelegt werden (vgl. Duncan, Duncan & Strycker 2006, S. 17ff). Nach Duncan et al. (2006, S. 18) kann man sich den Intercept als den Wert vorstellen, an dem eine Linie in einem zweidimensionalen Koordinatensystem die vertikale Linie schneidet. Die zweite latente Variable, der Slope, wird ebenfalls aus den Variablen, die beispielsweise ein Verhalten zu verschiedenen Messzeitpunkten messen, geschätzt. Hierbei werden die Faktorenladungen jedoch nicht gleich gesetzt, sondern in Abständen, entsprechend der Zeitintervalle der Untersuchung, fixiert. Wird also eine Untersuchung über drei Jahre hinweg, bei einer Datenerhebung pro Jahr, durchgeführt, so kann man die Faktorladungen des Slope beispielsweise auf 0, 1 und 2 festlegen. Dem entsprechend beschreibt der Slope auch keine Konstante, wie der Intercept, sondern das Wachstum bzw. die Veränderung einer Variablen (vgl. Duncan et al. 2006, S. 18ff). Dabei stellt ein negativer Slope-Wert eine Abnahme der Variable über die Zeit, und ein positiver Slope-Wert eine Zunahme des Werts der Variablen dar (vgl. Duncan et al. 2006, S. 25ff). Die Veränderung, die der Slope-Faktor misst, kann als spezifischer Entwicklungspfad der Personen bzw. auch als spezifische Trajektorie der Person beschrieben werden. Diese Trajektorien kann man aus einer entwicklungspsychologischen Sichtweise als essentiellen Teil der menschlichen Identität bezeichnen (vgl. Urban 2004, S. 72). Wie stark diese personenspezifischen Trajektorien variieren, lässt sich aus der Varianz der latenten Variablen ablesen, die den Slope-Faktor beschreibt (vgl. Urban 2004, S. 78). Der Mittelwert des Wachstumsfaktors bildet hingegen die durchschnittliche Werteentwicklung innerhalb der Population ab. Der Mittelwert des Intercept stellt dabei den Ausgangswert bzw. das Startniveau der Wachstumskurve, die der Slope beschreibt, dar (vgl. Urban 2004, S. 78). Dieser Mittelwert des Intercepts beschreibt daher das durchschnittliche Ausgangsniveau der Gruppe und die Varianz dieser Variable, wie stark sich die Startpunkte innerhalb der Gruppe unterscheiden.

Um zu beschreiben, ob das Modell die Daten passend abbildet, wird auch für die LGC-Modelle der Model-Fit berechnet. Die Werte, anhand derer ein guter Gesamtfit für ein Modell festgestellt wird, wurden bereits in Punkt 5.2 (vgl. Tabelle 9) dargestellt. Außerdem weißt Urban (2004) darauf hin, dass bei LGC-Modellen zusätzlich auch die Mittelwerte und

Varianzen der latenten Variablen zur Überprüfung der Modellgüte herangezogen werden können. Hierbei gilt, dass ein Mittelwert, der nicht signifikant wird, ein Indikator dafür ist, dass die zu ihm gehörende Basisfunktion gering ist. Unterscheiden sich die Varianzen von Intercept und Slope bedeutsam von Null, lässt dies darauf schließen, dass zwischen den einzelnen Personen innerhalb der Population stark unterschiedliche Werte vorliegen. In dieser Arbeit würde beispielsweise eine signifikante Varianz des Slope der Aggressivität von Jugendlichen bedeuten, dass die Wachstumskurven der einzelnen Teenager stark variieren. In einem solchen Fall liegt also eine heterogene Gruppe vor, die man zum Gegenstand weiterer Untersuchungen machen kann, beispielsweise nach Unterschieden innerhalb der Gruppe der Jugendlichen.

Wie in

Abbildung 17 dargestellt, können Slope und Intercept kovariieren, so dass man Aussagen darüber treffen kann, inwieweit die beiden in einem Zusammenhang stehen. Man kann also im Falle einer positiven signifikanten Korrelation zwischen Intercept und Slope folgern, dass ein hohes Ausgangsniveau mit einer großen Veränderung in der Variablen einhergeht und umgekehrt. Eine negative Korrelation würde hingegen auf das Gegenteil hinweisen, also dass ein niedriger Ausgangswert mit einer hohen Veränderung einhergeht (vgl. Duncan et al. S. 24). Als Beispiel für einen negativen Zusammenhang kann man den Selbstwert der Jugendlichen heranziehen. Findet sich also eine negative Korrelation zwischen Intercept und Slope des Selbstwerts, so bedeutet das, dass Jugendliche, die eingangs einen geringen Selbstwert angeben, einen größeren Zuwachs in dieser Variablen haben.

Schließlich gilt es auch noch anzumerken, dass es vor allem dann sinnvoll ist LGC-Modelle zu berechen, wenn man sich auf mehr als zwei Erhebungszeitpunkte bezieht, da man genauere Aussagen über das Wachstum einer Variablen getroffen werden können (vgl. Duncan et al. 2006, S. 17). So besteht die Möglichkeit zu beobachten, ob eine Entwicklung linear steigend ist, steigt und dann abflacht oder eine andere Form einnimmt.

Der Aufbau eines LGC-Modells wurde bereits in

Abbildung 17 dargestellt. Man kann dieser Abbildung entnehmen, dass die Mittelwerte von X1, X2 und X3 auf Null gesetzt werden. Gleiches geschieht mit den Mittelwerten der Fehler e1, e2 und e3. Die Parameter der Fehler auf die manifesten Variablen werden gleichzeitig auf 1 gesetzt. Wie die Faktorladungen für Intercept und Slope fixiert werden, wurde bereits beschrieben. Die Mittelwerte und Varianzen von Intercept und Slope hingegen werden frei geschätzt.

Das in Abbildung 17 dargestellte Modell kann erweitert werden, indem man beispielsweise externe Wachstumsprädiktoren hinzufügt (vgl. Urban, 2004, S. 107). Das heißt, dass man beispielsweise das Geschlecht der Teilnehmer als Einflussfaktor auf Intercept und/oder Slope verwenden kann. Außerdem kann man zwei oder mehrere LGC-Modelle miteinander in Verbindung setzen. Es werden also die Intercepts und Slopes mehrerer LGC-Modelle miteinander in Verbindung gesetzt. Dies sollte jedoch immer theoretisch begründbar sein (Urban 2004, S. 123ff). Verbindet man die latenten Variablen der einzelnen LGC-Modelle, entspricht dies einem Strukturmodell (vgl. Weiber et al. 2010, S. 39). Dabei sehen Weiber et al. (2010, S. 172) in der Modellbildung das Ziel, Modelle zu entwickeln, „die eine hohe Erklärungskraft bei möglichst *geringer Komplexität* besitzen" (Weiber et al. 2010, S. 172). Daher spricht man von Modellsparsamkeit, wenn ein gute Anpassung eines Modells durch die Verwendung weniger Modellparameter erreicht werden kann (vgl. Weiber et al. 2010, S. 172). Erreicht ein Modell keinen guten Model-Fit, so kann man entweder Parameter hinzufügen oder herausnehmen. Will man eine möglichst gute Modellsparsamkeit durch eine Verringerung der Modellparameter erreichen, so kann man sich an den Werten der Critical Ratio (C.R.) orientieren. Sind die C.R. Werte kleiner als 1,96 kann man die entsprechenden Parameter aus dem Modellgefüge ausschließen (Weiber et al. 2010, S. 191). Bei dem Versuch die Modellanpassung durch das Hinzufügen von Parameter zu erhöhen, so kann man sich an den Modification Indices (M.I.) orientieren (vgl. Weiber et al. 2010, S. 191ff). Die Kriterien, die auf einen guten Model-Fit verweisen, wurden bereits in Tabelle 9 dargestellt.

Auch in den hier vorgestellten Modellen werden wieder manifeste Variablen als Kontrollvariablen verwendet. Daher soll an dieser Stelle bereits darauf verwiesen werden, dass hier mit den Kontrollvariablen wie bei der vorangegangen Hypothesenprüfung in Punkt 5 verfahren wird. Die manifesten Variablen bzw. die Parameter der Modelle werden nicht aus dem Modell ausgeschlossen. Für das Vorgehen der Modellfindung gilt allerdings, dass zunächst alle nicht-bedeutsamen Pfade der manifesten Variablen ausgeschlossen werden, woraufhin geprüft wird, ob ein guter Model-Fit vorliegt. Ist dies nicht der Fall, wird versucht die Modellanpassung über die eben erwähnten C.R. Werte oder die M.I. zu verbessern.

Auch für die Analysen, die in diesem Teil der Arbeit präsentiert werden, wurden die fehlenden Werte der Skalen, die zur Überprüfung der Hypothesen verwendet wurden, ersetzt. Das Vorgehen entsprach dem bereits in Punkt 5.2 beschriebenen. Außer für die anschließende Stichprobenbeschreibung wurde für alle Analysen der Datensatz mit den ersetzten Werten verwendet.

6.3 Projekt- & Stichprobenbeschreibung

In diesem Kapitel der Arbeit werden die Instrumente vorgestellt, anhand derer die Daten erhoben wurden. Die hier verwendeten Daten wurden im Rahmen des von der Deutschen Forschungsgemeinschaft (DFG) geförderten Projekts „Familienentwicklung nach der Trennung" gewonnen, das von der Technischen Universität Dresden und der Ludwig-Maximilians-Universität München durchgeführt wurde. Federführend in diesem Projekt waren Beate Schwarz, Sabine Walper, Mechthild Gödde und Stephanie Jurasic. In diesem Projekt wurden Kern- und Scheidungs- bzw. Stieffamilien aus West- und Ostdeutschland längsschnittlich untersucht. Die Erhebungszeitpunkte waren 1996, 1997, 1998 und 2002, allerdings mit jeweils unterschiedlichen Themenschwerpunkten. In den hier präsentierten Analysen werden Daten aus den ersten drei Erhebungswellen verwendet. Es werden Angaben von Jugendlichen über ihre Befindlichkeit und über das Erziehungsverhalten ihrer Väter herangezogen. Zudem sind in der Studie nicht nur, wie bereits erwähnt, Daten über das Erziehungsverhalten der Väter aus Sicht der Jugendlichen enthalten, sondern auch dieselben Angaben über die Mütter, so dass es hier möglich ist, Vergleiche durchzuführen bzw. zu testen, ob es eigenständige Effekte des väterlichen Erziehungsverhaltens aus Sicht der Jugendlichen gibt. Die Datenerhebung in diesem Projekt erfolgte durch Fragebögen und Interviews. Die verwendete Stichprobe umfasste 121 Jugendlichen, die während der gesamten drei Jahre Kontakt zu ihren Vätern hatten, 55,4% der Jugendlichen waren männlich und 44,6% weiblich. Das durchschnittliche Alter lag bei 13,97 Jahren und schwankte zwischen 11 und 18 Jahren (vgl. Tabelle 37). Die Jugendlichen verteilten sich dabei auf verschiedene Schultypen. Der überwiegende Teil des Samples (63,6%) besuchte das Gymnasium, 14,9% gingen auf eine Realschule. Der Rest der Schüler/innen verteilte sich auf die Gesamt- (11,6%) und Hauptschule (9,9%) (vgl. Tabelle 39). Das Sorgerecht für die Kinder hatte in 45,5% der Fälle die Mutter, 19% der Eltern teilten sich das Sorgerecht, 2,5% hatten noch keine Einigung gefunden und von 31% fehlten hierzu die Angaben (vgl. Tabelle 39). Die Zeit seit der Trennung lag für die Jugendlichen durchschnittlich 7,78 Jahre zurück, die Spanne war hier jedoch sehr hoch, denn das Minimum für diesen Wert lag bei 0 Jahren und das Maximum bei 16 Jahren (vgl. Tabelle 37). Jeweils die Hälfte der Jugendlichen hatte zu allen drei Messzeitpunkten mindestens einmal pro Monat Kontakt mit dem Vater (vgl. Tabelle 38).

Tabelle 37: Alter, Zeit seit der Trennung & Höhe der Unterhaltszahlungen für das Kind

Variable	Mittelwert (SD)	Minimum	Maximum	Fehlend
Alter	13,97 (1,96)	11	18	0%
Zeit seit der Trennung (Jahre)	7,78 (4,08)	0	16	4,1%
Höhe der Unterhalteszahlungen für das Kind (DM)	582,45 (276,858)	229	2000	25,4% (32)

Tabelle 38: Kontakthäufigkeit mit dem Vater

Variable	#T1	%T1	#T2	%T2	#T3	%T3
Kontakthäufigkeit						
jede Woche	40	31,1	41	33,9	37	30,6
jede 2. Woche	26	21,5	29	24,0	20	16,5
jede 3. Woche	8	6,6	8	6,6	8	6,6
einmal im Monat	17	14,0	18	14,9	19	15,7
mehrmals im Jahr	23	19,0	21	17,4	32	26,4
etwa einmal im Jahr	3	1,7	2	1,7	3	2,5
seltener	1	0,8	2	1,7	2	1,7
fehlend	4	3,3	0	0	0	0

Tabelle 39: Soziodemographische Verteilung der Jugendlichen

	in Prozent	Anzahl
Geschlecht		
Männlich	55,4	67
Weiblich	44,6	54
Fehlend	0	0
Schultyp Kinder		
Hauptschule	9,9	12
Realschule	14,9	18
Gymnasium	63,6	77
Gesamtschule	11,6	14
Fehlend	0	0
Sorgerecht zu T1		
Mutter	45,5	55
Gemeinsame Sorge	19,0	23
Noch keine Einigung	2,5	3
Fehlend	31,1	40

Neben diesen Daten zu den Kindern wurden auch Daten der Mütter erhoben. Diese werden nun auch dargestellt, um den familiären Hintergrund der Jugendlichen darzustellen. Die Angaben zu den Vätern wurden ebenfalls von den Müttern erfragt. Zunächst soll hierfür auf den Bildungshintergrund und den Arbeitsumfang der Eltern eingegangen werden (vgl. Tabelle 40). Zunächst soll an dieser Stelle erwähnt werden, dass diese Angaben nicht von allen Müttern vorliegen und jeweils die Angaben zu T1 verwendet wurden. Im Folgenden wird ein deskriptiver Überblick über die Daten der Eltern gegeben, genaue Zahlen können den entsprechenden Tabellen entnommen werden.

Hinsichtlich der Bildung der Eltern wird ersichtlich, dass die Eltern eher bildungsnah sind. Zudem absolvierten die meisten Eltern eine berufliche Ausbildung, allerdings hatten 11,6% der Väter keine Berufsausbildung. Knapp 30% der Väter und Mütter schlossen ein Studium ab. Prozentual betrachtet, konnten die meisten Eltern einen Facharbeiterabschluss oder eine andere beendete Berufsausbildung vorweisen. Zudem arbeiteten die meisten Eltern, wieder prozentual gesehen, Vollzeit. Der Anteil der Väter, der voll arbeitete, war mit 74,4% größer als der der Mütter mit 41,3%. Es ist jedoch auffällig, dass lediglich 11,6% der Mütter Hausfrauen waren, der Rest gab an, entweder arbeitslos zu sein, oder anderwertig am Arbeitsmarkt aktiv zu sein (vgl. Tabelle 40).

Tabelle 40: Bildungs-& Beschäftigungshintergrund der Eltern

	Mutter		Vater	
	in Prozent	Anzahl	in Prozent	Anzahl
Schulabschluss Eltern				
Kein Abschluss	0,8	1	2,5	3
Hauptschulabschluss	14,9	18	22,3	27
Mittlere Reife	35,5	43	20,7	25
Abitur	38,0	46	40,5	49
Fehlend	10,7	13	14,0	17
Berufsabschluss				
Keine Ausbildung	4,1	5	11,6	14
Facharbeiterabschluss/	48,8	59	36,4	44
Abgeschlossene Ausbildung				
Meister	1,7	2	5,9	6
(Fach-) Hochschulabschluss	29,8	36	29,8	36
anders	5,0	6	3,3	4
Fehlend	10,7	13	14,0	17
Berufstätigkeit				
Vollzeit	41,3	50	74,4	90
Teilzeit	31,4	38	2,5	3
Stundenweise (<13 h pro Woche)	2,5	3	0,8	1
Umschulung/Fortbildung	0	0	1,7	2
Arbeitslos	2,5	3	5,0	6
Hausfrau/ -mann	11,6	14	0	0
(Invaliden-) Rentner	0	0	2,5	3
Anderes	1,7	2	3,3	4
Weiß nicht	0	0	0,8	1
Fehlend	9,1	11	9,1	11

Ferner zeigte sich, dass die Mütter zum Großteil nichts gegen den Umgang mit den Vätern einzuwenden hatten. Außerdem hatten 55,4% der Mütter einen neuen Partner und 30,6% lebten auch mit diesem neuen Partner zusammen. Bei den Vätern ist es schwierig eine

Aussage zu treffen, weil 66,1% der Mütter keine Angaben hinsichtlich neuer Partnerinnen der Väter machten. Der überwiegende Teil der Kinder lebte bei der Mutter. 41,3% der Jugendlichen lebte dabei auch mit leiblichen Geschwistern zusammen und 11,6% mit Stiefgeschwistern. Es ist allerdings aufgrund des Antwortformats nicht klar erkennbar, wie viele Mütter keine Angaben gemacht haben, also wie viel Prozent Missings vorliegen und wie viele Jugendliche wirklich keine (Stief-) Geschwister haben bzw. mit diesen zusammenleben (vgl. Tabelle 41).

Tabelle 41: Angaben zum Familienleben

	in Prozent	Anzahl
Sind ihnen die Vater-Kind-Kontakte Recht?		
Ja	77,7%	94
Teils/teils	7,4%	9
Nein	1,7%	2
Fehlend	13,2%	16
Haben sie einen neuen Partner?		
ja	55,4%	67
nein	14,9%	18
Fehlend	29,8%	36
Leben sie mit dem Partner zusammen?		
Ja	30,6%	37
Nein	24,8%	30
Fehlend	44,6%	54
Wer lebt alles im Haushalt?		
Partner	30,6%	37
Das befragte Kind	90,1%	109
Leibl. Geschwister	41,3%	50
Stiefgeschwister	11,6%	14
Hat der Vater eine Partnerin?		
Ja	10,7%	13
Nein	15,7%	19
Weiß ich nicht	7,4%	9
Fehlend	66,1%	80

Im Weiteren sollen auch noch Angaben zu den Unterhaltszahlungen der Väter gemacht werden. Es stellt sich heraus, dass mit 47,9% die knappe Hälfte der Mütter keinen Anspruch auf Unterhaltszahlungen hat, wobei 18,2% diesen Anspruch haben und 33,9% keine Angaben zu dieser Frage gemacht haben. Der Großteil der Väter kommt den Zahlungen für das Kind regelmäßig nach, wobei auch 11,6% gar keine Unterhaltszahlungen leisten. Die Zahlungen werden von 53,7% der Väter regelmäßig geleistet, wobei hier auch von 19% der Mütter keine Angaben getroffen wurden (vgl. Tabelle 42). Die Höhe der Zahlungen für die Kinder liegt im Durchschnitt bei 582,52 DM (S.D. 276,86), wobei die Beträge zwischen 229 und 2.000 DM schwanken und 25,4% der Mütter keine Angaben zur Höhe der Angaben machten (vgl. Tabelle 37). Abschließend kann man also zusammenfassen, dass es sich um kein repräsentatives Sample handelt.

Tabelle 42: Angaben zum Unterhalt

	Prozent	Anzahl
Anspruch der Mütter auf Unterhalt		
Ja	18,2%	22
Nein	47,9%	58
Fehlend	33,9%	41
Regelmäßigkeit der Zahlungen für das Kind		
Regelmäßig	67,8%	82
Unregelmäßig	3,3%	4
Gar nicht	11,6%	14
Fehlend	17,4%	21
Zahlungen im vollen Umfang erhalten		
Ja	53,7%	65
Nein	27,3%	33
Fehlend	19,0%	23

6.4 Untersuchungsinstrumente

Nachdem nun die Stichprobe bekannt ist, wird im Folgenden auf die Erhebungsinstrumente eingegangen. Hierbei stehen die Skalen zur Erziehung aus der Sicht der Kinder (Unterstützende Erziehung, Einfühlungsvermögen und Monitoring), dem Selbstwert und der Aggressivität im Vordergrund. Zunächst wird ein Überblick über Herkunft der Instrumente gegeben, woraufhin diese mit Angaben zur Reliabilität und einem Beispiel-Item in einer zur Übersicht in Tabelle 43 dargestellt werden. Die kompletten Skalen können dem Anhang entnommen werden.

Unterstützende Erziehung:

Diese Skala wurde eingeführt, um die Bereiche Wärme, Liebe und eine partnerschaftliche Kommunikation abzufragen (vgl. Schwarz, Walper, Gödde & Jurasic 1997, S. 21). Es handelt sich um eine Übersetzung der *Supportive Parenting Scale* von Simons, Lorenz, Conger und Wu (1992) und hatte im Original für die Angaben der Kinder über die Mütter ein Alpha von .78 und für die Väter von .83 (vgl. Schwarz et al. 1992, S. 21).

Einfühlungsvermögen:

Auch das Einfühlungsvermögen zielt auf den Bereich Wärme und Liebe ab. Bei der Erfassung wurde eine verkürzte Version des Einfühlungsvermögens aus dem *Familiendiagnostischen Testsystem* (FDTS) (vgl. Schneewind, Beckmann, Hecht-Jackl, 1995) verwendet (vgl. Schwarz et al. 1997, S. 17).

Monitoring:

Das Monitoring soll das Verhalten der Eltern beschreiben, das die Handlungen der Kinder außerhalb der Familie überwacht. Das in dieser Untersuchung eingesetzte Instrument zum Monitoring wurde aus verschiedenen Skalen zusammengefügt. Nach Schwarz et al. (1997, S. 22) wurden Items aus den Fragebögen von Steinberg zur „parental supervision" (vgl. Lamborn, Mounts, Steinberg, Dornbusch 1991) und aus dem Bielefelder Jugendsurvey (vgl. Kolip, Nordlohne & Hurrelmann, 1995) verwendet.

Autoritative Erziehung:

Die hier vorgestellten Skalen „unterstützende Erziehung", „Einfühlungsvermögen" und „Monitoring" wurden zu der Gesamtskala autoritative Erziehung zusammengefasst, da dies faktorenanalytisch möglich war. Die Reliabilität der Skala kann Tabelle 43 entnommen werden.

Selbstwert:

Um die Selbsteinschätzung der Jugendlichen in Bezug auf ihren Selbstwert zu erfassen, wurde die Skala von Rosenberg (1965) verwendet. Schwarz et al. (1997, S. 68) begründen diese Entscheidung damit, dass diese Skala bereits erprobt ist und in vielen Studien eingesetzt wurde, was die Vergleichbarkeit erhöht. Für diese Studie wurden die Items erneut übersetzt, wobei besonders darauf geachtet wurde, dass die Items für alle befragten Jugendlichen verständlich sind (vgl. Schwarz et al. 1997, S. 68).

Aggressivität:

Die Skala zur Aggressivität soll das Problemverhalten der Jugendlichen erfassen, sie besteht aus 6 Items und wurde faktorenanalytisch aus einem Fragebogen zur sozialen Kompetenz entnommen (vgl. Schwarz et al. 1998, S. 81).

Soziodemographie:

Die weiteren verwendeten Instrumente umfassten Fragen zur Soziodemographie und wurden mit einem Item abgefragt. Es wurde jedoch nicht auf ein bereits bestehendes Instrument zurückgegriffen, sondern darauf geachtet, dass die Merkmale gut in einem Interview abgefragt werden können (vgl. Schwarz et al. 1997, S. 95).

Wie bereits erwähnt werden anschließend in Tabelle 43 die Reliabilitäten der Skalen zu den drei Messzeitpunkten dargestellt. Sie erwiesen sich soweit als stabil und zeigten bis auf die Skala zur Aggressivität zu T2 ($\alpha = ,578$) zufriedenstellende Alpha-Werte.

Tabelle 43: Übersicht über die in Studie 2 verwendeten Instrumente

Skala	Anzahl Items	Beispiel – Item		α T1	α T2	α T3	Skalierung
Unterstützende Erziehung	9	Wie oft sprechen Deine Eltern mit Dir über das, was Du tust und erlebt hast?	Vater	,823	,883	,891	1-4
	9		Mutter	,795	,868	,883	
Einfühlungsvermögen	4	Meine Mutter.../Mein Vater... ...braucht mich nur anzuschauen, und weiß sofort, wenn etwas nicht stimmt.	Vater	,723	,728	,744	1-4
	4		Mutter	,700	,826	,746	
Monitoring (zu T3 nur mit 2 Items gefragt)	3	Wie wichtig ist es Deinen Eltern, genau zu wissen, ... was Du in Deiner Freizeit machst?	Vater	,770	,873	,844	1-5
	3		Mutter	,769	,792	,806	
Autoritative Erziehung	16	-----------	Vater	,686	,724	,742	
	16		Mutter	,716	,759	,675	
Selbstwert	10	Ich bin genauso viel wert wie andere Menschen.	---	,767	,792	,799	1-4
Aggressivität	6	Ich gerate oft in Streit oder Kämpfe.	---	,702	,578	,697	1-4
Geschlecht	1	-----------				---	-------
Alter	1	-----------				---	-------
Alter bei Trennung	1	-----------				---	-------

6.5 Ergebnisse

Im diesem Kapitel werden die Ergebnisse der Hypothesenprüfung vorgestellt. Sie erfolgten alle mit dem Programm Amos 18. Zunächst werden die LGC-Modelle für die drei Skalen „wahrgenommene Erziehung durch die Jugendlichen", „Selbstwert" und „Aggressivität" vorgestellt. Hierauf wird anschließend das Modell, das den Einfluss des wahrgenommenen Erziehungsverhaltens auf den Selbstwert annimmt, getestet. Abschließend wird der Frage nachgegangen, ob das wahrgenommene Erziehungsverhalten des Vaters die Aggressivität der Jugendlichen beeinflusst.

6.5.1 Test der Latent Growth Curve Models

1. LGC-Modell für das wahrgenommene Erziehungsverhalten

Als erstes soll überprüft werden, wie sich das Wachstum für das wahrgenommene Erziehungsverhalten der Väter durch die Jugendlichen gestaltet. Die Analysen wurden wie in Punkt 6.2 beschrieben durchgeführt. Hierzu können der Abbildung 18 die standardisierten Regressionsgewichte sowie der standardisierte Koeffizient der Korrelation von Intercept und Slope entnommen werden. Dieser eben genannte Zusammenhang wurde mit einem unstandardisierten Koeffizienten von -,008 und einem standardisierten Koeffizienten von -,097 nicht signifikant ($p < ,05$).

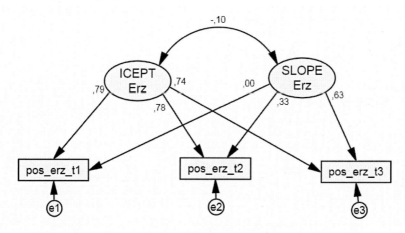

Abbildung 18: Latent Growth Curve Model des väterlichen Erziehungsverhaltens

169

Die Mittelwerte und Varianzen von Intercept und Slope sind in Tabelle 36 ersichtlich. Betrachtet man zunächst den Intercept, so stellt man fest, dass dessen Mittelwert und Varianz signifikant sind. Die Anfangspunkte des Slope variieren bedeutsam zwischen den einzelnen Jugendlichen (signifikante Varianz) und der Startpunkt eines gemeinsamen Slope lässt sich auf 2,503 festlegen. Der Mittelwert des Slope wird mit ,036 nicht signifikant, woraus sich folgern lässt, dass es zwischen den Messzeitpunkten ein positives Wachstum von ,036 Einheiten für das Erziehungsverhalten der Väter aus Sicht der Kinder gibt. Da dieser Zuwachs jedoch nicht signifikant wird, ist davon auszugehen, dass es kein wesentliches gruppenspezifisches Wachstum dafür gibt, wie die Jugendlichen das Erziehungsverhalten ihrer Väter empfinden. Die Varianz des Slope wird tendenziell signifikant. Nach Duncan et al. (2006, S. 64) ist die Varianz ein wichtiges Kriterium, um einzelne LGC-Modelle in ein multivariates LGC aufzunehmen. In diesem Fall wurde auf Grund der tendenziellen Signifikanz entschieden, das Modell noch in die Untersuchung aufzunehmen, da man annehmen kann, dass sich die Wachstumskurven der einzelnen Jugendlichen, zumindest der Tendenz nach, von einander unterscheiden. Dass auch die Korrelation zwischen Intercept und Slope nicht signifikant wurde, bedeutet, dass das anfängliche Niveau bei der Einschätzung des väterlichen Erziehungsverhaltens in keinem Zusammenhang mit dessen weiterer Entwicklung steht. Tabelle 45 kann man entnehmen, dass das Modell auch als gültig angenommen werden kann, weil alle Fit-Indizes gültige Werte aufweisen.

Tabelle 44: Mittelwerte und Varianzen von Intercept und Slope

Variable / Skala	Mittelwert (S.E.)	Varianz
Intercept	2,503**	,194**
Slope	,036	,036+
Erziehung Vater T1	-----	,118*
Erziehung Vater T2	-----	,108**
Erziehung Vater T3	-----	,051

+ signifikant $p \leq ,1$; * signifikant $p = \leq ,05$; **signifikant $p \leq ,01$

Tabelle 45: Model-Fit des LGC-Modells für das wahrgenommene Erziehungs-verhalten

Kriterium	Wert
Chi²	,454 (p = ,500)
Df	1
CFI	1,000
RMSEA	,000
SRMR	,0004

2. Test für das LGC-Modell für den Selbstwert

Als nächstes wurde das LGC-Modell für den Selbstwert der Jugendlichen berechnet. Die standardisierten Regressionskoeffizienten und der Koeffizient der Korrelation zwischen Intercept und Slope können Abbildung 19 entnommen werden. Auch in diesem Modell wird die Korrelation mit einem unstandardisierten Koeffizienten von -,023 (S.E. = ,012) und einem standardisierten Korrelationskoeffizienten von -,429 wiederum nicht signifikant (p < ,05). Die Anpassung dieses Modells ist allerdings gut, wie man Tabelle 47 entnehmen kann.

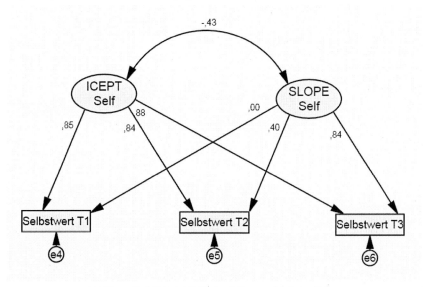

Abbildung 19: LGC-Modell für den Selbstwert der Jugendlichen

Tabelle 46 beinhaltet die Mittelwerte und Varianzen des LGC-Modells für den Selbstwert. Der Mittelwert und die Varianz sind wie bereits im Modell für das wahrgenommene Erziehungsverhalten signifikant, so dass sich das Ausgangsniveau der Wachstumskurven für den Selbstwert der Jugendlichen bedeutsam zwischen den einzelnen Teilnehmern der Studie unterscheidet. Im Gegensatz zu dem LGC-Modell für das wahrgenommene Erziehungsverhalten werden für den Selbstwert sowohl der Mittelwert als auch die Varianz des Slopes signifikant. Hieraus kann man schließen, dass es bedeutsame Unterschiede hinsichtlich der Wachstumskurven des Selbstwerts zwischen den einzelnen Jugendlichen gibt (Varianz signifikant). Zusätzlich kann man die Aussage treffen, dass es für die Gesamtpopulation der Jugendlichen ein bedeutsames positives Wachstum bezüglich des Selbstwerts gibt. Da die Korrelation zwischen Intercept und Slope auch in diesem Modell nicht signifikant ist, kann man wiederum die Schlussfolgerung ziehen, dass das anfängliche Niveau des Selbstwerts keinen bedeutsamen Einfluss auf dessen Wachstum hat, wenngleich die Tendenz auszumachen ist, dass ein hoher anfänglicher Selbstwert mit einem geringeren Wachstum desselbigen einhergeht.

Tabelle 46: Mittelwerte und Varianzen für Slope und Intercept

Variable / Skala	Mittelwert (S.E.)	Varianz
Intercept	3,333**	,112**
Slope	,048*	,025*
Erziehung Vater T1	-----	,045*
Erziehung Vater T1	-----	,068**
Erziehung Vater T1	-----	,023

+ signifikant p ≤ ,1; * signifikant p = ≤,05 ; **signifikant p ≤ ,01

Tabelle 47: Model-Fit des LGC-Modells für den Selbstwert

Kriterium	Wert
Chi²	,023 (p = ,880)
Df	1
CFI	1,000
RMSEA	,000
SRMR	,0000

3. LGC-Modell für die Aggressivität der Jugendlichen

Im Folgenden wird nun das LGC-Modell für die Aggressivität der Jugendlichen präsentiert. Wie bisher wird auch jetzt zuerst das Modell mit den dazugehörigen standardisierten Regressionskoeffizienten und dem Korrelationskoeffizienten, der den Zusammenhang zwischen Intercept und Slope misst, dargestellt. Die Korrelation zwischen Intercept und Slope wird mit einem Wert von -,45 auch in diesem Modell nicht signifikant (p < ,05), so dass wieder keine Aussagen über das anfängliche Niveau der Wachstumskurven und die weitere Entwicklung gemacht werden können. Die Tendenz geht jedoch in die Richtung, dass ein hoher anfänglicher Wert mit einer geringeren Zunahme der Aggressivität einhergeht und umgekehrt. Dass auch dieses Modell wieder einen guten Fit aufweist, kann man

Tabelle **49** entnehmen.

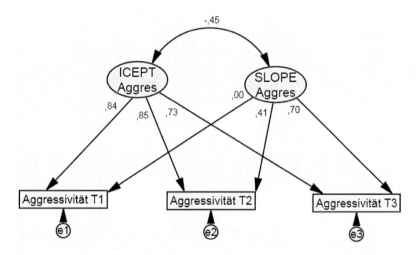

Abbildung 20: LGC-Modell für die Aggressivität der Jugendlichen

Wie schon für den Selbstwert zeigt sich auch für die Aggressivität der Jugendlichen, dass die Mittelwerte und Varianzen von Intercept und Slope signifikant werden (vgl. Tabelle 48). So lässt sich für die Aggressivität das anfängliche Niveau auf 1,673 festlegen. Zwischen den einzelnen Jugendlichen variiert jedoch das Anfangsniveau. Das Wachstum hinsichtlich der Aggressivität der Jugendlichen unterscheidet sich zwischen den Jugendlichen signifikant. Es gibt ein bedeutsames gruppenspezifisches positives Wachstum bezüglich der Aggressivität der Jugendlichen um ,051 Einheiten pro Messzeitpunkt. Der Zusammenhang zwischen Slope und Intercept wird nicht signifikant (p < ,05). Der standardisierte Korrelationskoeffizient liegt bei -,452, der geschätzte Koeffizient bei -,027 (S.E: = ,018; p = ,124).

Tabelle 48: Mittelwerte und Varianzen für Intercept und Slope der Aggressivität

Variable / Skala	Mittelwert (S.E.)	Varianz
Intercept	1,673**	,126**
Slope	,051*	,029*
Erziehung Vater T1	-----	,054*
Erziehung Vater T1	-----	,073**
Erziehung Vater T1	-----	,103**

+ signifikant p ≤ ,1; * signifikant p = ≤,05 ; **signifikant p ≤ ,01

Tabelle 49: Model-Fit für das LGC-Modell für die Aggressivität

Kriterium	Wert
Chi²	,002 (p = 968)
Df	1
CFI	1,000
RMSEA	,000
SRMR	,0000

4. Das von den Jugendlichen wahrgenommene Erziehungsverhalten der Mütter

Auch für das Erziehungsverhalten der Mütter sollte ein lineares LGC-Modell berechnet werden, es konnte jedoch nicht spezifiziert werden, da sich ein Fehler in der Kovarianzmatrix ergab. Dieser Fehler trat beim Versuch, ein LGC-Modell mit frei geschätzten Zeit-Koeffizienten zu berechnen, ebenfalls ein. In diesen Modellen werden zwei der drei Regressionskoeffizienten fixiert, wobei wiederum die Zeitskala festgelegt wird. Es werden also zwei Regressionskoeffizienten in dem Abstand, in dem die Erhebungen stattgefunden haben, fixiert. In dem hier berechneten Modell wurde das Regressionsgewicht zum Erziehungsverhalten zu T1 auf 0 fixiert, zu T2 auf 1 gesetzt und zu T3 nicht festgelegt. Doch auch dieses Modell konnte nicht spezifiziert werden. Schließlich wurde ein Modell berechnet, das nur den Intercept des mütterlichen Erziehungserhaltens misst. Dieses Modell erfüllte nicht alle Kriterien der Anpassung. Der Chi² Test wurde signifikant und auch der RMSEA lag mit ,152 über den Cut-off Werten (vgl. Tabelle 50). Der Mittelwert des Intercepts lag bei 3,140** (S.E. = ,040) mit einer Varianz von ,157** (S.E. = ,025). Dieses Modell ließ sich jedoch nicht in das Gesamtmodell zur Hypothesenprüfung integrieren, da das mütterliche und väterliche Erziehungsverhalten zu T1, T2 und T3 zu hoch korrelierten. Daher wird auch nicht weiter auf das Intercept-Modell eingegangen.

Tabelle 50: Model-Fit Intercept des mütterlichen Erziehungsverhaltens aus der Sicht der Jugendlichen

Kriterium	Wert
Chi²	15,035 (p = ,005)
Df	4
CFI	,911
RMSEA	,152
SRMR	,0614

Es wurde jedoch eine Varianzanalyse mit Messwiederholung für das mütterliche Erziehungsverhalten aus Sicht der Jugendlichen berechnet, um zu überprüfen, ob sich die Mittelwerte der Variablen der drei Messzeitpunkte signifikant unterscheiden. Da keine bedeutsamen Unterschiede gefunden wurden (df = 2; F = ,315; p = ,730), zog man daher den Mittelwert des mütterlichen Erziehungsverhaltens zu T1 als Kontrollvariable heran.

Fazit: Außer dem LGC-Modell der Mutter weisen alle LGC-Modelle eine gute Modellanpassung auf, so dass sie für die weitere Hypothesenprüfung herangezogen werden können. Dass in den LGC-Modellen für den Selbstwert und die Aggressivität der Jugendlichen die Varianz von Intercept und Slope signifikante Werte aufweisen, deutet auf eine Heterogenität der Wachstumsverläufe innerhalb der Gruppe hin, wohingegen dies für das von den Jugendlichen wahrgenommene Erziehungsverhalten des Vaters nicht gilt. Hier scheinen die Wachstumsverläufe für alle Jugendlichen ähnlich zu sein. Der nicht-signifikante Mittelwert des Slope-Faktors in dem Modell, das das Erziehungsverhalten der Väter aus Sicht der Jugendlichen untersucht, lässt darauf schließen, dass die Funktion, die diesem zu Grunde liegt, keine gewichtige Bedeutung hat (vgl. Punkt 6.2). Im Folgenden wird auf den Zusammenhang zwischen dem von den Jugendlichen wahrgenommenen Erziehungsverhalten des Vaters und den Angaben zum Selbstwert der Jugendlichen eingegangen. Da die Korrelation zwischen Intercept und Slope in keinem der LGC-Modelle signifikant wird, werden diese Korrelationen in den weiteren Modellen nicht mehr getestet.

6.5.2 Das Erziehungsverhalten des Vaters aus Sicht der Jugendlichen und dessen Einfluss auf deren Selbstwert

In diesem Abschnitt werden die Ergebnisse des Modells, das den Einfluss des von den Jugendlichen wahrgenommenen Erziehungsverhaltens auf den Selbstwert der Jugendlichen misst, präsentiert. Zunächst soll an dieser Stelle kurz die Darstellung der Ergebnisse erörtert werden.

Wie in Punkt 6.2 bereits beschrieben, wird zunächst jenes Modell geprüft, das den Hypothesen entspricht. Dann werden die Pfade der manifesten Variablen entfernt, die möglicherweise nicht signifikant werden, damit für dieses Modell Indikatorvalidität vorliegt. Sobald dieser Schritt durchgeführt wurde, wird die allgemeine Modellanpassung überprüft. Weist sie keinen guten Modell-Fit auf, so wird versucht, ihn durch das Herausnehmen oder Hinzufügen von Parametern zu erreichen. In Abbildung 21 ist das in den Hypothesen angenommene Modell ersichtlich. Da aber nicht alle Pfade der manifesten Variablen signifikant wurden, wurden sie schrittweise entfernt, um Indikatorvalidität zu erreichen. Weil die manifesten Variablen Geschlecht, Alter und Zeit seit der Trennung vor allem als Kontrollvariablen dienen, wird das zuerst verwendete Modell nicht genauer dargestellt. Es wird also im Anschluss lediglich das passende Modell ausführlich präsentiert.

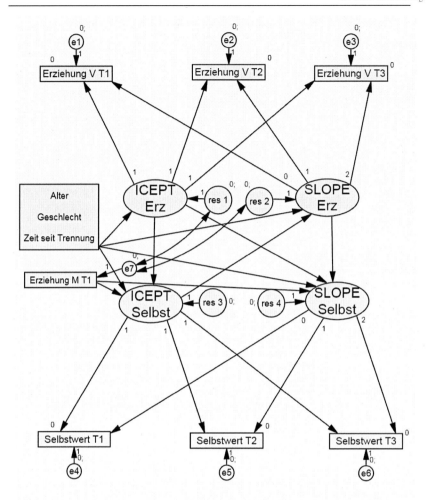

**Abbildung 21: Angenommenes Modell für den Einfluss des wahrgenommenen väterlichen
Erziehungsverhaltens auf den Selbstwert der Jugendlichen**

Das Modell, das schließlich gefunden wurde ist in Abbildung 22 zu sehen. Die gute Anpassung des Modells ist Tabelle 51 zu entnehmen.

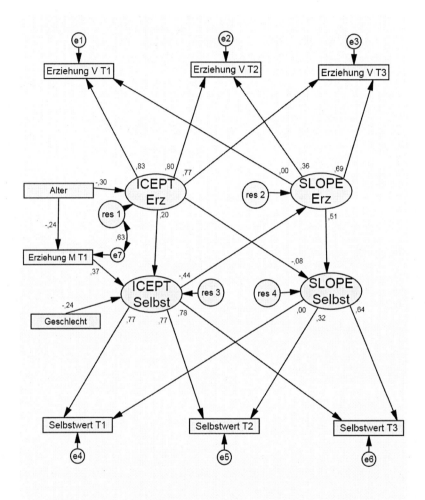

Abbildung 22: Abschließendes Modell für die Überprüfung der Wirkung des von den Jugendlichen wahrgenommenen Erziehungsverhaltens der Väter auf deren Selbstwert

Tabelle 51 Modellanpassung des gefunden Modells

Kriterium	Wert
Chi²	28,157 (p = ,301)
Df	25
CFI	,990
RMSEA	,032
SRMR	,0480

Tabelle 52 können nochmals die standardisierten Regressionskoeffizienten entnommen werden. Es lässt sich auch erkennen, welche Hypothesen sich bestätigt haben und welche nicht. Bei der Betrachtung der Tabelle zeigt sich zunächst, dass sich Hypothese 41.1 bestätigt hat und der Intercept des wahrgenommenen väterlichen Erziehungsverhaltens keinen signifikanten Einfluss auf den Intercept des Selbstwerts der Jugendlichen hat. Gleiches gilt für Hypothese 41.2. Auch hier wurde kein Einfluss des Intercepts des Erziehungsverhaltens aus Sicht der Jugendlichen auf den Slope des Selbstwerts gefunden. Bestätigt hat sich ebenfalls Hypothese 43, denn mit einem Wert von -,438 zeigt sich ein signifikanter Effekt des Ausgangswerts des Selbstwerts auf die Veränderung innerhalb der wahrgenommenen väterlichen Erziehung. Dies beutet, dass ein hohes Ausgangsniveau hinsichtlich des Selbstwerts der Jugendlichen eine Verschlechterung der Wahrnehmung des Erziehungsverhaltens der Väter durch die Jugendlichen bedingt bzw. andersherum, dass ein geringer Intercept-Wert für den Selbstwert eine Verbesserung des Erziehungsverhaltens der Väter bedingt. Im vorliegenden Modell sprechen die Zahlen dafür, dass ein mittleres anfängliches Niveau des Selbstwerts (2,459) eine Verbesserung des Erziehungsverhaltens der Väter aus Sicht der Jugendlichen nach sich zieht. Das Wachstum der väterlichen Erziehung hat entgegen der Annahme in Hypothese 41.3 einen eigenständigen Effekt auf den Selbstwert der Jugendlichen. Denn nehmen Jugendliche eine Verbesserung im Erziehungsverhalten der Väter wahr, so steigt auch deren Selbstwert bzw. gilt umgekehrt, dass, falls der Slope des wahrgenommenen Erziehungsverhaltens abnimmt, auch der Slope des Selbstwerts der Jugendlichen sinkt. Betrachtet man jedoch den Intercept und Slopes des wahrgenommenen väterlichen Erziehungserhaltens und des Selbstwerts (vgl.

Tabelle 55) so erkennt man, dass im Durchschnitt ein positives Wachstum in beiden vorliegt. Beim Vergleich der Varianzen, der beiden Slopes (vgl.

Tabelle 55), erkennt man, dass in diesem Modell der Slope des väterlichen Erziehungsverhaltens signifikant ist und der Selbstwerts lediglich einen tendenziell bedeutsamen Wert aufweist. Hieraus kann gefolgert werden, dass es bezüglich des

Selbstwerts der Jugendlichen keine bedeutsamen Unterschiede zwischen den Wachstumskurven der Jugendlichen gibt, hinsichtlich des von den Jugendlichen wahrgenommenen Erziehungsverhaltens der Väter jedoch schon.

Die Effekte der Kontrollvariablen bestätigen Hypothese 39 teilweise. So hat das von den Jugendlichen wahrgenommene Erziehungsverhalten der Mütter zu T1 einen bedeutsamen Einfluss auf den Intercept, jedoch nicht auf den Slope des Selbstbewusstseins der Jugendlichen. Die Zeit, die seit der Trennung vergangen ist, hatte keinen Einfluss auf Intercept und Slope des wahrgenommenen väterlichen Erziehungsverhaltens aus der Sicht der Jugendlichen und des Selbstwerts. Das Geschlecht der Jugendlichen hatte nur einen Einfluss auf den Ausgangswert des Selbstwerts. Es zeigte sich, dass Jungen ein signifikant höheres Ausgangsniveau angeben als Mädchen. Das Alter der Jugendlichen zeigt Effekte auf das mütterliche Erziehungsverhalten aus Sicht der Jugendlichen zu T1 und den Intercept der väterlichen Erziehung aus Sicht der Jugendlichen. Dieser Effekt ist so zu interpretieren, dass das Erziehungsverhalten der Mütter zu T1 von jüngeren Kindern besser eingeschätzt wird und dass sie auch ein höheres anfängliches Niveau für die Wachstumskurve des väterlichen Erziehungsverhaltens aus ihrer Sicht angeben. Verfolgt man den Pfad des mütterlichen Erziehungsverhaltens weiter, führt der höhere Wert den die jüngeren für das Erziehungsverhalten der Mütter zu T1 angeben, auch zu einem höheren Intercept des Selbstwerts für sie. Dies wiederum bedingt eine Verschlechterung im väterlichen Erziehungsverhalten aus Sicht der Jugendlichen und führt somit auch zu einer Abnahme des Selbstwerts der Jugendlichen. Für die älteren Teenager gilt hingegen der gegenteilige Pfad. Für die übrigen Regressionsgewichte gibt es keine Angaben zur Signifikanz, weil sie festgesetzt wurden. Bezüglich des Geschlechts der Jugendlichen gilt, dass Jungen einen höheren Ausgangswert für den Selbstwert angeben, der wiederum zu einer Verschlechterung des väterlichen Erziehungsverhaltens aus Sicht der Jugendlichen führt und somit auch zu einer Abnahme des Selbstwerts.

Die Annahme, dass es einen Zusammenhang zwischen dem Erziehungsverhalten des Vater und der Mutter aus Sicht der Jugendlichen gibt, konnte teilweise bestätig werden. Hier zeigte sich nur ein Zusammenhang zwischen dem wahrgenommenen mütterlichen Erziehungsverhalten zu T1 und dem Intercept des väterlichen Erziehungsverhaltens aus der Kinderperspektive. Der Zusammenhang zwischen dem Slope in der Wahrnehmung des Erziehungsverhaltens der Väter und dem Erziehungsverhalten, das die Jugendlichen zu T1 bei ihren Müttern wahrnehmen, wurde nicht signifikant (vgl. Tabelle 53).

Schließlich kann man Tabelle 56 noch die quadrierten Korrelationskoeffizienten entnehmen. Hier zeigte sich, wie viel Prozent der Varianz der einzelnen Variablen durch die Faktorladungen, die auf sie gerichtet sind, erklärt werden. Die latenten Variablen der LGC-Modelle erklären mehr als 50% der Varianz der zugehörigen Variablen. Weiterhin kann man erkennen, dass 9% der Varianz des Intercept des wahrgenommenen väterlichen Erziehungsverhaltens durch das Alter und den geschätzten Fehler erklärt werden. Die Varianz des Slope dieser Variablen wird hingegen zu 19% durch den geschätzten Fehler und den Intercept des Selbstbewusstseins erklärt. Dessen Varianz geht wiederum zu 33% auf den Fehlerterm und das Geschlecht der Jugendlichen und das von ihnen wahrgenommene Erziehungsverhalten der Mütter zu T1 sowie auf den Intercept des von ihnen empfundenen väterlichen Erziehungsverhaltens zurück. Die Varianz des Slopes des Selbstbewusstseins der Jugendlichen erklärt sich zu 29% durch den geschätzten Fehler sowie den Intercept und Slope des von den Jugendlichen wahrgenommenen väterlichen Erziehungsverhaltens.

Tabelle 52: Regressionsgewichte des gefunden Modells

Regressionspfad	Unstandardisierter Regressionskoeffizient (S.E.)	Standardisierter Regressionskoeffizient
Intercept Erziehung Vater → Intercept Selbstwert	,129 (,103)	,196
Intercept Erziehung Vater → Slope Selbstwert	-,022 (,042)	-,082
Intercept Selbstwert → Slope Erziehung Vater	-,297** (,090)	-,438**
Slope Erziehung Vater → Slope Selbstwert	,312* (,126)	,513*
Erziehung Mutter T1 → Intercept Selbstwert	,242* (,089)	,372*
Geschlecht → Intercept Selbstwert	-,149* (,055)	-,243*
Alter → Intercept Erziehung Vater	-,083* (,027)	-,301*
Alter → Erziehung Mutter T1	-,067* (,025)	-,241*
Intercept Erziehung Vater → Erziehung Vater T1	1,000	,834
Intercept Erziehung Vater → Erziehung Vater T2	1,000	,803
Intercept Erziehung Vater → Erziehung Vater T3	1,000	,770
Slope Erziehung Vater → Erziehung Vater T1	,000	,000
Slope Erziehung Vater → Erziehung Vater T2	1,000	,358
Slope Erziehung Vater → Erziehung Vater T3	2,000	,686
Intercept Selbstwert → Selbstwert T1	1,000	,769
Intercept Selbstwert → Selbstwert T2	1,000	,774
Intercept Selbstwert → Selbstwert T3	1,000	,781
Slope Selbstwert → Selbstwert T1	,000	,000
Slope Selbstwert → Selbstwert T2	1,000	,319
Slope Selbstwert → Selbstwert T3	2,000	,644

+ signifikant p ≤ ,1; * signifikant p = ≤,05 ; **signifikant p ≤ ,01

Tabelle 53. Korrelationen im gefundenen Modell

Korrelation	Unstandardisierter Korrelationskoeffizient (S.E.)	Standardisierter Korrelationskoeffizient
Intercept Erziehung Vater (res 1) ←→ Erziehung Mutter T1 (e7)	,126** (,024)	633**

+ signifikant p ≤ ,1; * signifikant p = ≤,05 ; **signifikant p ≤ ,01

Tabelle 54: Mittelwerte & Varianzen

Variable / Skala	Mittelwert (S.E.)	Varianz (S.E.)
Geschlecht	1,446 (,045)	,247** (,032)
Alter	13,967** (,153)	2,825** (,365)
Erziehung Vater T1 (e1)	_____	,093** (,021)
Erziehung Vater T2 (e2)	_____	,112** (,020)
Erziehung Vater T3 (e3)	_____	,050 (,033)
Selbstwert T1 (e4)	_____	,064** (,013)
Selbstwert T2 (e5)	_____	,066** (,011)
Selbstwert T3 (e6)	_____	,036* (,018)
Erziehung Mutter T1 (e7)	_____	,205** (,026)

+ signifikant p ≤ ,1; * signifikant p = ≤,05 ; **signifikant p ≤ ,01

Tabelle 55: Intercepts und Varianzen

Variable / Skala	Intercept (S.E.)	Varianz (S.E.)
Intercept Erziehung Vater (res1)	3,660** (,380)	,193** (,033)
Slope Erziehung Vater (res2)	1,024** (,301)	,034* (,012)
Intercept Selbstwert (res3)	2,459** (,223)	,062** (,013)
Slope Selbstwert (res 4)	,093 (,107)	,011+ (,006)
Erziehung Mutter T1 (e7)	4,089** (,346)	,205 (,026)

+ signifikant p ≤ ,1 ; * signifikant p = ≤,05 ; **signifikant p ≤ ,01

Tabelle 56: Quadrierte Korrelationskoeffizienten

Variable	R^2
Intercept Erziehung Vater	,091
Slope Erziehung Vater	,192
Intercept Selbstwert	,332
Slope Selbstwert	,286
Erziehung Mutter T1	,058
Erziehung Vater T1	,695
Erziehung Vater T2	,662
Erziehung Vater T3	,860
Selbstwert T1	,591
Selbstwert T2	,572
Selbstwert T3	,762

6.5.3 Das Erziehungsverhalten des Vaters aus der Sicht der Jugendlichen und dessen Einfluss auf deren Aggressivität

Nachdem betrachtet wurde, ob sich das Wachstum im Erziehungsverhalten der Väter aus Sicht der Jugendlichen und deren Selbstwert beeinflussen, wird überprüft, ob dabei auch ein Zusammenhang zwischen den Veränderungen in der Erziehung und der Aggressivität der Jugendlichen besteht. Hierfür wird zunächst wieder eine Abbildung des Modells vorgestellt (vgl. Abbildung 23), das ursprünglich angenommen wurde. Im Anschluss daran wird das passende Modell präsentiert (vgl. Abbildung 24).

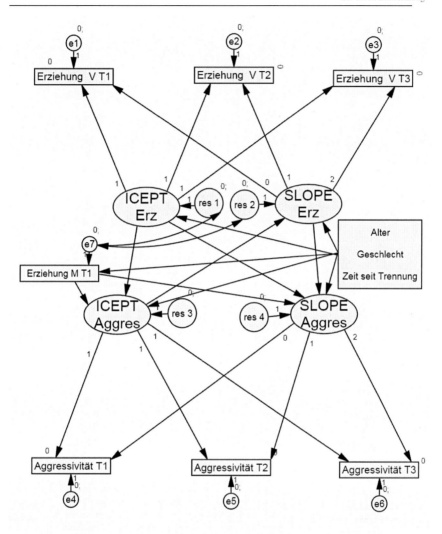

Abbildung 23: Angenommenes Modell für die Überprüfung der Wirkung des von den Jugendlichen wahrgenommenen Erziehungsverhaltens der Väter auf deren Aggressivität

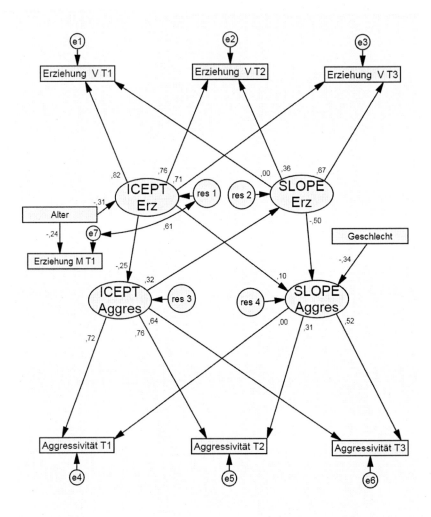

Abbildung 24: Gefundenes Modell für die Überprüfung der Wirkung des von den Jugendlichen wahrgenommenen Erziehungsverhaltens der Väter auf deren Aggressivität

Tabelle 57: Model-Fit des gefundenen Modells

Kriterium	Wert
Chi²	30,628 (p = ,242)
Df	26
CFI	,984
RMSEA	,039
SRMR	,0465

Aus Tabelle 57 wird ersichtlich, dass dieses Modell einen guten Model-Fit aufweist. Tabelle 58 können wieder die standardisierten Regressionskoeffizienten und deren Signifikanzen entnommen werden, anhand derer erkannt werden kann, dass Hypothese 46.2 bestätigt wurde und dass der Intercept des von den Jugendlichen wahrgenommenen väterlichen Erziehungsverhaltens keinen bedeutsamen Einfluss auf den Slope der Aggressivität hat. Es zeigt sich jedoch ein tendenzieller Einfluss des Intercepts des von den Jugendlichen wahrgenommenen väterlichen Erziehungsverhaltens auf den Intercept der Aggressivität. Die Annahme, der Vater habe keinen eigenständigen Einfluss auf die Aggressivität der Jugendlichen, kann somit bestätigt werden. Gleichzeit wurde in diesem Modell sowohl für den Intercept als auch den Slope der Aggressivität kein Einfluss des Erziehungsverhaltens der Mütter aus Sicht der Jugendlichen gefunden (vgl. Abbildung 24). Des Slope des väterlichen Erziehungsverhaltens aus Sicht der Jugendlichen weist in diesem Modell einen bedeutsamen Intercept-Wert von -,321* (negatives Wachstum), auf. Die Mehrheit der Jugendlichen nimmt also eine Verschlechterung des väterlichen Erziehungsverhaltens wahr. Da sich die Varianz des Slopes der väterlichen Erziehung aus Sicht der Jugendlichen wiederum signifikant von Null unterscheidet, kann man ferner davon ausgehen, dass sich die Entwicklung hinsichtlich dieser Variablen zwischen den einzelnen Jugendlichen bedeutsam unterscheidet. Das Ausgangsniveau der Aggressivität hat zudem einen signifikanten Einfluss auf den Slope des väterlichen Erziehungsverhaltens aus Sicht der Teenager. Somit kann man Hypothese 48 als bestätigt betrachten. Hypothese 46.3 muss allerdings verworfen werden, denn der Slope des Erziehungsverhaltens der Väter aus der Sicht der Jugendlichen hat einen eigenständigen Einfluss auf den Slope der Aggressivität. Verbessert sich das Erziehungsverhalten der Väter aus Sicht der Jugendlichen, so nimmt deren Aggressivität ab. In dieser Stichprobe scheint allerdings Gegenteiliges der Fall zu sein, da der Slope für die väterliche Erziehung aus Sicht der Jugendlichen negativ und somit der Slope der Aggressivität positiv ist. Hierzu ist einschränkend anzumerken, dass der Slope der Aggressivität mit ,118 kein statistisch bedeutsames Wachstum aufweist.

Da sich die Varianz des Slopes der Aggressivität nicht signifikant von Null unterscheidet, liegen keine bedeutsamen Unterschiede zwischen den individuellen Wachstumskurven der Jugendlichen vor. Ferner zeigte sich, dass das Geschlecht der Jugendlichen das Wachstum der Aggressivität beeinflusst und diese bei Jungen stärker zunimmt als bei Mädchen.

Neben diesen Befunden zeigte sich auch in diesem Modell, dass jüngere Teenager im Gegensatz zu älteren sowohl ihre Väter als auch ihre Mütter besser im Erziehungsverhalten erleben. Ferner hatte die Zeit, die seit der Trennung vergangen ist, keinen Einfluss auf die Intercepts und Slopes vom väterlichen Erziehungsverhalten der Jugendlichen und deren Aggressivität.

Da sich ein bedeutsamer Zusammenhang zwischen dem Erziehungsverhalten der Mütter aus Sicht der Jugendlichen zu T1 und dem Intercept des von den Teenagern wahrgenommenen väterlichen Erziehungsverhaltens fand, wurde Hypothese 47.1 bestätigt. Gegenteiliges gilt für Hypothese 47.2, in der angenommen wurde, dass eine Korrelation zwischen dem Erziehungsverhalten der Mütter zu T1 und dem Slope des väterlichen Erziehungsverhaltens (jeweils aus Sicht der Jugendlichen) vorliegt. Diese Hypothese muss verworfen werden, weil sich der entsprechende Zusammenhang nicht fand.

Tabelle 62 können die quadrierten Korrelationskoeffizienten der Variablen, die im Modell enthalten sind entnommen werden. Wie bereits beschrieben, kann mit ihnen der Anteil der Varianz erklärt werden, den die einzelnen Faktorladungen, die auf die einzelnen Variablen gerichtet sind, aufweisen. Dementsprechend können 10% der Varianz des Intercepts des Erziehungsverhaltens der Väter aus Sicht der Jugendlichen durch den geschätzten Fehler und das Alter der Jugendlichen erklärt werden. Die Varianz des Intercepts der Aggressivität der Jugendlichen geht zu 6% auf den Intercept des von den Jugendlichen empfundenen väterlichen Erziehungshaltens und den Fehler zurück. 6% der Varianz des mütterlichen Erziehungsverhaltens aus Sicht der Jugendlichen gehen auf ihr Alter und den geschätzten Fehler zurück. Der Intercept des Selbstwerts und der geschätzte Fehler erklären die Varianz des Slopes der von den Jugendlichen wahrgenommenen väterlichen Erziehung zu 10%. Für die Varianz des Slopes des Selbstwerts der Jugendlichen gilt, dass dieser zu 39% auf den geschätzten Fehler, das Geschlecht der Jugendlichen und den Slope des väterlichen Erziehungsverhaltens aus Sicht der Jugendlichen zurückzuführen ist. Die latenten Variablen der LGC-Modelle erklären wiederum die Varianzen ihrer Ausgangvariablen zu über 50%.

Tabelle 58: Regressionskoeffizienten des gefundenen Modells

Regressionspfad	Standardisierter Regressionskoeffizient (S.E.)	Standardisierter Regressionskoeffizient
Intercept Erziehung Vater → Intercept Aggressivität	-,174+ (093)	-,249+
Intercept Erziehung Vater → Slope Aggressivität	,028 (,055)	,098
Intercept Aggressivität → Slope Erziehung Vater	,213* (096)	,317*
Slope Erziehung Vater → Slope Aggressivität	-,308* (,150)	-,504*
Geschlecht → Slope Erziehung Vater	-,088* (,039)	-,343*
Alter → Intercept Erziehung Vater	-,083* (,026)	-,315*
Alter → Erziehung Mutter T1	-,067* (,025)	-,241*
Intercept Erziehung → Erziehung Vater T1	1,000	,816
Intercept Erziehung → Erziehung Vater T2	1,000	,762
Intercept Erziehung → Erziehung Vater T3	1,000	,715
Slope Erziehung Vater → Erziehung Vater T1	,000	,000
Slope Erziehung Vater → Erziehung Vater T2	1,000	,357
Slope Erziehung Vater → Erziehung Vater T3	2,000	,670
Intercept Aggressivität → Aggressivität T1	1,000	,718
Intercept Aggressivität → Aggressivität T2	1,000	,759
Intercept Aggressivität → Aggressivität T3	1,000	,636
Slope Aggressivität → Aggressivität T1	,000	,000
Slope Aggressivität → Aggressivität T2	1,000	,311
Slope Aggressivität → Aggressivität T3	2,000	,521

+ signifikant p ≤ ,1; * signifikant p = ≤,05 ; **signifikant p ≤ ,01

Tabelle 59. Korrelationen im gefundenen Modell

Korrelation	Unstandardisierter Korrelationskoeffizient (S.E.)	Standardisierter Korrelationskoeffizient
Intercept Erziehung Vater ←→ Erziehung Mutter T1	,117** (,023)	,613**

+ signifikant p ≤ ,1; * signifikant p = ≤,05 ; **signifikant p ≤ ,01

Tabelle 60: Mittelwerte & Varianzen

Variable / Skala	Mittelwert (S.E.)	Varianz (S.E.)
Alter	13,967 (153)	2,825** (,365)
Geschlecht	1,446 (045)	,247** (,032)
Erziehung Vater T1 (e1)	2,504	,098** (,022)
Erziehung Vater T2 (e2)	2,540	,113** (,020)
Erziehung Vater T3 (e3)	2,575	,045 (,034)
Aggressivität T1 (e4)	1,674	090** (,018)
Aggressivität T2 (e5)	1,725	,069** (,014)
Aggressivität T3 (e6)	1,776	,106** (,027)

+ signifikant $p \leq ,1$; * signifikant $p = \leq ,05$; **signifikant $p \leq ,01$

Tabelle 61: Intercepts und Varianzen

Variable / Skala	Intercept (S.E.)	Varianz (S.E.)
Intercept Erziehung Vater (res1)	3,661** (,369)	,177* (,031)
Slope Erziehung Vater (res 2)	-,321* (,163)	,039* (,012)
Intercept Aggressivität (res 3)	2,110** (,236)	,090** (,018)
Slope Aggressivität (res 4)	,118 (,151)	,010 (,008)
Erziehung Mutter T1 (e7)	4,089** (,346)	,205** (,026)

+ signifikant $p \leq ,1$; * signifikant $p = \leq ,05$; **signifikant $p \leq ,01$

Tabelle 62: quadrierte Korrelationskoeffizienten

Variable	R^2
Intercept Erziehung Vater	,099
Slope Erziehung Vater	,101
Intercept Aggressivität	,062
Slope Aggressivität	,389
Erziehung Mutter T1	,058
Erziehung Vater T1	,666
Erziehung Vater T2	,665
Erziehung Vater T3	,884
Aggressivität T1	,516
Aggressivität T2	,585
Aggressivität T3	,553

6.6 Diskussion

1. Zusammenfassung der Ergebnisse & Interpretation

In den hier berechneten Modellen wurden Hypothesen getestet, die unterstellten, dass das Erziehungsverhalten, das Jugendlichen ihren Vätern nach einer Trennung oder Scheidung zuschreiben, keinen eigenständigen Einfluss auf den Selbstwert und die Aggressivität der Jugendlichen haben. Diese Annahmen wurden teilweise bestätigt. Zunächst zeigte sich, dass die LGC-Modelle für die einzelnen Variablen einen guten Model-Fit aufweisen und dass für die Modelle der Outcome Variablen, „Selbstwert" und „Aggressivität" bei einzelner Testung ein bedeutsamer Unterschied innerhalb der Population hinsichtlich der individuellen Entwicklung der einzelnen Jugendlichen auftritt. Dabei weisen die Slopes in diesen beiden Modellen ein positives Wachstum auf. Für den Slope des von den Jugendlichen wahrgenommenen väterlichen Erziehungsverhaltens wurde kein signifikanter Mittelwert gefunden. Es ergibt sich also kein Wachstum, das für die gesamte Stichprobe gültig ist. Außerdem wurde die Varianz des Slopes des Erziehungsverhaltens der Väter tendenziell signifikant. Die linearen Wachstumsverläufe der einzelnen Jugendlichen variieren also der Tendenz nach bedeutsam voneinander. Für die Intercepts der Variablen „Selbstwert", „Aggressivität" und „väterliches Erziehungsverhalten aus Sicht der Kinder" gilt, dass die Anfangspunkte der Wachstumskurven der einzelnen Jugendlichen signifikant variieren. Ein

Ergebnis, dass sich ebenfalls in allen drei linearen LGC-Modellen zeigte, ist, dass es keinen bedeutsamen Zusammenhang zwischen Slope und Intercept gibt. Das anfängliche Niveau aller getesteten Variablen steht also in keinem Zusammenhang mit dem Wachstum in den Variabeln. Außerdem stellte sich heraus, dass sich für das Erziehungsverhalten der Mütter aus Sicht der Jugendlichen kein gültiges LGC-Modell berechnen ließ.

In einem nächsten Schritt wurden die LGC-Modelle im Sinne der Hypothesen miteinander in Beziehung gebracht. Auch das Geschlecht und das Alter der Jugendlichen sowie die Zeit seit der Trennung und der von den Jugendlichen wahrgenommene Erziehungsstil der Mütter wurden getestet. Dieser Modellaufbau führte zu dem Ergebnis, dass die Hypothesen teilweise bestätigt wurden. Wie angenommen konnte kein bedeutsamer Einfluss des Intercepts des Erziehungsverhaltens der Väter aus Sicht der Jugendlichen auf den Intercept und Slope des Selbstwerts der Jugendlichen gefunden werden, wenn man das Erziehungsverhalten der Mütter als Kontrollvariable hinzuzog. In anderen Worten ausgedrückt, konnte kein eigener Effekt des Ausgangsniveaus des väterlichen Erziehungsverhaltens auf das anfängliche Niveau und das Wachstum des Selbstwerts gefunden werden. Für die Aggressivität der Jugendlichen waren die Ergebnisse unterschiedlich. Denn hier hatte das von den Teenagern wahrgenommene Erziehungsverhalten der Mütter keinen Einfluss auf den Intercept und den Slope der Aggressivität. Der Intercept des väterlichen Erziehungsverhaltens aus Sicht der Jugendlichen hatte hingegen einen tendenziellen Effekt auf den Intercept der Aggressivität der Jugendlichen. Auf den Slope der Aggressivität hatte dieses jedoch auch keinen Einfluss. Bestätigt hat sich hingegen die Annahme, dass das Erziehungsverhalten der Mütter aus Sicht der Jugendlichen auf den Intercept des Selbstwerts der Jugendlichen beeinflusst. Die Annahmen, dass das von den Teenagern wahrgenommene mütterliche Erziehungsverhalten einen bedeutsamen Einfluss auf den Slope des Selbstwerts bzw. auf Intercept und Slope der Aggressivität hat, musste hingegen verworfen werden.

Für den Slope des Erziehungsverhaltens des Vaters aus Sicht der Jugendlichen konnte gezeigt werden, dass dessen Zunahme auch eine Zunahme des Selbstwerts und eine Abnahme der Aggressivität der Jugendlichen nach sich zog. Dieser Effekt lässt sich aber auch in die andere Richtung interpretieren: Falls eine Verschlechterung des väterlichen Erziehungsverhaltens angegeben wurde, so war ein Absinken des Selbstwerts bzw. ein Anstieg der Aggressivität der Jugendlichen zu verzeichnen. Die Annahme, der Slope des Erziehungsverhaltens der Väter hätte keinen Einfluss auf die Outcome Variablen, muss daher verworfen werden. Die Hypothese, dass der Ausgangswert des Selbstwerts der Jugendlichen einen bedeutsamen Einfluss auf das Wachstum des väterlichen Erziehungsverhaltens aus Sicht der Jugendlichen hat, konnte bestätigt werden. Hierbei gilt, dass ein hoher Ausgangswert im Selbstwerts der Jugendlichen zu einer Verschlechterung des Erziehungsverhaltens führt und umgekehrt. Für die Aggressivität ließ sich ebenfalls erkennen, dass deren Anfangsniveau einen Einfluss auf die Entwicklung des Erziehungsverhaltens hat. Hierbei gilt, dass eine anfänglich hohe Aggressivität der Jugendlichen zu einer Verbesserung des Erziehungsverhaltens aus Sicht der Jugendlichen führt bzw. dass eine geringere Aggressivität zu einer Verschlechterung des väterlichen Erziehungsverhaltens führt.

Bezüglich der weiteren Kontrollvariablen zeigte sich, dass die Zeit, die seit der Trennung vergangen ist, in beiden getesteten Modellen keinen Einfluss hat. Dies kann daran liegen, dass die Trennungszeitpunkte innerhalb der Studie weit auseinander liegen und sich so lediglich ein gewisser Teil der Teilnehmer in den ersten zwei bis drei Jahren nach der Trennung befinden; eine Zeitspanne, die für die Reorganisation benötigt wird (vgl. Hetherington et al. 1982, Wallerstein et al. 1989, Fthenakis 2000). Denn nach dem Reorganisationsmodell sollten die anderen Familien bereits wieder zu einem stabilisierten Alltag gefunden haben. Das Alter der Jugendlichen hatte vor allem einen Einfluss auf die Wahrnehmung des Erziehungsverhaltens ihrer Eltern. Es zeigte sich in beiden Modellen, dass jüngere Kinder ihren Müttern ein besseres Erziehungsverhalten zu T1 und ihren Vätern ein höheres Ausgangsniveau in Bezug auf ihr Erziehungsverhalten zuschrieben. Für die älteren Jugendlichen galt dem entsprechend der umgekehrte Pfad. Hinsichtlich des Geschlechts zeigen sich in beiden Modellen unterschiedliche Ergebnisse. In dem Modell, das den Einfluss des von den Jugendlichen wahrgenommenen väterlichen Erziehungsverhaltens auf den Selbstwert der Jugendlichen testet, hat das Geschlecht der Jugendlichen einen Einfluss auf das Anfangsniveau des Selbstwerts. Dieser Einfluss gestaltet sich in der Form, dass Jungen einen höheren Ausgangswert bezüglich des Selbstwerts angeben als die Mädchen. Dieses anfängliche Niveau hat wiederum einen Einfluss auf den Slope des väterlichen Erziehungsverhaltens aus Sicht der Jugendlichen. Es zeigt sich, dass für Mädchen, die ursprünglich ein niedrigeres Ausgangsniveau des Selbstwerts angeben, gilt, dass dieser geringere Mittelwert im Intercept des Selbstwerts eine Verbesserung des Erziehungsverhaltens der Väter aus Sicht der Mädchen bewirkt, dies geht wiederum mit einer Zunahme ihres Selbstwerts einher. In dem zweiten Modell, in dem die Zusammenhänge zwischen der Aggressivität der Jugendlichen und dem von ihnen empfundenen Erziehungsverhalten der Väter getestet werden, hat das Geschlecht der Jugendlichen einen Einfluss auf den Slope der Aggressivität. Dieser Zusammenhang gestaltet sich in der Form, dass sich die Aggressivität der Mädchen verringert, wohingegen die der Jungen zunimmt.

2. Interpretation der Ergebnisse

Wie lassen sich diese Ergebnisse interpretieren? Das Ergebnis, dass der Intercept des väterlichen Erziehungsverhaltens keine bedeutsamen Effekte hatte, das Erziehungsverhalten der Mütter zu T1 jedoch schon, wurde so zu Beginn angenommen und stimmt mit den Ergebnissen anderer Studien überein (vgl. Verhoeven et al. 2010). Verhoeven et al. (2010) zeigten, dass Väter in Kernfamilien lediglich einen geringen Einfluss auf die Entwicklung ihrer Kinder haben. Daher ist es nicht verwunderlich, dass selbiges auch für Väter gilt, die nicht mit ihren Kindern zusammenleben. In dieser Untersuchung wurde jedoch nicht auf eventuelle kompensatorische Effekte des väterlichen Erziehungsverhaltens geachtet. Entsprechende Ergebnisse hatten sich jedoch in der Literatur abgezeichnet (vgl. Simons et al. 1999, Martin et al. 2010). Daher stellen Analysen, die auf kompensatorische Effekte des väterlichen Erziehungsverhaltens abzielen, einen interessanten weiteren Schritt für die Erforschung der Wirkung des Erziehungsverhaltens der Väter im Kontext von Trennung und Scheidung dar. Denn die Wirkrichtung der Effekte in dieser Studie deuten an, dass das Erziehungsverhalten der Väter kompensatorisch wirken könnte. Zieht man außerdem in Betracht, dass es innerhalb der Population der Jugendlichen tendenzielle Unterschiede bezüglich des individuellen Wachstums und der individuellen Ausgangsniveaus der Wachstumskurven des väterlichen Erziehungsverhaltens gibt, ist es vorstellbar, dass Väter, die ein sehr gutes Erziehungsverhalten aufweisen, das schlechtere Erziehungsverhalten von Müttern auffangen könnten. Um diese Überlegung abschließend zu klären, müssten die vorliegenden Modelle noch einmal mit einer Stichprobe überprüft werden, die Jugendliche testet, die ihren Müttern ein vergleichsweise schwaches Erziehungsverhalten zuschreiben.

Das Ergebnis, dass das Wachstum innerhalb des Erziehungsverhaltens der Väter aus Sicht der Jugendlichen einen Einfluss auf das Wachstum des Selbstwerts und der Aggressivität hat, passt zunächst nicht zu diesem Bild. Da es mit dem vorliegenden Datensatz nicht möglich war, auch den Slope des mütterlichen Erziehungsverhaltens zu kontrollieren, kann allerdings nicht abschließend geklärt werden, ob es sich hierbei um einen eigenständigen Einfluss der Väter handelt. Dies zu überprüfen wäre ebenfalls eine interessante Fragestellung für die weitere Erforschung des Themas. Berücksichtigt man jedoch den wichtigen Einfluss der Veränderungen im Erziehungsverhalten der Eltern im Kontext von Trennung und Scheidung auf das Problemverhalten von Kindern (vgl. Walper 2002, 2006, Amato et al. 1996, Schmidt-Denter et al. 1995), fügen sich die vorliegenden Ergebnisse in die aktuelle Befundlage ein, wobei natürlich die bereits erwähnten Einschränkungen auch bei dieser Interpretation eine Rolle spielen müssen. Eine offene Frage ist auch, ob die Veränderung im

Erziehungsverhalten alleine für die Väter gilt, da auch nicht geklärt werden konnte, ob überhaupt ein Wachstum für das Erziehungsverhalten der Mütter vorliegt.

Der Befund von Phares et al. (1999), dass Väter vor allem einen Einfluss auf das externalisierende Problemverhalten von Kindern haben, zeichnete sich in dieser Studie ebenfalls ab. Denn sowohl Intercept als auch Slope des väterlichen Erziehungsverhaltens aus Sicht der Jugendlichen hatten einen tendenziellen (Intercept) bzw. signifikanten (Slope) Einfluss auf die Aggressivität der Teenager, wohingegen das mütterliche Erziehungsverhalten, das die Jugendlichen zu T1 wahrgenommen haben, keinen Einfluss auf die auf Intercept und Slope der Aggressivität der Jugendlich hatte.

Die Annahme, dass die Jugendlichen das Erziehungsverhalten ihrer Eltern ähnlich wahrnehmen, bestätigte sich in beiden Modellen nur für die Hypothesen, die einen Zusammenhang zwischen dem Intercept des väterlichen Erziehungsverhaltens und dem mütterlichem Erziehungsverhalten zu T1 annahmen. Dieses Ergebnis repliziert bereits bestehende Befunde, denn es zeigte sich zum einen wie in der Studie von Simons et al. (2007), dass beide Elternteile häufig ein ähnliches Erziehungsverhalten aufweisen. Die Studie von Simons et al. (2007) untersuchte allerdings nur Kernfamilien. Auch kann man den Zusammenhang zwischen mütterlichem und väterlichem Erziehungsverhalten als einen Hinweis auf gelungenes Coparenting werten, da ein einheitliches Auftreten ein Teil von davon darstellt (vgl. van Egeren 2001, van Egeren et al. 2004, Feinberg 2003). Die Korrelation des mütterlichen Erziehungsverhaltens mit dem Slope des väterlichen Erziehungsverhaltens wurde jeweils nicht signifikant.

Er zeigte sich auch, dass das anfängliche Niveau der Outcome Variablen einen bedeutsamen Effekt auf das Wachstum des Erziehungsverhaltens der Väter hatte. Dieses Ergebnis stimmt mit dem Modell von Belsky (1994) überein, in dem auch den Kindern ein Einfluss auf das Erziehungsverhalten der Eltern zugesprochen wird. Die Ergebnisse von Denissen et al. (2009) werden durch die vorliegende Studie teilweise bestätigt. Denn auch hier stellte sich heraus, dass die Persönlichkeit der Kinder einen Einfluss auf die Wärme in der Erziehung von Vätern hat. Jedoch ging in den Ergebnissen die Verträglichkeit von Kindern mit mehr Wärme in der Erziehung einher. Den vorliegenden Ergebnissen zufolge würde sich das Erziehungsverhalten von Vätern jedoch verbessern, wenn die Jugendlichen einen hohen Ausgangswert hinsichtlich Aggressivität bzw. einen geringes Ausgangsniveau bezüglich des Selbstwerts aufweisen, was einen Widerspruch zu den eben erwähnten Ergebnissen darstellt. Dieser kann jedoch den unterschiedlichen Outcome Variablen, die in den beiden Untersuchungen verwendet wurden, geschuldet sein oder auch methodische Ursachen haben.

Es bleibt festzuhalten, dass Erziehung bzw. Erziehungsverhalten keine Einbahnstraße ist, die vom Verhalten der Väter zu dem der Kinder führt. Es stellt sich vielmehr heraus, dass das Wachstum des Erziehungsverhaltens von Vätern aus Sicht der Teenager eine Folge davon ist, wie hoch die Jugendlichen das anfängliche Niveau ihres Selbstwerts und ihrer Aggressivität einschätzen. Das Startniveau der Outcomes wird jedoch nicht durch den Ausgangswert der Wachstumskurve des väterlichen Erziehungsverhaltens beeinflusst. Da zuvor auch kein Zusammenhang zwischen dem Intercept und dem Slope des Erziehungsverhaltens der Väter gefunden wurde, lässt sich folgern, dass alleine der Intercept der Outcome Variablen den Slope des väterlichen Erziehungsverhaltens aus Sicht der Jugendlichen beeinflusst. In anderen Worten: Das anfängliche Niveau des Selbstwerts bzw. der Aggressivität der Jugendlichen hat einen Einfluss darauf, wie sie Veränderungen im Erziehungsverhalten ihrer Väter wahrnehmen. Diese Wahrnehmung beeinflusst wiederum den Verlauf des Wachstums ihres Selbstwerts bzw. ihrer Aggressivität. Denn ist der Intercept-Wert der Outcome Variablen hoch, bedeutet das die Verschlechterung des Erziehungsverhaltens ihrer Väter. Dies wiederum geht mit einer Verschlechterung des Selbstwerts bzw. einer Zunahme der Aggressivität der Teenager einher. Dies lässt den Schuss zu, dass die Einschätzung der Jugendlichen vom Erziehungsverhalten ihrer Väter bzw. Veränderungen darin davon abhängig sind, wie hoch der Selbstwert bzw. die Aggressivität der Teenager zu Beginn der Befragung ist. Ferner beeinflussen die Ausgangswerte der Aggressivität und des Selbstwerts indirekt die weitere Entwicklung der Jugendlichen hinsichtlich dieser Werte, da der Slope des väterlichen Erziehungsverhaltens den Slope der Outcome Variablen beeinflusst. Man kann also in einem nächsten Schritt folgern, dass eine Verbesserung des väterlichen Erziehungsverhaltens bzw. eine konstant gute Erziehung der Väter am förderlichsten für die weitere Entwicklung der Jugendlichen ist. Außerdem wäre es interessant, dasselbe Modell mit den Angaben der Väter zu berechen, um zu überprüfen, inwieweit diese Ergebnisse auf die befragte Person zurückgehen. Denn es wäre vorstellbar, dass Väter den Einfluss ihres Erziehungsverhaltens anders einschätzen.

Um die eben beschriebenen Prozesse besser verstehen zu können, wäre eine weitere Untersuchung der Effekte in einem nächsten Schritt interessant, wenn man die Jugendlichen anhand der Kriterien hoher versus niedriger Selbstwert und hohe versus niedrige Aggressivität in zwei Subgruppen unterteilt. Denn so könnte man überprüfen, ob sich das Erziehungsverhalten der Väter, deren Kinder eine bessere Entwicklung aufweisen, wirklich verschlechtert oder ob es konstant bleibt bzw. könnte man umgekehrt prüfen, ob sich das Erziehungsverhalten der Väter wirklich verbessert oder ob es auf dem gleichen Niveau bleibt, auf dem es ursprünglich war, wenn die Kinder eine schlechtere Entwicklung angeben. Man könnte also feststellen, ob Unterschiede hinsichtlich der Veränderung des Erziehungsverhaltens der Väter in den beiden Gruppen auftreten.

Bei genauer Betrachtung der vorliegenden Ergebnisse, erkennt man, dass im Falle des Selbstwerts für die die durchschnittliche Stichprobe gilt, ein eher niedriges Startniveau des Selbstwerts zu einem positiven Wachstum des väterlichen Erziehungsverhaltens führte. Man muss bei dieser Interpretation jedoch beachten, dass das Geschlecht der Jugendlichen und das Erziehungsverhalten der Eltern einen Einfluss auf den Ausgangswert des Selbstwerts haben. Für die Aggressivität gilt, dass in der Stichprobe ein eher niedriger Anfangswert zu aggressivem Verhalten angegeben wurde, der eine Verschlechterung des Erziehungsverhaltens bedingt. Hier muss wiederum bei der Interpretation darauf geachtet werden, dass der Intercept des väterlichen Erziehungsverhaltens einen tendenziellen Einfluss auf das anfängliche Niveau der Aggressivität hat und dass das Geschlecht der Jugendlichen einen Einfluss auf den Slope dieser Variable hat.

Außerdem ist es wichtig zu beachten, dass sich die einzelnen Jugendlichen hinsichtlich der Wachstumsverläufe innerhalb aller Variablen bedeutsam unterschieden. Dies lässt nicht ausschließen, dass es auch Verläufe gibt, in welchen der Einfluss der Väter stärker ist. Anzeichen für Gruppen mit unterschiedlichen Verläufen liefern hierbei die Kontrollvariablen. Denn das Alter der Jugendlichen hatte zumindest einen Einfluss auf das anfängliche Niveau des Erziehungsverhaltens der Väter aus Sicht der Jugendlichen und ebenfalls auf das Erziehungsverhalten der Mütter zu T1. In beiden Fällen gaben die jüngeren Jugendlichen an, dass sie das Erziehungsverhalten ihrer Eltern besser wahrnahmen. Das Geschlecht der Jugendlichen hatte ebenfalls einen Einfluss auf die Wachstumskurve, denn in beiden Modellen zeigte sich, dass Mädchen im Gegensatz zu Jungen eine Verbesserung des väterlichen Erziehungsverhaltens wahrnahmen. Insofern wäre es interessant, im Laufe der weiteren Forschung, Unterschiede zwischen diesen Populationen zu ermitteln. Es überraschte allerdings, dass das Geschlecht der Jugendlichen nichts darüber aussagte, wie sie das Erziehungsverhalten ihrer Eltern wahrnahmen. Denn in mehreren Studien zeigte sich, dass Väter ihre Kinder geschlechtspezifisch erziehen (vgl. Siegal 1987, Moon et al. 2008). Da keine Kontrollvariable für das Konfliktniveau der Eltern vorlag, konnte ein in der Literatur (vgl. u.a. Douglas 2005, Pruett et al. 2003, DeGarmo et al. 2008, Yu et al. 2010) immer wieder erwähnter Einfluss nicht getestet werden, was eine klare Einschränkung der Studie darstellt und in zukünftiger Forschung unbedingt beachtet werden sollte.

Zusammenfassend lassen, sich diese Ergebnisse im Großen und Ganzen in den aktuellen Forschungsstand einordnen. Dieser ist allerdings, wie Della Casa et al. (2009) schreiben, nicht sehr differenziert und auch in seinen Ergebnissen nicht einheitlich. Daher besteht der Beitrag dieser Untersuchung eher darin, weitere Informationen über Väter im Kontext von Trennung und Scheidung beizusteuern. Von Vorteil ist hierbei mit Sicherheit die Verwendung längsschnittlicher Daten, denn wie Cyprian (2007) anmerkt, mangelt es an solchen Ergebnissen in der Vaterforschung. Außerdem ist es vorteilhaft, dass die Angaben der Jugendlichen verwendet wurden, da nach Herlth (2002) die Qualität der Eltern-Kind-Beziehung dann gut ist, wenn sie aus Sicht der Kinder auch so beurteilt wird. Das Ergebnis, dass der Slope des väterlichen Erziehungsverhaltens Einfluss auf das Wachstum der Outcome Variablen hat, bestätigt die Aussage von Marsiglio et al. (2000), dass Väter einen positiven Einfluss auf die Entwicklung ihrer Kinder haben können.

3. Einschränkungen der Ergebnisse & weitere Forschung

Bereits zuvor wurde auf Einschränkungen in der Studie eingegangen, im Folgenden sollen weitere Punkte hierzu angebracht werden. Zunächst wird auf Besonderheiten der Stichprobe eingegangen. Eine erste Einschränkung ist deren Alter. Denn die Erhebungszeitpunkte dieser Stichprobe fielen in die Zeit vor der in Punkt 4.1.2 erwähnten Kindschaftsrechtsreform. Die Trennungen bzw. Scheidungen hatten demzufolge einen anderen rechtlichen Hintergrund, dies kann der Literatur zufolge durchaus einen Einfluss auf den weiteren Verlauf der Vater-Kind-Beziehung haben (vgl. Amendt 2006, S. 197, Halme et al. 2009). Des Weiteren muss die Heterogenität der Stichprobe angesprochen werden. Die vorliegende Population hat eine breite Streuung bezüglich des Zeitraums seit der Trennung. Dies kann zur Folge haben, dass die Jugendlichen in unterschiedlichen Stadien der Reorganisation (vgl. Hetherington et al. 1982, Wallerstein, 1989, Kaslow 1990) stehen, was wiederum die Effekte der Variable beeinträchtigen kann. Auch das Alter der Jugendlichen ist nicht einheitlich, was, wie zuvor bereits angesprochen wurde, genauer untersucht werden sollte. Ein weiterer Nachteil in dieser Untersuchung ist, dass das Konfliktniveau der Familien nicht kontrolliert werden konnte, da es durchaus einen wichtigen Einflussfaktor darstellt (vgl. u.a. Douglas 2005, Pruett et al. 2003, DeGarmo et al. 2008, Yu et al. 2010). Dass für das Erziehungsverhalten der Mütter kein LGC-Modell in die Untersuchung integriert werden konnte, stellt, wie bereits erwähnt, eine weitere Einschränkung dar, da dies zu einer höheren Vergleichbarkeit des väterlichen und mütterlichen Erziehungsverhaltens geführt hätte. Ferner lassen sich die hier zwischen den LGC-Modellen getroffen Kausalzusammenhänge zwar theoretisch begründen, es besteht jedoch auch die Möglichkeit, dass sie einer anderen Kausalität unterliegen. Da sich gezeigt hat, dass Väter einen anderen Umgang mit ihren Kindern haben (vgl. u.a Siegal 1987, Parke 2002, Seiffge-Krenke 2009) stellt sich auch die Frage, inwieweit sich das Erziehungsverhalten von Vätern und Müttern vergleichen lässt. Man kann zwar den Mittelwerten der Erziehungsvariablen rein deskriptiv entnehmen, dass Jugendliche ihren Müttern ein besseres Erziehungsverhalten als ihren Vätern zuschreiben, es muss aber auch erwähnt werden, dass in dieser Studie Skalen verwendet wurden, die eher einem „mütterlichen" Erziehungsverhalten entsprechen. Daher könnte es sich für weitere Forschungsvorhaben sinnvoll erweisen, auch Skalen in die Fragebögen zu integrieren, die „männliches" Erziehungsverhalten messen. Denn auch wenn Gottman (1998) den Umgang und mit Gefühlen und die Feinfühligkeit der Väter hervorhebt, so stellte sich auch in der Bindungsforschung heraus, dass es sich empfiehlt für Väter und Mütter auf Grund ihres unterschiedlichen Verhaltens verschiedene Tests anzuwenden (vgl. Grossmann et al. 2005). Weiterhin muss man auch festhalten, dass die hier verwendeten Daten ausschließlich aus Fragebögen gewonnen wurden. Andere Untersuchungen zeigten, dass unterschiedliche Erhebungsmethoden auch unterschiedliche Ergebnisse liefern (vgl. u.a. Simons et al. 2007, Seiffge-Krenke 2009, S. 196ff). Ein weiterer Punkt, der für weitere Forschung wichtig erscheint, ist die Vater-Identität der untersuchten Männer. Es lässt sich der Forschungsliteratur entnehmen, dass sie einen Einfluss auf die Vater-Kind-Beziehung hat bzw. ein wichtiger Punkt für deren Untersuchung ist (vgl. u.a. Ihinger-Tallman et al. 1995, Cyprian 2007).

4. Implikationen für die Praxis

Die unterschiedlichen Verläufe einzelner Scheidungsfälle stellen einen zentralen Punkt bezüglich praktischer Implikationen dar. Dies wird in der Praxis mit Sicherheit bereits beachtet, jedoch soll an dieser Stelle noch einmal erwähnt werden, dass es auch Abweichungen vom Durchschnitt gibt, die in diesem Zusammenhang nicht vergessen werden sollten. Außerdem hat sich gezeigt, dass die Stärkung der Erziehungskompetenz der Väter durchaus sinnvoll erscheint, da sie beim deskriptiven Vergleich der Mittelwerte hinter denen der Mütter zurückliegen. Ferner ist es wichtig, Väter dafür zu sensibilisieren, eine Konstanz in ihrem Erziehungsverhalten für die Entwicklung ihrer Kinder bedeutsam ist, dies gilt natürlich nur bei förderlichem Verhalten ihren Kindern gegenüber. Als Angebote für Eltern im Kontext von Trennung und Scheidung kann hierbei auf den Elternkurs „Kinder im Blick" verwiesen werden, denn hier konnte in einer ersten Evaluation belegt werden, dass die

Teilnahme an diesem Kurs förderlich für die Entwicklung der Kinder ist (vgl. Krey 2010). Aber auch andere Elternkurse, die nicht speziell auf den Kontext von Trennung und Scheidung ausgerichtet sind, wie etwa „Familienteam – das Miteinander stärken" (vgl. Graf 2005) oder „Starke Eltern – starke Kinder" (Rauer 2009) können das Erziehungsverhalten der Eltern stabilisieren bzw. verbessern (vgl. Kollmann 2007). In diesem Rahmen können auch Kurse genannt werden, die die Kommunikation bzw. das Konfliktverhalten der Eltern trainieren, auch wenn diese Kurse meist für die Zeit vor der Trennung konzipiert sind. Als Beispiel für ein solches Kursangebot lässt sich das Programm „Kommunikationskompetenz" (KOMKOM) nennen, dessen Zielgruppe konflikthafte Paare sind (vgl. Engl, Thurmaier 2004).

7 Abschließende Diskussion

Abschließend werden die Ergebnisse der beiden Untersuchungen kurz zusammengefasst, diskutiert und in den Gesamtzusammenhang der Vaterforschung eingeordnet. Außerdem wird ein Bezug auf die Konzepte zum Engagement der Väter hergestellt. Es hat sich in dieser Arbeit gezeigt, dass die Art und Weise, wie Mütter und Väter sich gegenseitig wahrnehmen, von Bedeutung für die Vater-Kind-Beziehung ist. Aus Sicht der Mütter war es bedeutsam für den Kontakt zwischen Vätern und ihren Kindern, dass sie ihre Beziehung eng einschätzten und den Vater als positiv im Coparenting wahrgenommen haben. Aus Sicht der Väter war für den Vater-Kind-Kontakt wichtig, dass sie die Mütter konstruktiv in Konflikten erlebten und dass sie die Zusammenarbeit mit ihnen positiv bewerteten.

Ein weiteres Ergebnis dieser Arbeit ist, dass die Veränderung, die Jugendliche im Erziehungsverhalten ihrer Väter wahrnehmen, die Veränderungen ihres Selbstwerts und ihrer Aggressivität beeinflusst. Außerdem zeigte sich, dass das Anfangsniveau der Wachstumskurven des väterlichen Erziehungsverhaltens keinen Einfluss auf das Ausgangsniveau des Selbstwerts hatte, wenn man das mütterliche Erziehungsverhalten als Kontrollvariable hinzuzog. Auf die Aggressivität der Jugendlichen hatte das anfängliche Niveau des Erziehungsverhaltens der Väter aus Sicht der Jugendlichen einen tendenziellen Effekt. Wie das Erziehungsverhalten der Mütter zu T1 von den Teenagern wahrgenommen wurde, hatte keinen Einfluss auf das Ausgangsniveau und das Wachstum der Aggressivität der Jugendlichen. Es hatte jedoch einen Effekt auf den Ausgangswert des Selbstwerts. Ein weiteres Ergebnis ist, dass sowohl der Intercept-Wert des Selbstwerts als auch der der Aggressivität einen Einfluss auf das Wachstum des Erziehungsverhaltens der Väter aus Sicht der Jugendlichen hatte. Hinsichtlich des Selbstwerts konnte belegt werden, dass Jugendliche, die einen hohen Selbstwert angaben, eine Verschlechterung des väterlichen Erziehungsverhaltens wahrnahmen. Teenager, die einen hohen Ausgangswert für die Aggressivität hatten, gaben an, dass sich das Erziehungsverhalten ihrer Väter verbesserte. Schließlich verliefen die Wachstumskurven und Intercepts der einzelnen Teenager innerhalb der Gesamtheit der Jugendlichen voneinander unterschiedlich.

Das Alter der Jugendlichen hatte sowohl in dem Modell, das den Einfluss des Erziehungsverhaltens der Väter auf den Selbstwert untersuchte, als auch in dem Modell, das die Wirkungen zwischen dem väterlichen Erziehungsverhalten aus Sicht der Jugendlichen und deren Aggressivität testete, einen Einfluss darauf, wie die Jugendlichen das Erziehungsverhalten ihrer Väter und Mütter wahrnahmen. Es zeigte sich in beiden Modellen, dass jüngere Teenager ihren Eltern ein besseres Erziehungsverhalten zuschreiben. Bezüglich des Geschlechts als Kontrollvariable fanden sich ebenfalls in beiden Modellen Effekte, die jeweils die Outcome-Variablen der Jugendlichen beeinflussten. Hinsichtlich des Selbstwerts der Jugendlichen wirkte sich das Geschlecht auf den Intercept, also das Ausgangsniveau der Wachstumskurve, aus. Auch beeinflusste es den Slope der Aggressivität. Die Effekte waren so gerichtet, dass Mädchen ein geringeres Ausgangsniveau hinsichtlich des Selbstwerts als Jungen hatten, deren Aggressivität stärker zunahm als die der weiblichen Teenager. Die Zeit, die seit der Trennung vergangen war, hatte hingegen in beiden Modellen keinen Einfluss auf die Outcome-Variablen.

Wie fügen sich diese Ergebnisse in die bisherige Väterforschung ein? Die Arbeit zeigt, dass die Forderung von Roggman et al. (2002), Vaterschaft aus einer systemischen Perspektive zu betrachten und die Perspektiven mehrerer Personen in die Studien zu Vätern mit aufzunehmen, sich als sinnvoll erwies. Denn aus den Ergebnissen dieser Arbeit geht hervor, dass sich das Modell von Doherty et al. (1998) als nützlich für die Betrachtung der Vater-Kind-Beziehung herausstellte. Die Arbeit kann belegen, dass die Mütter tatsächlich einen Einfluss auf die Kontakte zwischen Vätern und ihren Kindern haben. Eine Rolle spielt hierbei, wie die Väter die Mütter wahrnehmen. Außerdem zeigte sich, dass es ebenfalls die Kontakte zwischen Vätern und Kindern beeinflusst, wie die Mütter die Väter wahrnehmen. Dieses Ergebnis gibt auch Lamb (1997) Recht, der dazu aufforderte, nicht nur die Väter selbst zu untersuchen, sondern auch ihre Wirkung auf andere. Denn auch in der zweiten Analyse dieser Arbeit stellte sich heraus, dass die Art und Weise, wie Jugendliche das Erziehungsverhalten ihrer Väter bzw. die Veränderung darin wahrnehmen, einen Einfluss auf die Entwicklung ihrer Aggressivität und ihres Selbstwerts hat. Ein weiteres Ergebnis ist, dass die Ausgangswerte von Selbstwert und Aggressivität das Wachstum des Erziehungsverhaltens der Väter aus Sicht der Jugendlichen beeinflussen, was, wie bereits erwähnt, das Modell zu den Einflussfaktoren auf das Erziehungsverhalten von Belsky (1984) bestätigt. Ein Faktor, der nicht in die Untersuchungen dieser Studie miteinbezogen wurde, sind die Lebenswelten der Väter und Kinder bzw. weitere Kontext-Faktoren. Dies forderte Cyprian (2007) für die Forschung zum Thema Vaterschaft bzw. Väter. Zudem räumten Doherty et al. (1998) diesem Kontext-Faktor einen Platz in ihrem systemisch-ökologischen Modell ein. Jedoch konnte die Anregung Cyprians (2007), auch längsschnittliche Forschungsdesigns zu verwenden, in dieser Arbeit umgesetzt werden. Eine Frage, die offen bleibt, ist, wie sinnvoll das Messen und Vergleichen des Erziehungsverhaltens von Vätern und Müttern anhand derselben Skalen ist. Denn in der Literatur wird zwar einerseits betont, dass Väter gute erzieherische Fähigkeiten haben, die vielleicht nicht so sehr gefördert werden und daher nicht so ausgeprägt sind wie die der Mütter (vgl. Lamb et al. 1987, Gottman 1998, Parke 2002). Andererseits wird auch betont, dass Väter ihren Kindern gegenüber ein anderes Verhalten zeigen als Mütter (vgl. Grossmann et al. 2005, Seiffge-Krenke 2009). Daher erscheint es sinnvoll, Instrumente, die eher dem Umgang von Vätern mit ihren Kindern entsprechen, zu entwickeln und einzusetzen. Weiter muss man einschränkend erwähnen, dass sich diese Arbeit lediglich mit einem kleinen Ausschnitt väterlichen Engagements befasste. Bezieht man sich auf das Modell von Amato (1998), so wurde nur das Sozialkapital der Väter in Teilen behandelt. Beispielsweise wurde nicht untersucht, wie sich das Coparenting auf die Entwicklung der Kinder auswirkt. Das Human- und Finanzkapital der Väter wurde ebenfalls nicht in die Analysen (mit)einbezogen. Betrachtet man den Ansatz von Palkovitz (1997), so ist ebenfalls erkennbar, dass viele Bereiche des Engagements von Vätern, wie unter anderem das Lehren, gemeinsame Interessen und Unternehmungen sowie planerische Tätigkeiten nicht berücksichtigt wurden. Auch die Motivation der Väter, die Marsiglio et al. (2000) betonen, wurde nicht in diese Untersuchung integriert. Die Unterstützung der Väter für ihre Kinder, die im Konzept der generativen Vaterschaft für die Pubertät besonders gefordert wird, ist hingegen in den Skalen zum Erziehungsverhalten enthalten (vgl. Dollahite et al. 1998). Um das Modell zum väterlichen Engagement nach einer Trennung oder Scheidung von Ihinger-Tallman et al. (1995) wirklich überprüfen zu können, wäre eine Berücksichtigung der Vater-Identität der untersuchten Männer in die Analysen notwendig, was für die weitere Forschung einen gewinnbringenden Aspekt darstellen könnte.

Außerdem erscheinen Forschungsdesigns, die verschiedene Methoden, wie Fragebogen-Erhebungen und direkte Beobachtung verbinden, interessant, da die unterschiedlichen Herangehensweisen auch zu unterschiedlichen Ergebnissen führen können (vgl. Simons et al. 2007). Es erscheint also sinnvoll, solche komplexen Forschungsdesigns anzustreben. In dieser Arbeit musste leider auf zwei verschiedene Forschungsprojekte zurückgegriffen werden, um Daten von Vätern, Müttern und Jugendlichen zu erhalten. Daher wäre es erstrebenswert, in künftigen Studien Daten aller Familienmitglieder und eventuell weiterer Personen, wie Lehrern oder den Großeltern zu den Vätern, zu erheben, um ein genaueres Bild über die Väter und das Familiensystem zu erhalten. Die Outcome-Variablen, die in der zweiten Fragestellung dieser Arbeit herangezogen wurden, sind mit dem Selbstwert und der Aggressivität sehr begrenzt. Daher wäre es gut, ein breiteres Spektrum an möglichen Outcomes wie das Abschneiden in der Schule, Delinquenz oder soziale Kompetenzen abzufragen und in Analysen (mit)einzubeziehen. Ein weiterer Punkt, der in dieser Arbeit nicht beachtet wurde, aber bedeutsam für die Väter-Forschung erscheint, ist, die Untersuchung der Vater-Identitäten bzw. der subjektiven Konzepte von Vaterschaft der einzelnen Väter. Da es im Moment schwierig ist, ein genaues Bild der Vater-Rolle zu zeichnen (vgl. Rollet et al. 2002), Vaterschaft im Moment sehr unterschiedlich gelebt wird (vgl. Matzner 2004) und die Vater-Identitäten der Männer einen Einfluss auf ihr Verhalten als Vater hat (Ihinger-Tallman et al. 1995), ist es sinnvoll, diese unterschiedlichen Interpretationen der Vater-Rolle in Untersuchungen aufzunehmen.

Für die Praxis implizieren diese Ergebnisse, dass es wichtig ist, nicht nur die Väter alleine, sondern auch die Mütter und Kinder, soweit dies möglich ist, in die verschiedenen Angebote zu integrieren. Auf der Basis der Ergebnisse dieser Arbeit sollte vor allem die Zusammenarbeit der Eltern gefördert sowie Hilfe angeboten werden, konstruktiv mit Konflikten umzugehen. Ein weiterer Ansatz für die Arbeit mit Vätern im Kontext von Trennung und Scheidung, der sich aus den Ergebnissen der hier präsentierten Analysen ergibt, ist die Förderung der Erziehungskompetenzen von Vätern und der Versuch, sie auf einem möglichst hohen Niveau konstant zu halten. Ein Ansatz, der alle diese Aspekte abdeckt, ist beispielsweise der bereits erwähnte Elternkurs „Kinder im Blick" (vgl. Bröning 2009, Krey 2010). Neben diesen Ansätzen, die sich direkt auf den Kontext von Trennung und Scheidung beziehen, erscheint es auch sinnvoll, dieselben Kompetenzen vor einer Trennung zu stärken bzw. auch die Vater-Kind-Beziehung von Beginn an zu fördern.

Als Fazit dieser Arbeit kann festgehalten werden, dass das eingangs erwähnte Zitat von Heinrich Christian Wilhelm Busch immer noch sehr aktuell ist und vor allem auch auf Väter, die geschieden sind, zutrifft: „Vater werden ist nicht schwer, Vater sein dagegen sehr." Denn Väter müssen eine sehr komplexe und belastende Situation bewältigen. Gelingt ihnen dies, so bleiben sie mit ihren Kindern, soweit es die Rahmenbedingungen zulassen, in Kontakt und beeinflussen deren Entwicklung positiv durch ihr Erziehungsverhalten.

8 Literatur

Ablow, J.C., Measelle, J.R. (2010). Capturing Young Children´s Perceptions of Marital Conflict. In. M.S. Schulz, M.K. Pruett, P.K. Kerig, R.D. Parke (Hrsg.), *Strengthening Couple Relationships for optimal Child Developement. Lessons from Reasearch and Intervention.* Washington: American Psychological Association.

Ahrons, C.R. (1981). The Continuing Coparental Relationship Between Divorced Spouses. *American Journal of Orthopsychiatry, 51* (3), 415-428.

Ahorns C.R., Tanner, J.L. (2003). Adult Children and Their Fathers: Relationship Changes 20 Years After Parental Divorce. *Family Relations*, 52(4), S. 340-351.

Allen, M.S., Hawkins, A.J. (1999). Maternal Gatekeeping: Mothers' Beliefs and Behaviors That Inhibit Greater Father Involvement in Family Work. *Journal of Marriage and Family*, 61 (1) (Feb., 1999), S. 199-212.

Amato, P. R. & Booth, A. (1996). A prospective study of divorce and parent-child relationships. *Journal of Marriage and the Family*, 58, 356-365.

Amato, P.R. (1998). More then Money? Men´s Contributions to their Childrens Lives. In. A. Booth, A.C. Crouter (Hrsg.), *Men in Families: when do they get involved?.* Mahwah, New Jersey: Lawrence Erlbaum Associates.

Amato, P., Gilbreth, J. (1999). Nonresistent Fathers and Children´s Well-Being: A Meta Analysis. *Journal of Marriage and the Family*, 61, 557-573.

Amato, P. (2000). The consequences of divorce for adults and children. *Journal of Marriage and the Family*, 62 (4), S. 1269 -1287.

Amato, P.R., Meyers, C.E., Emery, R.E. (2009). Changes in Nonresident Father-Child-Contact From 1976 to 2002. *Family Relations*, 58 (1). S. 41-53.

Amendt, G. (2006). *Scheidungsväter. Wie Väter die Trennung von ihren Kindern erleben.* Frankfurt: Campus Verlag.

Asendorpf, J., Banse, R. (2000). *Psychologie der Beziehung.* Bern, Göttingen, Toronto, Seattle: Verlag Hans Huber.

Aunola, K, Nurmi, J-E. (2005). The Role of Parenting Styles in Children's Problem Behavior. *Child Developement*, 76 (6), S. 1144-1159.

Baily, S.J. (2007). Family and Work Role-Identities of Divorced Parents: The Relationship of Role Balance to Well-Being. *Journal of Divorce and Remarriage*, 46 (3/4), S. 63-82.

Barber, B.K. (1996). Parental psychological control: Revisiting a neglected construct, *Child Development*, 67 (6), S. 3296-3319.

Baum, N. (2004). Typology of Post-Divorce Parental Relationships and Behaviors. *Journal of Divorce & Remarriage*, 41(3/4), S. 52-79.

Baumrind, D. (1966). Effects of authoritative parental control on child behav-ior. *Child Development*, 37, 887-907.

Baumrind, D., Black, A.E. (1967). Socialisation Practices Assosiated With Dimensions Of Competence In Prescholl Boys and Girls. Child Developement, 28 (2), 291-327

Baumrind, D. (1971). Current patterns of parental authority. *Developmental Psychology*, 4, 1-101.

Baumrind, D. (1968). Authoritarian vs. Authoritative Parental Control, *Adolescence*, 3, S.255-272.

Belsky, J. (1984) The Determinants of Parenting: A process Model. *Child Development*, 55, 83-96.

Berger, L.M., Brown, P.R., Joung, E., Melli, M. S., Wimer, L. (2008). The Stability of Child Physical Placements Following Divorce: Descriptive Evidence From Wisconsin. *Journal of Marriage and Family,* 70, S. 273–283.

Diblarz, T., Stacey, J. (2010). How does the Gender of Parents matter?. *Journal of Marriage and the Family*, 72, S. 3-22.

Bokker, P. (2006). Factors that Influence the Relationships Between Divorced Fathers and Their Children. *Journal of Divorce & Remarriage*, 45(3/4), S. 157-172.

Brazelton, T.B., Greenspan, S.I. (2002). *Die sieben Grundbedürfnisse von Kindern – Was jedes Kind braucht, um gesund aufzuwachsen, gut zu lernen und glücklich zu sein.* Weinheim und Basle: Beltz.

Bröning, S. (2009). *Kinder im Blick. Theoretische und empirische Grundlagen eines Gruppenangebotes für Familien in konfliktbelasteten Trennungssituationen.* Munster: Waxmann Verlag.

Brody, G.H., Flor, D.L. (1996). Coparenting, Family Interactions, and Competence Among African American Youth. In J.P. McHale, A.C. Cowan (Hrsg.), *Understanding How Family-Level Dynmics Affect Children´s Developement: Studies of Two-Parent Families* (S. 77-91). Jossey-Bass Publishers, San Francisco.

Brezinka, W. (1990). *Grundbegriffe der Erziehungswissenschaft*, 5. Auglage. München, Basel: Reinhardt.

Bronfenbrenner, U. (1981). *Die Ökologie der Menschlichen Entwicklung. natürliche und geplante Experimente.* Stuttgart: Klett-Cotta.

Browne, M., Cudeck, R. (1993). Alternative Ways of Assessing Equation Model Fit. In. K.A. Bollen, J.S. Long (Hrsg.), *Testing Structural Equation Models.* Newbury Park: Sage Publications.

Buehler, C., Anthony, C., Krishnakurmar, A., Stone, G., (1997). Interparental conflict and youth problem behaviors: A meta-analysis. *Journal of Child and Family Studies,* 6 (2), S. 223-247.

Büttner, C. (2005). Mediation als außergerichtliches Lösungsmodell bei Scheidungspaaren. *Unveröffentlichte Magisterarbeit, Ludwig-Maximilians-Universität München.*

Bundesministerium der Justiz (2008). Inhalte der Reform. Verfügbar unter: http://www.bmj.bund.de/enid/359d6878a52bdbe3872f75d89afe17da,c1b2c85f7472636 964092d0935323933/Unterhaltsrecht/Inhalte_der_Reform_1fe.html [Datum des Zugriffs: 21.05.10; 13.49 Uhr]

Burke, P.J., Tully, J.C. (1977). The link between ientity and role performance. Sozial Psychology Qualterly, 54, 239-251.

Buschmeyer, A. (2008). Männlichkeitskonstruktionen Teilzeit arbeitender Väter. In N. Baur, J. Luedtke (Hrsg.), *Die soziale Konstruktion von Männlichkeit – Hegemoniale und marginalisierte Männlichkeiten in Deutschland (S. 123-140).* Oplanden & Farmington Hills: Verlag Barbara Budrich.

Carlson, M., Mulaik, S. (1993). Trait ratings from descriptions of behaviour as mediated by components of meaning. *Multivariate Behaviour Research*, 28, S. 111-159.

Caspi, A., Elder, Jr. (1988). Emergent family patterns: the intergenerational construction of problem behaviour and relationships. In A. Hinde, J. Stevenson-Hinde (Hrsg.), *Relationships within Families. Multual Influences* (S. 218- 240). Oxford: Clarendon Press.

Cannon, E.A., Schoppe-Sullivan, S.J., Mangelsdorf, S.C., Brown, G.L, Szewczyk-Sokolowski, M. (2008). Parent Characteristics as Antecedents of Maternal Gatekeeping and Fathering Behavior. *Family Process*, 47 (4), S. 501-519.

Chin, W.W. (1998). The Partial Least Squares Approach for Structural Equation Modeling. In: G.A. Marcoulides (Hrsg.), *Modern Methods for Buisiness Research.* Mahwah, New Jersey: Lawrence Erlbaum Associates Inc.

Claxton-Oldfield, S., Garber, T., Gillcrist, K. (2006). Young Adults' Perceptions of Their Relationships with Their Stepfathers and Biological Fathers. *Journal of Divorce and Remarriage*, 45 (1/2), S. S. 51-61.

Coester-Waltjen, D. (2009). Das neue FamFG. *JURA - Juristische Ausbildung.* 31(5), S. 358–360.

Cohen, O., Finzi-Dottan, R. (2005). Parent-Child Reltionships During the Divorce Process: From Attachment Theory and Intergenerational Perspetive. *Contemporary Family Therapy*, 27(1), S. 81-99.

Coiro, M.J., Emery, R.E. (1998). Do Marriage Problems Affect Fathering More than Mothering? A Quantiative and Qualitative Review. *Clinical Child and Family Psychology Review*, 1(1), S. 23-40.

Coleman, J. (1988). Social capital in the creation of human capital. *American Lournal of Sociology*, 94, S. 95-120.

Coleman, J. (1990). *Foundations of social theory.* Cambridge, M.A: Harvard University Press.

Coley, R.L., Hernandez, D.C. (2006). Predictors of Paternal Involvement for Resident and Nonresident Low-Income Fathers. *Developmental Psychology*, 42(6), S. 1041-1056.

Conrade, G., & Ho, R. (2001). Differential parenting styles for fathers and mothers: Differential treatment for sons and daughters. *Australian Journal of Psychology,* 53,S. 29-35.

Cook, J.L., Jones, R.M. (2007). Identity, Intimacy, and Father Involvement. *North American Joural of Psychologie*, 9 (1), S. 153-162.

Cowan C.P., Cowan, P.A. (1987). Men´s Involvement in Partenhood: Identivying the Antecedents underlying the Barriers. In P. W. Berman, F. A. Pedersen (Hrsg.), *Men´s Transition to Parenthood. Longitudinal Studies Of Early Family Experience.* Hillday, New Jersey: Lawrence Erlbaum Associates.

Cox, M.J., Paley, B. (2003). Understanding Families as Systems. *Current Directions in Psychological Science*, 12, *S.* 193–196.

Cummings, E.M., Davies, P., (1994). *Children and Marital Conflict.The Impact of Family Dispute and Resolution.* New York, London: The Guildford Press.

Cyprian, G. (2007). Väterforschung im deutschsprachigen Raum – ein Überblick über Methoden, Ergebnisse und offene Fragen. In T. Mühling, H.Rost (Hrsg.), *Väter im Blikpunkt, Perspektiven der Familienforschung.* Opladen: Verlag Barbara Budrich.

Darling, N., Steinberg, L. (1993). Parenting Style as Context: An Integrative Model. *Psychological Bulletin.* 113 (3), S. 487-496.

DeGarmo, D.S., Patras, J. Eap, S. (2008). Social Support for Divorced Fathers' Parenting: Testing a Stress-Buffering Model. *Family Relations*, 57, S. 35-48.

Della Casa, A. Käppler, C. (2009). Das Engagement getrennt lebender Väter. Eine Übersicht über den aktuellen Forschungsstand. *Praxis der Kinderpsychologie und Kinderpsychiatrie*, 89, S. 1-15.

DeLucie, M.F. (1995). Mothers as gatekeepers: A model of maternal mediators of father involvement. *The Journal of Genetic Psychology*, 156, 115-131.

Denissen, J.J.A., van Aken, M.A.G., Dubas, J.S. (2009). It Takes Two to Tango: How Parents' and Adolescents' Personalities Link to the Quality of Their Mutual Relationship. Developmental Psychology, 45 (4), S. 928-941.

Diamantopoulos, A., Winkelhofer, H.M. (2001). Index Construction with Formative Indicators: An Alternative to Scale Developement. *Journal of Marketing Research*, 38. S. 269-277.

Diamantopoulos, A., Riefer, P. (2008). Formative Indikatoren: Einige Anmerkungen zu ihrer Art, Validität und Multikollinearität. *Zeitschrift für Betriebswirtschaft*, 78 (11), S. 1183 -1196.

Doherty, W.J., Kouneski, E.F., Erickson, M.F. (1998). Responsible Fathering: An Overview and Conceptual Framework. *Journal of Marriage and Family*, 60 (2), S. 277-292.

Dollahite, D.C., Hawkings, A.J. & Brotherson, S.E. (1997). Fatherwork: A concetual ethic of fathering as generative work. In A.J. Hawkings, D.C. Dollahite (Hrsg.), *Generative fathering: Beyond the deficit persectives*. Thousands Oaks, CA: Sage Puplications.

Douglas, E.M. (2005). Fathering in Northern New England: Levels of Father Involvement in Maine and New Hampshire. *Journal of Divorce and Remarriage*, 43 (1/2), S. 29-45.

Drinck, B. (2005). *Vatertheorien. Geschichte und Perspektive*. Opladen. Verlag Barbara Budrich.

Duncan, T.E., Duncan, S.C., Strycker, L.A. (2006). *An Introduction to Latent Variable Growth Curve Modelling –Concepts, Issues and Applications* (2nd Edition). Mahawa, New Jersey: Lawrence Erlbaum Associates.

Eickhoff, C., Hasenberg, R., Zinnecker, J. (1999). Geschlechtsdiffernzierende Erziehung in der Familie. In R.K. Silbereisen & J. Zinnecker (Hrsg.), *Entwicklung im sozialen Wandel* (S. 299-316). Weinheim: Belz-PVU.

Engfer, A. (1988). The interrelatedness of marrige and the mother-child relationship. In A. Hinde, J. Stevenson-Hinde (Hrsg.), *Relationships within Families.Multual Influences* (S. 104-118). Oxford: Clarendon Press.

Engfer, A. (2002). Misshandlung, Vernachlässigung und Missbrauch von Kindern. In: R. Oerter, L. Montada (Hrsg.) *Entwicklungspschologie* (S. 800-817). Weinheim: Beltz-PVU.

Engl, J. & Thurmaier, F. (2004). *KOMKOM – Kommunikationskompetenz - Training in der Paarberatung. Kurz- und langfristige Effekte*. Projektbericht. München: Institut für Forschung und Ausbildung in Kommunikationstherapie.

Erel, O. & Burman, B. (1995). Linkage Between Marital And Parent-Child Relations. *Psychological Bulletin*, (118), 1, 108-132.

Fabricius W., Luecken, J. (2007). Postdivorce Living Arrangements, Parent Conflict, and Long-Term Physical Health Correlates for Children of Divorce. *Journal of Fmily Psychology*, 21 (2), S. 195-205.

Fagan, J., Barnett, M. (2003). The Relationship between Maternal Gatekeeping, Paternal Competence, Mothers' Attitudes about the Father Role, and Father Involvement. *Journal of Family Issues,* 24 (8), S. 1020- 1043.

Fairweather, P. D. (1997). *Father presence: The obscure voice of empathy*. Unveröffentlichtes Manuskript.

Faulstich-Wieland, H. (1995). *Geschlecht und Erziehung: Grundlagen des pädagogischen Umgangs mit Mädchen und Jungen*. Darmstadt: Wissenschaftliche Buchgesellschaft.

Feinberg, M.E. (2003). The internal structure and ecological context of coparenting: Aframework for research and intervention. *Parenting: Science and Practice*, 3 (2), S. 95-131.

Finley, G.E., Schwartz S.J. (2007). Father Involvement and the Long-Term Young Adult Outcomes: The Diffenential Contributions of Divore and Gender. *Family Court Review*. 45 (4), S. 573- 587.

Fivaz-Depeursinge, E., Frascarlo, F., Corboz-Warnery, A. (1996). In J.P. McHale, A.C. Cowan (Hrsg.), *Understanding How Family-Level Dynmics Affect Children´s Developement: Studies of Two-Parent Families* (S. 27-44). San Francisco: Jossey-Bass Publishers.

Fletcher, A.C., Steinberg, L., Sellers E.B. (1999). Adolescents' Well-Being as a Function of Perceived Interparental Consistency. *Journal of Marriag and the family*, 61, S. 599-610.

Flouri, E. (2005). *Fathering and Child Outcomes*. Chichester: John Wiley & Sons Ldt.

Floyd, F.J., Gillion, L.A., Costigan, C.L. (1998). Marriage and the parenting alliance: Longitudinal prediction of change in parenting perceptionsand behaviours. *Child Developement*, 69, S. 1461-1479.

Fosburgh, T., Taxer, J. (2009). Documentation of of Mother/Father Questionairs for *Kinder im Blick*. München: Ludwigs-Maximilians-Universität.

Fox, G.L., Bruce, C. (2001). Conditional Fatherhood: Identity Theory and Parental Invesment Theory as Alternative Sources of Explnationof Fathering. *Journal of Marriage and the Family*, 63, S. 394-403.

Friebertshäuser, B., Matzner M., Rothmüller, N. (2007). Familie:Mütter und Väter In: J. Ecarius (Hrsg.), *Handbuch Familie*. Wiesbaden: VS Verlag für Sozialwissenschaften.

Fthenakis, W. (1999). *Engagierte Vaterschaft. Die sanfte Revolution in der Familie*. Opladen: Leske + Budrich.

Fthenakis, W. (2000). Kommentar zu Ulrich Schmidt-Denters "Entwicklung von Trennungs- und Scheidungsfamilien". In K. A. Schneewind (Hrsg.), *Familienpsychologie im Aufwind Brückenschläge zwischen Forschung und Praxis* (S. 222-229). Göttingen: Hogrefe.

Fuhrer, U. (2009). Leherbuch – Erziehungspsychologie (2. Auflage). Bern: Verlag Hans Huber, Hogrefe AG.

Gabriel, B. & Bodenmann, G. (2006). Elterliche Kompetenzen und Erziehungskonflikte. Eine ressourcenorientierte Betrachtung von familiaren Negativdynamiken. *Kindheit und Entwicklung*, 15(1), 9-18.

Garasky, S., Stewart, S.D. (2007). Evidence of the Effectiveness of Child Support andVisitation: Examining Food Insecurity among Children with Nonresident Fathers. Journaly of Family Economic Issues, 28, S. 105-121.

Golombok, S., Tasker, F., & Murray, C. (1997). Children raised in fatherless families from infancy: Family relationships and the socioemotional development of children of lesbian and single eterosexual mothers. *Journal of Child Psychology and Psychiatry*, *38*, S. 783 – 791.

Gordis, E.B., Margolin, G., John, R.S. (2001). Parents´ Hostility in Dyadic Marital and Triadic Family Settings and Children´s Behavieur Problems. *Journal of Consuling and Clinical Psychology*, 69 (4), S. 727-734.

Gottman, J, Katz, L., Hooven , C. (1997a). *Meta-Emotion. How Families Communicate Emotionally*. Mahwah, New Jersey: Lawrence Erlbaum Associates.

Gottman, J.M., de Claire J. (1997b). *Kinder brauchen emotionale Intelligenz – Ein Praxisbuch für Eltern*. München: Diana-Verlag.

Gottman, J.M. (1998). Toward a Process Modelof Men in Marriages and Families. In. A. Booth, A.C. Crouter (Hrsg.), *Men in Families: when do they get involved?*. Mahwah, New Jersey: Lawrence Erlbaum Associates.

Graf J. (2001). Parentifizierung: Die Last, als Kind die eigenen Eltern zu bemuttern. In. S. Walper & R. Perkun (Hrsg.), *Familie und Entwicklung. aktuelle Perspektiven der Familienpsychologie* (S. 314-341). Göttingen: Hogrefe Verlag für Psychologie.

Graf, J. (2002). *Wenn Paare Eltern werden*. Weinheim: Verlagsgruppe Beltz.

Graf J. (2005). *Familienteam. Das Miteinander stärken. Das Geheimnis glücklichen Zusammenlebens*. Freiburg im Breisgau: Herder.

Gray, M., Steinberg L. (1999). Unpacking Authoritative Parenting: Reassessing a Multidimensional Construct. *Journal of Marrige and the Family*, 61, 574-587.

Greenstein, T. N. (1996). Husbands' participation in do- mestic labor: Interactive effects of wives' and husbands' gender ideologies. *Journal of Marriage and the Family*, 58, S. 585-595.

Grossmann, K., Grossmann, K.E. (2005). *Bindungen – das Gefüge psychischer Sicherheit* 2. Auflage). Stuttgart: Klett-Cotta.

Grych, J.H., Fincham, F.D. (1993). Children´s Appraisals of Marital Conflict: Initial Investigations of the Cognitive-Contextual Framework. *Child Developement* ,64 (1), 215-230.

Grych, J. (2002). Matrial Relationship and Parenting. In M. Bornstein (Hrsg.), *Handbook of Parenting – Volume 4 Social Conditions and Applied Parenting* (S. 203-225). Mahwah, New Jersey: Lawrence Erlbaum Associates.

Gudjons, H.(2001). *Pädagogisches Grundwissen* (7. Auflage). Bad Heilbrunn (Obb.): Klinkhardt.

Guzzo, K.B. (2009). Men's Visitation With Nonresidential Children. Do Characteristicsof Coresidential and Nonresidential Children Matter?. *Journal of Family Issues*, 30 (7), S. 921-944.

Hallman, M., Dienhart, A., Beaton J. (2007). A Qualitative Analysis of Fathers' Experiences of Parental Time after Separation and Divorce. *Fathering*, 5(1), S. 4-24.

Halme, N., Astedt-Kurki, P., Tarrka M-T. (2009). Fathers' Involvement with their Preschoolage Children: How Fathers Spend Time with Their Children in Different Family Structures. *Child Youth Care Forum*, 38, S. 103.119.

Hammer, V. (2002). Alleinerziehende im Gender-Diskurs – Unterschiede oder Gemeinsamkeiten bei Müttern und Vätern?. *Zeitschrift für Familienforschung*, 14 (2), S. 194 – 207.

Harper, S.E., Fine M.A. (2006). Nonresident Parenting and Adolescent Adjustment: The Quality of Nonresident Father-Child Interaction. *Fathering*, 4(3), S. 286-311.

Harthorne, B., Lennings, C.J. (2008). The Marginalization of Nonresident Fathers: Their Postdivorce Roles. *Journal of Divorce & Remarriage*, Vol. 49(3/4), S. 191-209.

Hartup, W.W. (1986). On Relationships and Developement. In. W.W. Hartup, Z. Rubin (Hrsg.), *Relationships And Developement* (S.2-26).Hilldale , New Jersey: Lawrence Erlbaum Associates.

Hawkins, A.J., Dollahite, D.C., (1997). *Generative fathering: Beyond deficit perspectives. Thousand Oaks*, C.A: Sage Puplications.

Hawkins, A.J., Dollahite, D.C. (1997). Beyond the Role Inadequacy Perspective of Fathering. In. A.J. Hawkins, D.C. Dollahite (Hrsg.), *Generative fathering: Beyond deficit perspectives. Thousand Oaks*, C.A: Sage Puplications.

Hawkins, D.N., Amato, P. R., King, V. (2007). Nonresident Father Involvement andAdolescent Well-Being: Father Effects or Child Effects?. *American Sociological Journal*, 72, S. 990-1010.

Henley, K., Pasley, K. (2005).Conditions Affecting the Associationbetween Father Identity and Father Involvement. *Fathering*, 3(1), S.59-80.

Herlth, A. (2002). Ressourcen der Vaterrolle. Familiale Bindungen der Vater-Kind-Beziehung. In. H. Walter. *Männer als Väter. Sozialwissenschaftliche Theorie und Empirie*. Gießen: Psychosozial-Verlag

Hetherington, M.E., Cox, M., Cox, R. (1982). Effects of divorce on parents and children. In M.E. Lamb (Hrsg.), *Nontraditional families: Parenting and child development* (S. 233-288). Hillsdale, N.J.: Lawrence Earlbaum.

Hetherington M.E., Stanley-Hagen, M. (1999). The Adjustment of Children with Divorced Parents: A Risk andResiliency Perspective. *Journal of Child Psychology & Psychiatry & Allied Disciplines*, 40(1), S. 129-140.

Hetherington, M.E., Kelly J. (2002) *Scheidung. Die Perspektive der Kinder*. Weinheim: Beltz Verlag.

Hofer, M. (2002). Familienbeziehungen in der Entwicklung. In. M. Hofer, E. Wild, P. Noack (Hrsg.), *Lehrbuch Familienbeziehungen. Eltern und Kinder in der Entwicklung* (2. Auflage). Göttingen: Hogrefe-Verlag.

Hoffman, C.D., & Moon, M. (1999). Women's characteristics and gender role attitudes: Support for father involvement with children. *The Journal of Genetic Psychology*, 160, S. 411–418.

Holden, G. W. (1997). *Parents and the Dynamics of Child Rearing*. Boulder, Colorado; Oxford: Westerview Press.

Homburg, C., Giering, A. (1996). Konzeptualisierung und Operationalisierung komplexer Konstrukte – Ein Leitfaden für die Marketingforschung, *Marketing, Zeitschrift für Forschung und Praxis*, 18 (1), S. 5-24.

Hrdy, S. (1979). The evolution of human sexuality: The latest word and the last. *Quaterly Review of Biology*, 54, 309-314.

Hu, L.-T., Bentler, P.M. (1995). Evaluationg Model Fit, In: R. Hoyle (Hrsg.), *Structural Equation Modeling: Concepts, Issues, and Applications*. Thousand Oaks: SAGE Publications Inc.

Hu, L.-T., Bentler, P.M. (1999). Cutoff Criteriafor Fit Indexes in Covariance Structure Analysis: Convetional Criteria Versus New Alternatives. *Structural Equation Modeling*, 6, S. 1-55.

Hurrelman K. (2002). *Einführung in die Sozialisationstheorie* (8. Auflage). Weinheim, Basel: Beltz Studium.

Ihinger-Tallman, M., Pasley, K., Buehler C. (1995). Developing a Middle-Range Theory of Father Involvement Postdivorce. In. W. Marsiglio (Hrsg.), *Fatherhood. Contemporary Theory, Research, and Social Policy*. Tousand Oaks: SAGE Publications.

Jarvis, C.B., MacKenzie, S.B., Podsakoff, P.M. (2003). A Critical Review of Construct Indicators and Measurement Model Missspecification in Marketing and Consumer Reasearch. *Journal of Consumer Research*, 30, S. 199-218-

Jenkins, J. Dunn, J., O'Connor, T.G., Rasbash, J.,Simpson, A. (2005). Mutual Influence of Matrial Conflict and Childresn's Behavior Problems: Shared and Nonschared Family Risks. *Child Develpement*, 76 (1), S. 24-39.

Jones, K. (2004). Assessing Psychological Separation and Academic Performance in Nonresident-Father and Resident-Father Adolescent Boys. *Child and Adolescent Social Work Journal*, 21 (4), S. 333-354.

Juby, H., Billette, J-M., Laplante, B., Le Bourdais, C. (2007). Nonresident Fathers and Children: Parents' New Unions and Frequncy of Contact. *Journal of Family Issues*, 28(9), S. 1220-1245.

Kapinus, C.A. (2004). The Effect of Parents' Attitudes Toward Divorce on Offspring's Attitudes: Gender and Parental Divorce as Mediating Factors. *Journal of Family Issues*, 25(1), S. 112-135.

Kaslow, F. W. (1990). Divorce therapy and mediation for better custody. *Japanes Journal of Family Psychology*, 4, S. 19-37.

Katz, L.F., Gottman, J.M. (1996). Spillover Effect of Matrial Conflict: In Search of Parenting and Coparenting Mechanisms. In J.P. McHale, A.C. Cowan (Hrsg.), *Understanding How Family-Level Dynmics Affect Children's Developement: Studies of Two-Parent Families* (S. 57-76). San Francisco: Jossey Bass Publisher.

Katz, L:F:, Wilson, B., Gottman, J.M. (1999). Meta-emotion-philosophyand family adjustment: Making an emotional connection. In M.J. Cox & J. Brooks-Gunn (Hrsg.), *Confilct and cohesion in families: Causes and consequneces* (S. 131- 165). Mahwah, New Jersey: Lawerence Erlbaum Assocaites.

Kenyon , D.B., Koerner, S.S. (2008). Post-Divorce Maternal Disclosure and the Father– Adolescent Relationship: Adolescent Emotional Autonomie and Interreactivity as moderators. *Journal of Child Family Studies*, 17 (6), S. 791–808.

Kerig, P.K., Swanson, J.A. (2010). Ties That Bind: Triangulation, Boundary Dissolution, and the Effects of Interparental Conflict on Child Developement. In. M.S. Schulz, M.K. Pruett, P.K. Kerig, R.D. Parke (Hrsg.), *Strengthening Couple Relationships for optimal Child Developement. Lessons from Reasearch and Intervention*. Washington: American Psychological Association.

King, V. (1994a). Variation in Consequences of Nonresident Father Involvement fpr Children´s Well-Being. *Journal of Marriage and the Family*, 56, S. 963-972.

King, V. (1994b). Nonresident Father Involvement and Child Well-Being: Can Dads Make a Differnce? Journal of Fmily Issues, 15(1), S. 78-96.

King, V., Heard, H.E. (1999). Nonresident Father Visitation, Parental Conflict, and Mother's Satisfaction: What's Best for Child Well-Being?. *Journal of Marriage and the Family*, 61 (2), S. 385-396.

Kitson, G. C. (1982). Attachment to the spouse in divorce:A scale and its applications. *Journal of Marriage and the Family*, 43, 379-393.

Kitson, G. C. (1992). *Portrait of divorce: Adjustment to marital breakdown*. New York: Guilford Press.Think could get it in the library if needed

Kleve, H. (2010). System als Problem. Eine Präzisierung der systemischen Perspektive. *Kontext – Zeitschrift für Systemische Therapie und Familientherapie*, 41(1), S. 3-11.

Kolak, A.M., Volling, B.L. (2007). Parental Expressiveness as a Moderator of Coparenting and Marital Relationship Quality. *Family Relations*, 56 (5), S.467-478.

Kolip, P., Nordlohne, E. & Hurrelmann, K. (1995). Der Jugendgesundheitssurvey 1993. In P. Kolip, K. Hurrelmann und P.-E. Schnabel (Hrsg.), *Jugend und Gesundheit* (S. 25-48). Weinheim: Juventa.

Kollmann, I. (2006). *Veränderungen im Erziehungsverhalten durch den Elternkurs „Familienteam"*. Magisterarbeit. Ludwig Maximilians Universität München.

Krack-Rohberg, E. (2010). Ehescheidungen 2008. Verfügbar unter: http://www.destatis.de/jetspeed/portal/cms/Sites/destatis/Internet/DE/Content/Publikati onen/Querschnittsveroeffentlichungen/WirtschaftStatistik/Bevoelkerung/Ehescheidung en2008,property=file.pdf [Datum des Zugriffs: 21.05.2010, 17.11 Uhr]

Krey, M. (2010). *Der Elternkurs „Kinder im Blick" als Bewältigungshilfe für Familien in Trennung: Eine Evaluationsstudie*. Berlin: Köster.

Krishnakumar, A. & Buehler C. (2000). Interparental conflict and parenting behaviours. A meta-analytic review. *Familiy Realtion*, 49, 25-44.

Kruse, J. (2001). Erziehungsstil und kindliche Entwicklung: Wechselwirkungsprozesse im Längsschnitt. In. S. Walper & R. Perkun (Hrsg.), *Familie und Entwicklung – aktuelle Perspektiven der Familienpsychologie* (S. 63-83). Göttingen: Hogrefe Verlag für Psychologie.

Kurdek, L.A. (1994). Conflict resolution styles in gay, lesbian, heterosexual nonparent, and heterosexual parent couples. *Journal of Marriage and the Family*, 56, 705-722.

Lamb, M.E., Pleck, J.H., Eric, L.C., Levine, J.A. (1987). A Biosocial Perspective on Paternal Behaviour and Involvement. In. J. B. Lncaster, J. Altmann, A.S. Rossi, L.R. Sherrod (Hrsg.), *Parenting Across the Life Span* (S. 111-142). New York: Aline De Gruyter.

Lamb, M.E. (1997). *The Role of the Father in Child Developement*. (3rd Edition). New York: Wiley.

Lamb, M.E. (2002). Nonresidential Fathers and Their Children. In. C.S. Tamis-LeMonda, N. Cabrera (Hrsg.), *Handbook of Father Involvement. Multidiciplinary Perspectives*. Mahwah, New Jersy: Lawrence Erlbaum Associates.

Lamborn D., Mounts N.S., Steinberg L. Dornbusch S.M. (1991). Patterns of Competence and Adjustment among Adolescents from Authoritative, Indigult and Neglectful Families. *Child Developement*, 62 (5), 1049-1065.

Levine, J. A., Pitt, E. W. (1995). *New expectations: Community strategies for responsible fatherhood*. New York: Families and Work Institute.

Luhmann, N. (1984). Soziale *Systeme - Grundriß einer allgemeinen Theorie*. Frankfurt a. M.: Suhrkamp.

MacCallum, F., & Golombok, S. (2004). Children raised in fatherless families from infancy: A follow-up of children of lesbian and single heterosexualmothers at early adolescence. *Journal of Psychology and Psychiatry, 45*, S. 1407 – 1419.

Maccoby, E.E., Martin, J. (1983). Socialisation in the context of the family: Parent-childinteraction. In: P. Mussen (Hrsg.), *Handbook of child psychology*. New York: Wiley.

Maccoby, E.E., Depner, C.E. & Mnookin, R.H. (1990). Coparenting in the Second Year after Divorce. *Journal of Marriage and the Family, 52* (1), 141-155.

Maccoby, E. E., Mnookin, R.H. (1992). *Deviding the child. Social and legal dilemmas of custody*. Cambridge, M.A: Harvard University Press.

Maccoby, E.E., Buchanan, C.M., Mnookin R.H., Dornbusch, S. M. (1993). Postdivorce Roles of Mothers and Fathers in the Lives of Their Children. *Journal of Family Pschology*, 7(1), S. 24-38.

Malti, T. (2005). Einfluss familialer Merkmale auf Persönlichkeitsentwicklung und Aggression bei Kindern und Jugendlichen, In A. Ittel & M. von Salisch (Hrsg.), *Lügen, Lästern, Leiden lassen – Aggressives Verhalten von Kindern und Jugendlichen*. Stuttgart: Kohlhammer.

Mandel S., Sharlin, S.A. (2006). The Non-Custodial Father: His Involvement in His Children's Lives and the Connection Between His Role and the Ex-Wife's, Child's and Father's Perception of That Role. *Journal of Divorce & Remarriage*, Vol. 45(1/2), S. 79-95.

Margolin, G., Gordis, E.B., John, R.S. (2001). Coparenting: A Link Between Conflict and Parenting in Two-Parent Families. *Journal of Family Psychology*, 15 (1), 3-21.

Marsiglio, W., Amato, P., Day, R.D., Lamv, M.E. (2000). Scholarship on Fatherhood in the 1990s and beyond. *Journal of Marriage and Family*, 62 (4), S. 1173-1191.

Marsiglio, W. (2008). Understanding Men's Prenatal Experience and the Father Involvement Connection: Assessing Baby Steps. *Journal of Marriage and the Family*, 70, S. 1108-1113.

Martin, A., Ryan R.M., Brooks-Gunn, J. (2010). When Fathers' Supportiveness Matters Most: Maternal and Paternal Parenting and Children's School Readiness. *Journal of Family Psychology*, 24(2), S. 145-155.

Matzner, M. (2004). *Vaterschaft aus der Sicht von Vätern*. Wiesbaden: VS Verlag für Sozialwissenschaften.

Matzner, M. (2007). Allein erziehende Väter – eine schnell wachsende Familienform. In. T. Mühling, H. Rost (Hrsg.), *Väter im Blickpunkt. Perspektiven der Familienforschung*. Opladen, Farmington Hills: Verlag Barbara Budrich.

McBride, B. A., Schoppe, S.J., und Rane, T. R. (2002). Child Charakteristics, Parenting Stress, and Parentel Involvement: Fathers Versus Mothers. *Journal of Marriage and the Family*, (64), S. 998 – 1011.

McBride, B.A., Brown, G.L., Bost, K.K., Shin, N., Vaughn, B., & Korth, B. (2005). Paternal identity, maternal gatekeeping, and father involvement. *Family Relations*, 54, S. 360–372.

McBride, B.A., Dyer, W.J., Liu, Y., Brown G.L., Hong, S. (2009). The Differential Impact of Early Father and Mother Involvement on Later Student Achievement. *Journal of Educational Psychology*, 101 (2), S. 498-508.

McKinney, C., Renk, K. (2008). Differential Parenting Between Mothers And Fathers. Implications for late adolescents. *Journal of Family Issues*, 29 (6), S. 806-827.

McHale, J.P. (1995). Coparenting and Triadic Interactions During Infancy:The Roles of Matrital Distress and Child Gender. *Developmental Psychology* (31), 6, 985-996.

McHale, J.P. Kuersten, R., Lauretti, A. (1996). New Directions in the Study of Family-Level Dynamics During Infancy and Early Childhood. In J.P. McHale, A.C. Cowan, (Hrsg.), *Understanding How Family-Level Dynmics Affect Children´s Developement: Studies of Two-Parent Families* (S. 93-106). San Francisco: Jossey-Bass Publishers.

McHale, J.P. (1997). Overt and Covert Coparenting Processes in the Family. *Family Process*, 36, S. 183-210.

McHale, J.P., Khazan, I., Erera, P., Rotman, T., DeCourcey, W., McConnell, M. (2002). Coparenting in Diverese Family Systems. In Bornstein M. (Hrsg.), *Handbook of Parenting. Volume 3. Being and Becomming a Parent* (S. 75- 107). Mahwah, New Jersey, London: Lawrence Erlbaum Associates.

McHale, J.P., Kuersten-Hogan, R., Rao, N. (2004). Growing Points for Coparenting Theory and Research. *Journal of Adult Development,* 11 (3), S. 221-234.

McPhee, D. Benson, J.B. & Bullock, D. (1986). Influences on maternal self-perceptions. Paper presented at the Biennial International Conference on Infant Studies, Los Angelas.

Minton, C., Pasley, K. (1996). Fathers´ Parenting Role Identity and Father Involvement: A Comparison of Nondivorced and Divorced Nonresident Fathers. *Journal of Family Issues*, 17(1), S. 26-45.

Minuchin, S. (1977). *Theorie und Praxis struktureller Familienpsychologie.* Freiburg im Breisgau: Lambertus-Verlag.

Moon, M., Hoffman, C.D. (2008). Mothers' and fathers' differential expectancies and behaviors: Parent × child gender effects. *The Journal of Genetic Psychology: Research and Theory on Human Development,* 169 (3), S. 261-279.

Noack (Hrsg.), *Lehrbuch Familienbeziehungen. Eltern und Kinder in der Entwicklung* (2.Auflge) (S. 4-27). Göttingen, Bern, Toronto, Seattle: Gogrefe-Verlag.

Nickel, H. (2002). Väter und ihre Kinder vor und nach der Geburt. Befunde zum Übergang zur Vaterschaft aus deutscher und kulturvergleichender Perspektive. In. H. Walter (Hrsg.) *Männer als Väter. Sozialwissenschaftliche Theorie und Empirie.* Gießen: Psychosozial-Verlag.

Pagels, H. (2007). *Väter und ungewollte Trennungen- Trennungsverläufe, Gefühle Und Bewältigungsversuche.* Saarbrücken: VDM erlag Dr. Müller.

Palkovitz, R. (1997). Reconstructing "Involvement": Expanding Conzeptualisations of Men´s Caring in Contemporary Families. In. A.J. Hawkins, D.C. Dollahite (Hrsg.), *Generative fathering: Beyond deficit perspectives. Thousand Oaks*, C.A: Sage Puplications.

Parke R.D. (2000). Father Involvement: A Developmental Psychological Perspective. *Marriage & Family,* Vol. 29 (2/3), S. 43-58.

Parke, R.D., Buriel, R. (2002). Sozialisation in the Family: Ethic and Ecological Perspectives. In W. Damon, N. Eisenberg (Hrsg.), *Handbook of Child Psychology* (S. 463-552). New York: John Wiley & Sons, Inc.

Parke, R.D. (2002) Fathers and Families. In M. H. Bornstein (Hrsg.), *Handbook of Parenting (Volume 3)* (S. 27-74). Mahawa, New Jersey: Lawrence Erlbaum Associates.

Parke, R.D. (2004). Developement in the Family. *Annual Reviews*, (55), S. 365–99. *of Marriage and Family*, 64 (1), S. 130-138.

Perrez, M., Huber, G.L., Geißler, K.A. (2001). Psychologie der pädagogischen Interaktion. In A. Krapp, B. Weidemann (Hrsg.), *Pädagogische Psychologie,. Ein Lehrbuch* (S. 69-88). Gäöttigen: Hogrefe.

Petzold, M., Nickel, H. (1989). Grundlagen und Konzept einer entwicklungspsychologischen Familienforschung. Psychologie in Erziehung und Unterricht, 36, S. 241-257.

Phares, V., Compas, B.E. (1992). The role of fathers in child and adolescent psychopathology: Make room for daddy. *Psychological Bulletin,* 111 (3), S. 387-412.

Pasley, K., Furtis, T.G, Skinner, M.L. (2002). Effects of Commitment and Psychological Centrality on Fathering. The Role of the Father in Child and Adolescent Psychopathology: Make Room for Daddy. *Psychological Bulletin*, 111 (3), S. 387-412.

Pruett, M.K., William, T.Y., Insabella, G., Little, T.D. (2003). Family and Legal Indicators of Child Adjustment to Divorce Among Families With Young Children. *Journal of Family Psychlogy*, 17(2), S. 169-180.

Rauer, W. (2009). *Elternkurs Starke Eltern - Starke Kinder: Wirkungsanalysen bei Eltern und ihren Kindern in Verknüpfung mit Prozessanalysen in den Kursen - eine bundesweite Studie.* Wurzburg: ERGON Verlag.

Roggman, L.A., Fitzgerald, H.E., Bradley, R.H., Raikes, H. (2002). Methodical, Measurement, and Design Issues in Studying Fathers: An Interdisciplinary Perspective. In. C.S. Tamis-LeMonda, N. Cabrera (Hrsg.), *Handbook of Father Involvement. Multidisciplinary Perspectives.* Mahwah, New Yersey: Lawrence Erlbaum Associates.

Rollet, B., Werneck, H. (2002). Die Vaterrolle in der Kultur der Gegenwart. In. H. Walter (Hrsg.) *Männer als Väter. Sozialwissenschaftliche Theorie und Empirie.* Gießen: Psychosozial-Verlag.

Rosenberg, M. (1965). *Society and the adolescent self-image.* Princeton: Princeton University Press.

Russell, A., Aloa, V., Feder, T., Glover, A., Miller, H., & Palmer, G. (1998). Sex-based Differences in parenting styles in a sample with preschool children. *Australian Journal of Psychology,* 50 ,S. 89-99.

Russell, A. Saebel, J. (1997). Mother-Son, Mother Daughter, Father-Son, Father-Daughter: Are Thesy Distinct Relationships?. *Developmental Review*, 17, S. 111-147.

Sandler, I., Miles J., Cookston, J., Brafer, S. (2008). Effects of Father and Mother Parenting on Children´s Mental Health in High- und Low-Conflict Divorces. *Family Court Review*, 46 (2), S. 282-296.

Sano, Y., Richards, L.N., Zvonkovic, A.M. (2008). Are Mothers Really "Gatekeepers" of Children?: Rural Mothers' Perceptions of Nonresident Fathers' Involvement in Low-Income Families. *Journal of Family Issues,* 29 (12), S. 1701-1723.

Schmidt-Denter, U. & Beelmann, W. (1995). *Familiäre Beziehungen nach Trennung und Scheidung: Veränderungsprozesse bei Müttern, Vätern und Kindern.* Forschungsbericht, Psychologisches Institut, Universität zu Köln.

Schneewind, K.A., Beckmann, M. & Hecht-Jaeckl, A. (1995). *Das Familiendiagnostische Test System.* Unveröffentlichtes Manual. München: Universität München.

Schneewind, K.A. (1999). *Familienpsychologie* (2. Auflage). Stuttgart, Berlin, Köln: Kohlhammer.

Schoppe-Sullivan, S.J., Mangelsdorf, S.C., Frosch, C.A., McHale, J.L. (2004). Associations Between Coparenting and Mrital Behaviour From Infancy to Preschool Years. *Journal of Family Psychology*, 18 (1), 194-207.

Schoppe-Sullivan, S.J., Brown, G.L., Cannon, E.A., Mangelsdorf, S.C., Szewczyk Sokolowski, M. (2008). Maternal gatekeeping, coparenting relationship quality, and paternal involvement in families with infants. *Journal of Family Psychology*, 22(3), 389–398.

Schwab, D. (2010). *Familienrecht* (17. Auflage). München: Verlg C.H. Beck.

Schwartz, S.A., Finley, G.E. (2009). Mothering, Fathering and Divorce: The Influence of Divorce on Reports of Desires for Maternal and Paternal Involvement. *Family Court Review*, 47(3), S. 506-522.

Schwarz, B., Walper, S., Gödde, M., Jurasic, S. (1997). Dokumentation der Erhebungsinstrumente der 1. Hauptbefragung (überarbeitete Version) – Berichte aus der Arbeitsgruppe „Familienentwicklung nach der Trennung". München: Ludwigs-Maximilians-Universität.

Schwarz, B., Gödde, M. (1997), Dokumentation der neuen Erhebungsinstrumente der 2. Erhebung 1997 - Berichte aus der Arbeitsgruppe „Familienentwicklung nach der Trennung". München: Ludwig-Maximilians-Universität.

Scott, M.E., Booth, A., King, V., Johnson, D.R. (2007). Postdivorce Father-Adolecent Closeness. *Journal of Marriage and the Family*, 69, S. 1194-1209.

Seery, B. L., & Crowley, M. S. (2000). Women's emotion work in the family. *Journal of Family Issues, 21,* 100-128.

Seiffge-Krenke, I. (2001). Neue Ergebnisse der Vaterforschung. Sind Väter überflüssig, notwendig oder sogar schädlich für die Entwicklung ihrer Kinder?. *Psychotherapeut*, 46, S. 391-397.

Seiffge-Krenke, I. (2004). *Psychotherapie und Entwicklungspsychologie. Beziehungen: Herausforderungen Ressourcen Risiken*. Berlin, Heidelberg: Springer Verlag.

Seiffge-Krenke, I. (2009). *Psychotherapie und Entwicklungspychologie. Beziehung Herausforderungen Ressourcen Risiken (2. Auflage)*. Heidelberg: Springer Medizin Verlag.

Seltzer, J.A. (1991), Relationships between Fathers and Children Who Live Apart: The Father's Role after Separation, *Journal of Marriage and Family*, 53 (1), 79-101.

Shapiro, A., Lambert, J.D. (1999). Longitudinal Effects of Divorce on the Quality of the Father-Child Relationship and on Fathers' Psychological Well-Being. *Journal of Marriage and Family,* 61(2), S. 397-408.

Shapiro, A. (2003). Later-Life Divorce and Parent–Adult Child Contact and Proximity A Longitudinal Analysis. *Journal of Family Issues,* 24 (2), S. 264-285.

Siegal, M. (1987). Are Sons and Daughters Treated More Different by Fathers than by Mothers?, *Development Review*, 7, S. 184-209.

Simons, R.L., Lorenz, F.O., Conger, R.D. & Wu, C.-I. (1992). Support from spouse as mediator and moderator of the disruptive influence of economic strain on parenting. *Child Development, 63,* 1282-1301.

Simons, L.R., Whitbeck, L.B., Beamn, J., Conger R.D. (1994). The Impact of Mothers Parenting, Involvement by Nonresedential Father, and Parental Conflict on the Adjustment of Adolescent Children. *Journal of Marriage and the Family*, 56, S. 356-274.

Simons, L.G., Lin, K-H., Gordon, L.C., Conger, R.D., Lorenz, F.O. (1999). Explaining the higher incidence of adjustment problems among children of divorce compared with those in two-parent families. *Journal of Marriage & Family*, 61, S. 1020-1033.

Simons, L.G., Conger, R. D. (2007). Linking Mother–Father Differences in Parenting to a Typology of Family Parenting Styles and Adolescent Outcomes. *Journal of Family Issues*, 28 (2), S. 212-241.

Snyder, M., Stukas, A.A., Jr. (1999). Interpersonal processes: The interplay of cognitive, motivational, and behavioral activities in social interaction. *Annual Review of Psychology*, 50, 63-79.

Spruijt, E., de Goede, M., Vanderwalk, I. (2004). Frequency of Contact with Nonresident Fathers and Adolescent Well-Being: A Longitudinal Analysis. *Journal of Divorce & Remarriage*, Vol. 40(3/4), S. 77-90.

Statistisches Bundesamt 2009). Ehescheidungen. Verfügbr unter: http://www.destatis.de/jetspeed/portal/cms/Sites/destatis/Internet/DE/Grafiken/Bevoelk erung/Diagramme/Ehescheidungen,templateId=renderPrint.psml [Datum des Aufrufs: 20.05.2010, 14.00 Uhr]

Statistisches Bundesamt (2010). Bevölkerung – Eheschließungen, Ehescheidungen. Verfügbar unter: http://www.destatis.de/jetspeed/portal/cms/Sites/destatis/Internet/DE/Content/Statistike n/Zeitreihen/LangeReihen/Bevoelkerung/Content75/lrbev06a,templateId=renderPrint.p sml [Datum des Aufrufs: 20.05.2010; 14.15 Uhr]

Steinberg L., Lamborn S., Darling N., Mounts N., Sanford M. (1994). Over Time Changes in Adjustment and Competence among Adolescents from Athoritative, Authoritan, Indulgent, and Neglectful Families. *Child Developement*, (65,1) S. 755-770.

Stewart, S.D. (1999). Nonresidet Fathers´ and Mothers´ Contact with Children. *Journal of Marriage and the Family*, 61, S. 894.907.

Stewart, S.D. (1999). Disneyland Dads, Disneyland Moms? How Nonresidet Parents Spent Time with Absent Children. *Journal of Family Issues*, 20(4), S. 539-556.

Stone, G. (2006). An Exploration of Factors Influencing the Quality of Children´s Relationships with their father following divorce. *Journal of Divorce and Remarriage*, 46 (1/2), S. 13-28.

Swinton, A.T., Freeman, P.A., Zabriskie, R.B. (2009). Divorce an Recreation: non-resident father´s leisure during parenting time with their children. In. T. Kay (Hrsg.), *Fathering through sport and leisure*. London: Routledge

Swiss, L., Le Bourdais, C. (2009). Father Child Contact After Separation: The Influence of Living Arrangements. *Journal of Family Issues*, 30(15), S. 623-652.

Tagesschau.de. (2010). Sorgerecht für Väter. Karlsruhe kippt Vetorecht der Mutter. Verfügbar unter: http://www.tagesschau.de/inland/sorgerecht128.html [Zugriff am 18.11.2010, 12.00Uhr].

Tazi-Preve, M.I., Kapella, O., Kindl, M., Klepp, D., Krenn, B., Seyyed-Hashemi, Titton, M. (2007). *Väter im Abseits. Zum Kontaktabbruch der Vater-Kind-Beziehung nach Scheidung und Trennung*. Wiesbaden: Deutscher Universitäts-Verlag und VS Verlag für Sozialwissenschaften.

Townsend, N. (2002). CulturalConetxts of Father Involement. In. C.S. Tamis-LeMOnda, N. Cabrera (Hrsg.) *Handbook of Father Involvement. Multidisciplinary Perspectives*. Mawah, New Jersey: Lawrence Erlbaum Associates.

Trinder, L. (2008). Maternal Gate Closing and Gate Opening in Postdivorce Families. *Journal of Family Issues*, 29 (10), S. 1298-1324.

Trotter, B.B. (1989). Coparental Conflict, competition and cooperationand perents´ perception of childrens social-emotional well-being following marital seperation. Unveröffentlichter Disserationsschrift, University of Tennessee, Konxville.

Tschöpe-Scheffler (2005). Erziehungsstile und kindliche Entwicklung: entwicklungshemmendes versus entwicklungsförderndes Verhalten. In G. Deegener, W. Körner. *Kindesmisshandlung und Vernachlässigung*. Göttingen: Hogrefe.

Urhan, D. (2004). *Neue Methoden der Längsschnittanalyse – Zur Anwendung von latenten Wachstumskurvenmodellen in der Einstelungs- und Sozialisationsforschung*. Münster: LIT Verlag.

Van Egeren, L. A. (2001). Le r ˆ ole du p`ere au sein du partenariat parental [The father's role in the coparenting relationship]. *Sant´e mentale au Qu´ebec*, 26, 134–159.

Van Egeren, L.A., Hawkins, D.P. (2004). Coming to Terms With Coparenting: Implications of Definition and Measurement. *Journal of Adult Development*, 11 (3), S. 165 – 178.

Van Houtte, M., Jacobs, A. (2004). Consequences of the Sex of the Custodial Parent on Three Indicators of Adolescents' Well-Being: Evidence from Belgian Data. *Journal of Divorce & Remarriage*, 41 (3/4), S. 143.164.

Verhoeven, M., Junger, M., van Aken, C., Dekovic, M., van Aken, M. (2010). Mothering, Fathering, and Externalizing Behavior in Toddler Boys. *Journal of Marriage and Family*, 72, S. 307-317.

Walker, A. J., & McGraw, L. A. (2000). Who is responsible for responsible fathering? *Journal of Marriage and the Family*, 62 (2), S. 563-569.

Wall, J.C. (1992). Maintaining the Connection: Parenting as a Noncustodial Father. *Child and Adolescent Social Work Journal*, 9(5), S. 441-456.

Wallerstein, J., Blakeslee, S. (1989). *Gewinner und Verlierer. Frauen, Männer, Kinder nach der Scheidung*. München: Drömer.

Walper, S. (1998). Individuation Jugendlicher in Konflikt-, Trennungs- und Stieffamilien. Theorie, Diagnostik und Befunde. Unveröffentlichte Habitilationsschrift: Universität München.

Walper, S. (2002). Verlust der Eltern durch Trennung, Scheidung und Tod. In R. Oerter & L. Montada (Hrsg.), *Entwicklungspsychologie* (5., vollst. überarb. Auflage, S. 818-832). Weinheim: BeltzPVU.

Walper (2006). Das Umgangsrecht im Spiegel psychologischer Forschung. In. V., Deutscher Familiengerichtstag E. (Hrsg.), *Sechzehnter Deutscher Familiengerichtstag vom 14. bis 17. September 2005 in Brühl*: Bielefeld.

Walper, S. & Krey, M. (2009). Familienbeziehungen nach Trennungen. In: K. Lenz & F. Nestmann (Eds.), *Persönliche Beziehungen*. Weinheim: Juventa, pp. 715-743.

Walter, H. (2002). Das Verschwinden und Wiederauftauchen des Vaters. Gesellschaftliche Bedingungen und soziale Konstruktionen. In. H. Walter (Hrsg.), *Männer als Väter. Sozialwissenschaftliche Theorie und Empirie*. Gießen: Psychosozial-Verlag.

Walter, H. (2002b). Deutschsprachige Väterforschung – Sondierungen in einem weiten Terrain. In. W. Walter (Hrsg.), *Männer als Väter. Sozialwissenschaftliche Theorie und Empirie*. Gießen: Psychosozial-Verlag.

Walter, W., Künzler, J. (2002). Parentales Engagement. Mütter und Väter im Vergleich. In. N. F., Schneider, H. Mathias-Bleck (Hrsg.), *Elternschaft heute. Gesellschaftliche Rahmenbedingungen und individuelle Gestaltungsaufgaben* (S. 95-119). Opladen: Lesle und Budrich.

Watzlawik, M., Ständler, N., Mühlhausen, S. (2007) *Neue Vaterschaft. Vater-Kind-Beziehung auf Distanz*. Münster: Waxmann Verlag GmbH.

Weiber, ,R., Mühlhaus, D. Strukturgleichungsmodellierung. Eine anwendungsorientierte Einführung in die Kausalanalyse mit Hilfe von AMOS, SmartPLS und SPSS. Heidelberg: Springer.

Whiteside, M., Becker, B. (2000). Parental Factors and the Young Child´s Postdivorce Adjustment: A Meta-Analysis With Implications for Parenting Arrangements. *Journal of Family Psychology*, 14 (1), S. 5-26.

Wilson, G.B. (2006). The Non-Resident Parent Role for Seperate Fathers: A Review. *International Journal of Law, Policy and the Family*. 20, S. 286–316.

Yeung, W.J., Sandberg, J.F., Davis-Kean; P.E., Hoffert; S.L. (2001). Children´s time with fathers in intact families. *Journal of Marriage and Familiy*, 63, S. 136-154.

Yu, T., Pettit, G.S., Landsford, J.E., Dodge, K.A., Bates, J.E. (2010). The Interactive Effects of Marital Conflict and Divorce on Parent – Adult Children's Relationships. *Journal of Marriage and the Family*, 72, S. 282-292.

Zerle, C. and I. Kronk (2008). *Null Bock auf Familie? Der schwierige Weg junger Väter in die Vaterschaft*. Gütersloh: Verlag Bertelsmannstiftung.

Zimbardo, P.G., Gerrig, R.J. (1999) *Psychologie*. 7. Auflage, Berlin, Heidelberg: Springer.

Zulehner P. M., Volz, R. (1999). *Männer im Aufbruch – Wie Deutschlandsmänner sich selbst und wie ihre Frauen sie sehen, Ein Forschungbericht* (3. Auflage). Osterfielden: Schwabenverlag.

9 Abbildungsverzeichnis

10 Tabellenverzeichnis

11 Anhang

11.1 Die Skalen der ersten Studie

Bindung an den ehemaligen Partner
1. Ich verbringe viel Zeit damit, an meine ehemalige Partnerin zu denken.
2. Manchmal kann ich gar nicht glauben, dass wir uns getrennt haben.
3. Ich frage mich oft, was meine ehemalige Partnerin gerade macht.
4. Ich habe das Gefühl, dass ich über diese Trennung niemals hinwegkommen werde.

Negative Attributionen
1. Es gibt einige Dinge, die ich an meiner ehemaligen Partnerin schätze.
2. Oft verletzt sie mich absichtlich.
3. An unseren Problemen ist hauptsächlich sie schuld.
4. Meine ehemalige Partnerin hat einige gute Eigenschaften.
5. Ich fühle mich von ihr ungerecht behandelt.
6. Viele unserer Probleme entstehen durch äußere Umstände.
7. Jeder von uns beiden trägt seinen Teil dazu bei, wenn wir miteinander Konflikte haben.
8. Die meisten unserer Streitigkeiten provoziert sie.
9. Viele unserer Probleme sind durch eine andere Person / andere Personen entstanden.
10. Ich habe es nicht verdient, dass meine ehemalige Partnerin so mit mir umgeht.

Skalen zum Coparenting

Wenn Sie mit Ihrem ehemaligen Partner Erziehungsfragen besprechen.

1. . . ... wie oft münden diese Gespräche in Streit?

2. ... wie oft empfinden Sie die Atmosphäre als feindselig und ärgerlich?

3. Haben Sie mit Ihrem ehemaligen Partner grundlegende Meinungsverschiedenheiten bei der Erziehung des Kindes?

4. Würden Sie sagen, dass Ihr ehemaliger Partner für Sie eine Hilfe in der Kindererziehung darstellt?

5. Wenn Ihr ehemaliger Partner Veränderungen bezüglich der Besuchsregeln vornehmen muss, ziehen Sie dann mit und passen sich diesen an?

6. Passt sich Ihr ehemaliger Partner Veränderungen an, die Sie bezüglich der Besuchsregeln vornehmen müssen?

7. Versucht eine(r) von Ihnen, den Kontakt zueinander zu verringern?

8. Ist es vorgekommen, dass ein Elternteil versucht oder angekündigt hat, den Kontakt des anderen Elternteils zu dem Kind zu verhindern oder einzuschränken?

9. Gibt es organisatorische Probleme, wenn das Kind von einem Elternteil zum anderen geht bzw. gebracht wird?

10. Wie oft reden Sie mit Ihrem ehemaligen Partner über Ihr Kind?

11. Versuchen Sie und Ihr ehemaliger Partner dieselben Regeln bezüglich Bettgehzeiten, TV usw. aufzustellen?

12. Versuchen Sie und Ihr ehemaliger Partner dieselben Regeln bezüglich Bettgehzeiten, TV usw. aufzustellen?

13. Besteht für das Kind die Möglichkeit, Kontakt zu dem anderen Elternteil aufzunehmen (z.B. per Telefon), wenn es bei Ihnen ist?

14. Haben Sie die Möglichkeit, Kontakt zu Ihrem Kind aufzunehmen, wenn es beim anderen Elternteil ist?

Konstruktives Konfliktverhalten

1. Er/Sie bemüht sich darum, in Ruhe darüber zu diskutieren.

2. Er/Sie bleibt beim Thema und spricht nicht noch andere Probleme an.

3. Er/Sie sucht nach einer Alternativlösung, die für uns beide akzeptabel ist.

4. Er/Sie verhandelt und schließt Kompromisse.

11.2 Die Skalen der zweiten Studie

Unterstützende Erziehung
1. Wie oft sprechen Deine Eltern mit Dir über das, was Du tust und erlebt hast?
2. Wie oft sprechen Deine Eltern mit Dir über Dinge, die Dich ärgern oder belasten?
3. Wie oft fragen Deine Eltern nach Deiner Meinung, bevor sie etwas entscheiden, das Dich betrifft?
4. Wenn Du etwas tust, das Deine Eltern gut finden: Wie oft zeigen sie Dir dann, daß sie sich darüber freuen?
5. Wenn Du und Deine Eltern ein Problem miteinander habt, wie oft könnt Ihr dann gemeinsam eine Lösung finden?
6. Wie oft geben Dir Deine Eltern das Gefühl, daß sie Dir wirklich vertrauen?
7. Wie oft fragen Dich Deine Eltern nach Deiner Meinung, bevor sie über Familienangelegenheiten entscheiden, die Dich betreffen?
8. Wie oft begründen Deine Eltern Dir gegenüber Entscheidungen?
9. Wie oft zeigen Dir Deine Eltern, daß sie Dich wirklich lieben?

Monitoring
Wie wichtig ist es Deinen Eltern, genau zu wissen, ..
1.) wo Du abends hingehst?
2.) was Du in Deiner Freizeit machst?
3.) Du nachmittags nach der Schule bist?

Einfühlungsvermögen

Mein Vater / meine Muter...

1. ...merkt mir sofort an, wenn ich vor etwas Angst habe.

2. ...braucht mich nur anzuschauen, und weiß sofort, wenn etwas nicht stimmt.

3. ...spürt gar nicht, wenn es mir mal schlecht geht. (-)

4. ...merkt es mir nicht an, wenn ich mal traurig bin oder Ärger habe. (-)

(-) = Item wird rekodiert

Selbstwert

1. Ich bin genauso viel wert wie andere Menschen.

2. Ich habe viele gute Eigenschaften.

3. Bei wichtigen Dingen versage ich meistens.

4. Ich schaffe das meiste genauso gut wie andere in meinem Alter.

5. Ich kann nur selten stolz auf mich sein.

6. Ich mag mich so, wie ich bin.

7. Im Großen und Ganzen bin ich mit mir zufrieden.

8. Ich fühle mich manchmal nutzlos. (-)

9. Ich habe wenig Achtung vor mir selbst. (-)

10. Manchmal denke ich, daß ich wertlos bin. (-)

(-) Items werden umkodiert

Aggressivität
1. Ich gerate oft in Streit oder Kämpfe.
2. Ich werde schnell wütend.
3. Ich zeige anderen, daß ich besser bin als sie.
4. Ich will zu oft bestimmen.
5. Ich hänsele andere.